WITH HONOURS

CBSE *Classes IX and X

FRENCH

Practice Questions with Detailed Solutions

WITH HONOURS

Website: www.withhonours.co.uk
Email: contact@withhonours.co.uk

First edition 2020

ISBN: 978-1-9999452-4-4

Cover design by Alessandro Migliorato, Milan

Interior design by Danijela Mijailovic

Proofread by Mélanie Gréaux, PhD student at the University of Cambridge

Notices

The publisher has made every effort to ensure that the information given in this book is accurate and up to date at the time of publication.

The publisher does not assume and hereby disclaims any liability to any party for results obtained from the use of information contained herein and any loss, damage, or disruption caused by errors or omissions, whether such errors or omissions result from accident, negligence, or any other cause.

The Central Board of Secondary Education (CBSE) is not associated or affiliated with this product, nor does it endorse or recommend the information contained herein.

CONTENTS

Preface

The aim of this book is to equip you with the knowledge and skills necessary to excel in CBSE French Classes IX and X. Each chapter has been carefully designed in order to help you practise and perfect your comprehension of the French language, with over 500 practice questions in total. The CBSE French examination for Classes IX and X respectively is divided into four sections: (A) Reading Comprehension, (B) Writing, (C) Grammar, and (D) Culture and Civilization. Each chapter of this book has been rigorously developed to ensure comprehensive and equal coverage of this material, through a wide range of question types, from reading comprehension to passage and sentence completion.

The 34 chapters that comprise this book each cover a particular aspect of the different topics, vocabulary and grammar assessed in the French examinations for Classes IX and X respectively, from Family and the Environment to Culture and Civilization. For clarity and ease of use, each chapter will follow the same format: 15 multiple choice questions (MCQs) on a given topic, with answers and detailed solutions to each question at the end of the chapter. Every question in this book is also accompanied by an 'Extra!' challenge, which serves to particularly develop your writing and grammar skills. Detailed and informative solutions to each question are provided at the end of each chapter, in order to help you constructively engage with the material in a methodical and systematic manner, and outline the rationale between correct and incorrect responses. To make the most out of this book, we highly recommend that you read the detailed solutions carefully.

The practice questions provided can be completed as a series of practice tests (for which we would advise a 30-minute time frame per chapter) or attempted sequentially to help consolidate your learning. You may find that you score very highly in one topic, such as Adjectives and Adverbs, but poorly in another, for example Writing Practice. If this is the case, you can take advantage of the self-contained nature of each chapter and modify your revision accordingly. Along these lines, there is no need to work through the chapters chronologically; you are free to start with subject areas in which you are particularly confident, before moving on to weaker areas and vice versa.

In keeping with the subject knowledge requirements of the CBSE French examinations, the questions are set at a level equivalent to that expected of a high school student at Classes IX and X respectively. In addition, a difficulty rating has been assigned to each question - Elementary (E), Intermediate (I) or Advanced (A) - in order to help you gauge your performance, and pinpoint particular strengths and areas for improvement. We have purposefully ordered questions of varying difficulty (5 Elementary, 5 Intermediate and 5 Advanced) throughout each chapter. It is important to note that the questions marked as 'Advanced' have been written with the most ambitious students in mind. These questions have been included to stretch your appreciation and understanding of the subject matter and, as such, may challenge the limits of your knowledge.

The following table provides a useful indicator of performance:

Score for each Chapter	Descriptor
<4	Further revision needed
4-6	Satisfactory performance – review areas of weakness
7-9	Good performance – keep practising!
10-12	Very strong performance – consolidate knowledge and understanding
13+	Fantastic! Your comprehension and knowledge of the French language is very strong

We wish you every success in your CBSE French examinations and your future language learning – *bonne chance!*

The **With Honours** Team

The difficulty rating for each question (Elementary [E], Intermediate [I] or Advanced [A]) can be found in parentheses next to each question.

1.1. Lis le texte de Divit qui parle de sa famille. (E)

Ma famille est assez grande et nous habitons au centre de Delhi. Nous sommes six : ma mère, mon père, mes deux sœurs, mon frère cadet et moi.

Quelle est la phrase correcte ?

A) Il y a cinq membres de sa famille.
B) Le frère de Divit est plus jeune que lui.
C) Divit a trois sœurs.
D) Ils habitent dans un village.

Extra ! Écris un paragraphe décrivant ta famille.

1.2. Quelle est la traduction correcte de la phrase suivante ? (E)

I am quite short. I have green eyes and brown hair. I used to wear glasses but now I wear contact lenses.

A) Je suis assez petite. J'ai les yeux verts et les cheveux bruns. Je portais des lunettes mais maintenant je porte des lentilles de contact.
B) Je suis assez basse. J'ai les yeux vert et les cheveux brun. Je porte des lunettes mais avant tu portes des lunettes de soleil.
C) Je suis assez grande. J'ai les yeux bleus et les cheveux noirs. Je portais des lunettes mais maintenant je porte des écouteurs.
D) Je suis assez courte. J'ai les verts yeux et les bruns cheveux. Je portais des lunettes mais après je porte des lentilles.

Extra ! Explique pourquoi les autres traductions ne sont pas correctes.

1.3. Quelle est la liste qui ne contient pas les members de la famille ? (E)

A) la mère, le père, la sœur, le frère
B) l'oncle, la tante, le cousin, la cousine
C) le fils, la fille, la nièce, le neveu
D) la foi, le bouton, le prêtre, la retraite

Extra ! Donne trois autres exemples de membres de la famille.

La mauvaise personnalité	La bonne personnalité
méfiant	sympa
égoïste	curieux
impoli	créatif
embêtant	sportif
méchant	gentil
paresseux	exigeant
gourmand	honnête
déloyal	travailleur
sage	altruiste
pénible	amical
vaniteux	drôle
jaloux	poli
arrogant	juste
fainéant	optimiste

1.4. Quels sont les deux mots qui apparaissent dans la mauvaise colonne ? (E)

A) méfiant & drôle
B) sage & exigeant
C) fainéant & poli
D) gourmand & gentil

Extra ! Écris une lettre à ton correspondant français/ ta correspondante française décrivant quelques membres de ta famille.

1.5. Quelle est la phrase illogique ? (E)

A) Le père de mon mari est mon beau-père.
B) La mère de ma mère est mon arrière-grand-mère.
C) La nouvelle femme de mon père est ma belle-mère.
D) Les filles de ma tante sont mes cousines.

Extra ! Dessine un arbre généalogique et étiquette-le en français.

1.6. Quelle est la réponse qui n'a pas de sens ? (I)

A) As-tu des frères ? Oui, j'en ai deux.
B) Tu t'entends bien avec ta cousine ? Non, nous ne nous entendons pas bien.
C) Quel âge a ton frère ? Elle a douze ans.
D) Habites-tu près de tes grands-parents ? Oui, leur maison est très proche.

Extra ! Réponds aux questions ci-dessus sur ta propre famille.

1.7. Lis les descriptions des membres de la famille. Laquelle mentionne un trait de personnalité négatif ? (I)

A) Mon oncle est très doué.
B) Mes sœurs sont vraiment fiables.
C) Je trouve que ma mère peut être désorganisée.
D) À mon avis, mes cousins sont marrants.

Extra ! Relis les quatre phrases et change les adjectifs.

1.8. Lis le texte suivant au sujet de Neerav et son père. (I)

Malgré mes efforts, mon père et moi ne nous entendons pas bien à cause de mon travail scolaire. Il me critique tout le temps, même quand je réussis mes examens. Il m'interdit de voir mes amis le soir et il dit que je dois étudier encore plus. J'en ai marre !

Selon le texte, la relation entre Neerav et son père est…

A) …plus positive que négative.
B) …plus négative que positive.
C) …seulement positive.
D) …seulement négative.

Extra ! Traduis le texte de Neerav.

1.9. Parmi les phrases suivantes, laquelle ne contient pas de description physique ? (I)

A) Alisha a des cheveux courts et roux.
B) Mon grand-père est chauve.
C) Ma tante a beaucoup de taches de rousseur.
D) Mon beau-frère a confiance en lui.

Extra ! Donne trois descriptions physiques et trois descriptions de personnalité.

1.10. Complète ce texte à trous. (I)

En général, je dirais que je m'entends très bien avec mes parents, bien qu'ils …(1)… assez stricts. Je n'ai pas peur de parler avec …(2)… quand j'ai des soucis, et ils me respectent beaucoup. En plus, j'aime la façon …(3)… nous discutons de tout et ils m'ont appris à …(4)… tout ce que je reçois.

A) (1) soient, (2) eux, (3) dont, (4) apprécier
B) (1) sont, (2) ils, (3) que, (4) chercher
C) (1) soit, (2) les, (3) des, (4) refuser
D) (1) semblent, (2) elles, (3) dans, (4) prendre

Extra ! Écris une réponse à la question suivante : T'entends-tu bien avec ta famille ?

1.11. Lis le texte suivant de Jean et son frère, David. (A)

Quand j'étais petit je m'entendais bien avec mon frère aîné, David ; il me faisait confiance et il m'aidait beaucoup avec mes devoirs. Malheureusement tout a changé quand il a commencé à sortir avec sa copine. Maintenant il se moque de moi et il me traite comme un gamin.

Quelle est la phrase incorrecte ?

A) David est plus âgé que Jean.
B) Avant Jean et David n'avaient pas une bonne relation.
C) Maintenant David a une petite-amie.
D) David ridiculise Jean.

Extra ! Traduis le texte de Jean.

1.12. Lis le texte de Katya. (A)

Selon moi, le conflit entre générations est pire que jamais. Premièrement, mes grands-parents se plaignent de ce qu'on porte et ils disent que nos fringues sont moches. Deuxièmement, mes parents considèrent que les adolescents d'aujourd'hui n'ont aucune responsabilité financière. À mon avis ce n'est pas juste ; moi, j'ai un petit boulot et j'économise beaucoup afin de pouvoir acheter une maison à l'avenir. Finalement, les adultes croient que nous ne sommes pas politiquement engagés mais je ne suis pas d'accord.

Quelle raison n'est pas donnée pour expliquer le conflit des générations ?

A) Les vêtements
B) Le logement
C) L'argent
D) Les opinions politiques

Extra ! Réponds à la question : Y a-t-il un conflit entre générations dans ta famille ?

1.13. Quel mot n'est pas synonyme de « bavarder » ? (A)

A) boucler
B) papoter
C) converser
D) discuter

Extra ! Utilise les quatre verbes de la liste ci-dessus pour créer quatre phrases.

1.14. Lis le texte de Riya. (A)

Hier soir ma sœur et moi nous sommes disputées. Comme d'habitude, elle a volé ma robe préférée sans me demander et l'a portée à une fête. Quand elle est rentrée la robe était couverte de vin rouge ! La pire chose, c'est qu'elle ne s'est pas excusée.

Quelle est la phrase correcte ?

A) Riya a prêté sa robe à sa sœur.
B) Sa sœur est allée au théâtre.
C) La robe a été tachée.
D) Sa sœur a présenté ses excuses.

Extra ! Modifie les autres phrases afin qu'elles deviennent correctes.

1.15. Quelle est la définition incorrecte ? (A)

A) Célibataire : être en couple
B) Fâché : être en colère
C) Naissance : le moment d'être né
D) De taille moyenne : ni grand ni petit

Extra ! Donne une définition pour les mots suivants : un cousin, gentil, le mariage.

Answers and Detailed Solutions

1.1. B

The true sentence in this question is B: *Le frère de Divit est plus jeune que lui* (Divit's brother is younger than him) because Divit uses the adjective *cadet* (younger) to describe his brother. The other phrases are false for a number of reasons. Sentence A, *il y a cinq membres de sa famille* (there are five members of his family), is false because there are 6 – not 5 - members of Divit's family: *nous sommes six* (there are 6 of us). Sentence C, *Divit a trois sœurs*, is also false because he has two sisters (*deux sœurs*). Finally, sentence D, *ils habitent dans un village*, is incorrect because the family live in the centre of Delhi (*nous habitons au centre de Delhi*).

1.2. A

The most appropriate translation is A for several reasons. Firstly, the best translation for 'I am short' is *je suis petit/petite*. The other options are not appropriate because *basse* means 'low' rather than 'short', *grande* means 'tall' in this context, and *courte* means 'short' when referring to a measure of length, such as hair length. Next, the most appropriate translation for 'I have green eyes and brown hair' is *j'ai les yeux verts et les cheveux bruns*, as the correct adjectives have been used and they agree with the nouns. Finally, 'I used to wear glasses but now I wear contact lenses' is best translated as: *je portais des lunettes mais maintenant je porte des lentilles de contact*. This sentence requires both the imperfect tense (*je portais* – I used to wear) and the present tense (*je porte* – I wear). The other options are incorrect because they use the wrong tense or person (e.g. *tu portes* – you wear) and instead of using *maintenant* (now) use *avant* (before) or *après* (after). Sentence B also refers to *lunettes de soleil* (sunglasses) and sentence C refers to *écouteurs* (earphones).

1.3. D

The only list that does not contain words related to the family is list D: *la foi* (faith), *le bouton* (button/spot), *le prêtre* (priest), *la retraite* (retirement). The family members included in the other three lists are: *la mère* (mother), *le père* (father), *la sœur* (sister), *le frère* (brother), *l'oncle* (uncle), *la tante* (aunt), *le cousin* (male cousin), *la cousine* (female cousin), *le fils* (son), *la fille* (daughter), *la nièce* (niece), *le neveu* (nephew).

1.4. B

The two words that should be in the opposite columns are: *sage* (wise) and *exigeant* (demanding). The table should therefore look as follows:

La mauvaise personnalité	La bonne personnalité
méfiant (distrustful)	*sympa* (nice)
égoïste (selfish)	*curieux* (curious)
impoli (impolite)	*créatif* (creative)
embêtant (annoying)	*sportif* (sporty)
méchant (mean)	*gentil* (kind)
paresseux (lazy)	**sage** (wise)
gourmand (greedy)	*honnête* (honest)
déloyal (disloyal)	*travailleur* (hard-working)
exigeant (demanding)	*altruiste* (altruistic)
pénible (troublesome)	*amical* (friendly)
vaniteux (vain)	*drôle* (funny)
jaloux (jealous)	*poli* (polite)
arrogant (arrogant)	*juste* (fair)
fainéant (lazy)	*optimiste* (optimistic)

For further information about adjectives, see chapter 25.

1.5. B

The illogical sentence is B, *la mère de ma mère est mon arrière-grand-mère*, as it translates: 'the mother of my mother is my great-grandmother'. Instead, it should read as follows: *la mère de ma mère est ma grand-mère* (the mother of my mother is my grandmother). The other three sentences are logical: *le père de mon mari est mon beau-père* (the father of my husband is my father-in-law); *la nouvelle femme de mon père est ma belle-mère* (my father's new wife is my step-mother); and *les filles de ma tante sont mes cousines* (my aunt's daughters are my cousins). Notice the use of *de* to denote possession in French e.g. *les filles **de** ma tante* (my aunt**'s** daughters).

1.6. C

The answer that does not make sense is C. The question *Quel âge a ton frère ?* (How old is your brother?) requires a response with *il* (he) rather than *elle* (she). The other question and answer pairings are logical: *As-tu des frères ? Oui, j'en ai deux* (Do you have any brothers? Yes, I have two of them); *Tu t'entends bien avec ta cousine ? Non, nous ne nous entendons pas bien* (Do you get on with your cousin? No, we do not get on well); *Habites-tu près de tes grands-parents ? Oui, leur maison est très proche* (Do you live near your grandparents? Yes, their house is very close).

1.7. C

The negative description in this question is C: *Je trouve que ma mère peut être désorganisée* (I find that my mum can be disorganised). The other three sentences are more positive. *Mon oncle est très doué* (my uncle is very talented); *mes sœurs sont vraiment fiables* (my sisters are really reliable); and, *à mon avis, mes cousins sont marrants* (in my opinion, my cousins are funny).

1.8. D
Neerav's text about his relationship with his father is only negative. There are three main points that lead us to this conclusion. Firstly, Neerav says that 'we do not get on because of my school work' (*mon père et moi ne nous entendons pas bien à cause de mon travail scolaire*). Secondly, he comments on how his father 'always criticises me, even when I pass my exams' (*il me critique tout le temps, même quand je réussis mes examens*). Thirdly, he notes how his father forbids him from seeing his friends in the evening and instead says that he must study more (*il m'interdit de voir mes amis le soir et il dit que je dois étudier encore plus*).

1.9. D
The only sentence that does not contain a physical description is D, as it contains information about personality traits instead: *Mon beau-frère a confiance en lui* (my step-brother is self-confident). The other three sentences contain physical descriptions: *Alisha a des cheveux courts et roux* (Alisha has short, ginger hair); *mon grand-père est chauve* (my grandfather is bald); and, *ma tante a beaucoup de taches de rousseur* (my aunt has lots of freckles).

1.10. A
The most appropriate list of words to complete the text are in list A. The first gap needs to be filled by the third-person plural of *être* in the subjunctive mood as it is preceded by *bien que* (although). *Sont* and *semblent* are in the indicative rather than the subjunctive, while *soit* is the third-person singular rather than the plural. For more practice with the subjunctive, see question and answer 28.15. The second gap requires a stressed pronoun (*pronom tonique*) and therefore *eux* (them) is the most appropriate, rather than *ils* (they), *les* (the) and *elles* (they/them – for a group of females). For further information about stressed pronouns, see question 27.10. The third gap requires *dont* (in which) because it translates as: 'the way in which' (*la façon dont*); you can find more information about *dont* in question 15.15. Finally, the most appropriate infinitive for the fourth gap is *apprécier* (to appreciate) so that the sentence reads, 'they taught me to appreciate everything that I get' (*ils m'ont appris à apprécier tout ce que je reçois*).

1.11. B
The false sentence in this question is B, *avant Jean et David n'avaient pas une bonne relation* (before Jean and David did not have a good relationship), because Jean says that he used to get on well with his brother when he was younger (*quand j'étais petit je m'entendais bien avec mon frère aîné, David*). The other three phrases are true. David is older than Jean (*David est plus âgé que Jean*) because Jean refers to him as his 'older brother' (*frère aîné*). We know that David has a girlfriend (*maintenant David a une petite-amie*) because Jean refers to

sa copine (girlfriend). Finally, *David ridiculise Jean* (David makes fun of Jean) is true because Jean comments that his brother teases him (*il se moque de moi*).

1.12. B
The only reason not mentioned in the text as to why there is inter-generational conflict is *le logement* (accommodation/housing). *Les vêtements* (clothes) are mentioned as the first reason: *mes grands-parents se plaignent de ce qu'on porte et ils disent que nos fringues sont moches* (my grandparents complain about what we wear and say that our clothes are ugly). The second reason given is money (*l'argent*): *mes parents considèrent que les adolescents d'aujourd'hui n'ont aucune responsabilité financière* (my parents think that teenagers today have no financial responsibility). The final reason for inter-generational conflict in Katya's text is politics (*les opinions politiques*): *les adultes croient que nous ne sommes pas politiquement engagés mais je ne suis pas d'accord* (adults think that we are not politically engaged but I do not agree).

1.13. A
The only word that is not a synonym of « *bavarder* » is *boucler*, which means 'to curl' or 'to close off'. *Papoter* means 'to chat' or 'to gossip', whereas *discuter* and *converser* translate as 'to discuss' and 'to converse' respectively.

1.14. C
The true statement regarding Riya's text is *la robe a été tachée* (the dress was stained). Riya recounts the story of her and her sister arguing (*hier soir ma sœur et moi nous sommes disputées*). The cause of the argument was the fact that Riya's sister stole her favourite dress without asking and wore it to a party (*elle a volé ma robe préférée sans me demander et l'a portée à une fête*). This means that the statements *Riya a prêté sa robe à sa sœur* (Riya lent her dress to her sister) and *sa sœur est allée au théâtre* (her sister went to the theatre) are not true. Instead, Riya says that the dress was stained with red wine (*la robe était couverte de vin rouge*). Riya is very frustrated and says that the worst thing is that her sister did not apologise (*la pire chose, c'est qu'elle ne s'est pas excusée*), which means that statement D is also false.

1.15. A
The incorrect definition is that *célibataire* means to be in a couple (*être en couple*), when in fact, it means the opposite, 'single'. The other definitions are correct: *fâché* means 'to be angry' (*être en colère*); *naissance* means 'birth' and so goes with the definition *le moment d'être né* (the moment of being born); and, *de taille moyenne* means 'average-sized' and therefore fits with the description 'neither big nor small' (*ni grand ni petit*).

The difficulty rating for each question (Elementary [E], Intermediate [I] or Advanced [A]) can be found in parentheses next to each question.

2.1. Dans la liste ci-dessous, quelles sont les trois matières qui n'ont pas la bonne orthographe ? (E)

histoire, physique, géogrophie, français, dessin, chemie, musique, anglais, littérature, EPS, langues étrangère, mathématiques, biologie, informatique, allemand

A) physique, mathématiques, informatique
B) géogrophie, chemie, langues étrangère
C) biologie, allemand, histoire
D) dessin, anglais, littérature

Extra ! Écris un courriel à ton ami(e) en France pour répondre aux questions suivantes: Quelle est ta matière préférée ? Pourquoi ?

2.2. Quelle liste contient des objets qu'on ne trouverait pas dans une trousse ? (E)

A) une règle, une gomme, une colle
B) un taille-crayon, un stylo, un ciseau
C) un crayon, des feutres, un compas
D) une barbe, un escargot, un bureau

Extra ! Donne trois autres exemples d'objets qu'on pourrait trouver dans une salle de classe.

2.3. Lis le texte ci-dessous dans lequel Rayan décrit son lycée. (E)

Il y a à peu près cinq-cents élèves dans mon lycée donc c'est vraiment petit par rapport aux autres lycées de ma région. Moi, je préfère une petite communauté car tout le monde se connaît. Les cours commencent à sept heures et demie et finissent vers seize heures. Heureusement nous n'avons pas de cours le samedi matin.

Selon le texte, quelle est la réponse incorrecte aux questions ci-dessous ?

A) Combien d'élèves y a-t-il dans le lycée de Rayan ? Environ 500.
B) Est-ce qu'il préfère un petit ou un grand lycée ? Grand.
C) À quelle heure les cours commencent-ils ? À sept heures et demie.
D) Est-ce que Rayan va au lycée le samedi ? Non.

Extra ! Décris ton lycée ou ton collège.

2.4. Le tableau ci-dessous contient des mots de vocabulaire sur les personnes et les lieux de l'école. (E)

Les personnes	Les lieux
le/la professeur	la salle de classe
le/la concierge	la cantine
le couloir	le laboratoire
le directeur	la bibliothèque
la directrice	la salle des profs
l'élève	le terrain de sport
le/la camarade de classe	l'enseignant(e)
l'infirmier/l'infirmière	l'air de jeu
scolaire	la piscine
le/la remplaçant(e)	les toilettes

Quels sont les deux mots qui apparaissent dans la mauvaise colonne ?

A) l'élève & la bibliothèque
B) le directeur & l'air de jeu
C) le camarade de classe & la salle des profs
D) le couloir & l'enseignant(e)

Extra ! Écris trois phrases décrivant ton école ou collège. Dans chacune des phrases, utilise au moins un des mots du tableau.

2.5. Quelle phrase donne la description physique d'un professeur ? (E)

A) Notre professeur d'anglais nous donne beaucoup de devoirs.
B) Mon prof d'histoire est très petit avec des cheveux noirs.
C) Ma nouvelle prof de chimie est canadienne.
D) Les professeurs au lycée sont dynamiques, patients et justes.

Extra ! Décris un de tes professeurs.

2.6. Dans les phrases ci-dessous, quel adjectif possessif est mal accordé avec le nom ? (I)

A) Nicole n'a pas **son** trousse.
B) Les filles utilisent souvent **leurs** dictionnaires.
C) Marc a perdu **ses** clés.
D) Quelle est **ta** nationalité ?

Extra ! Écris trois nouvelles phrases pour t'entraîner à utiliser les adjectifs possessifs.

2.7. Lis le texte ci-dessous dans lequel Constance décrit le changement de ses matières préférées. (I)

Quand j'étais petite, je trouvais les sciences difficiles, mais mon prof de biologie me faisait rire et m'encourageait beaucoup. J'aimais tellement l'EPS parce que j'étais une personne super active. En fait, j'étais incapable de rester assise ! Cependant, tout a changé et maintenant c'est la littérature qui m'intéresse par-dessus tout ; je dévore chaque livre que je trouve, surtout les classiques. Je pense que l'informatique est importante mais trop répétitive.

Quelle est la matière préférée de Constance maintenant ?

A)   L'EPS
B)   L'informatique
C)   Les sciences
D)   La littérature

Extra ! Écris une réponse à la question suivante : Quelles matières aimais-tu dans le passé ?

2.8.   Dans les phrases ci-dessous, quel adjectif démonstratif est mal accordé avec le nom ? (I)

A)   Je préfère **cette** leçon d'histoire.
B)   Mon frère n'aime pas **cet** lycée.
C)   Nous n'avons jamais vu **ce** professeur.
D)   Elles ont bougé **ces** chaises.

Extra ! Écris trois nouvelles phrases pour t'entraîner à utiliser les adjectifs démonstratifs.

2.9.   Complète ce texte à trous dans lequel Varsha parle des langues étrangères. (I)

Mon école offre un …(1)… choix de langues étrangères y compris l'anglais, l'…(2)…, le mandarin et l'arabe. Pour moi les langues étrangères sont super importantes. Ce n'est pas que je sois …(3)… douée, mais je crois qu'apprendre une nouvelle langue nous donne une …(4)… d'autres cultures.

A)   (1) bon, (2) espagnol, (3) très, (4) connaissance
B)   (1) bonne, (2) portugais, (3) trop, (4) compréhension
C)   (1) bon, (2) allemand, (3) pas, (4) aversion
D)   (1) bonne, (2) hindi, (3) assez, (4) ignorance

Extra ! Relis le texte ci-dessus et remplace tous les adjectifs.

2.10.   Lis les paires de phrases ci-dessous. Quelle est la paire dans laquelle les prépositions ne sont pas opposées ? (I)

A)   Son livre de français est **devant** son sac. ⇔ Son livre de français est **derrière** son sac.
B)   J'ai un emploi du temps **sans** cours de géo. ⇔ J'ai un emploi du temps **avec** des cours de géo.
C)   Mes cahiers sont **à gauche de** ma trousse. ⇔ Mes cahiers sont **à côté de** ma trousse.
D)   Le terrain de sport est **près du** gymnase. ⇔ Le terrain de sport est **loin du** gymnase.

Extra ! Remplace les prépositions dans chaque phrase.

2.11.   Quelle est la phrase illogique ? (A)

A)   Si mon école avait une piscine, je ferais de la natation tous les jours.
B)   Si je n'avais pas autant de devoirs, je pourrais sortir avec mes amis.
C)   Si je travaillais plus au collège, j'aurais de plus mauvaises notes.
D)   Si mon frère passait le contrôle de chimie, il aurait la meilleure note.

Extra ! Complète la phrase suivante : *Si j'avais des bonnes notes, …*

2.12.   Lis le texte ci-dessous dans lequel Stéphane parle de son nouveau professeur. (A)

J'ai un nouveau professeur de maths. Il vient des États-Unis et il me semble décontracté. Il porte des lunettes et il est assez grand. Je trouve qu'il est intéressant et très marrant. J'aime ses leçons parce qu'il explique bien les choses quand je ne comprends pas.

Quelle est la phrase correcte ?

A)   Le prof de Stéphane est écossais.
B)   Il n'est pas très sérieux.
C)   Stéphane déteste ses cours.
D)   Il n'aide pas Stéphane quand il en a besoin.

Extra ! Modifie les autres phrases afin qu'elles deviennent correctes.

2.13.   Quelle phrase ne décrit pas un professeur idéal ? (A)

Un professeur idéal…

A)   …aurait du temps pour ses élèves.
B)   …ne serait pas paresseux.
C)   …poserait des questions pertinentes.
D)   …crierait toujours sur ses élèves.

Extra ! Écris une réponse à la question suivante: À ton avis, quelles sont les qualités nécessaires pour être un bon prof ?

2.14.   Lis le texte suivant dans lequel Krish parle des devoirs. (A)

Après une journée fatigante au lycée j'ai plus envie de me détendre que de faire mes devoirs quand je rentre chez moi. En réalité, il vaudrait mieux que je fasse un peu d'exercice avant de commencer mes devoirs. Sinon, j'ai mal à me concentrer et je ne suis pas très productif.

Selon Krish, qu'est-ce qu'il doit faire avant de commencer ses devoirs ?

A)   se concentrer
B)   être productif
C)   faire de l'exercice
D)   écouter pendant les cours

Extra ! Traduis le texte ci-dessus.

2.15.   Lis le texte de Sacha au sujet de son école primaire. (A)

Mon école primaire était réputée dans ma région et on peut facilement le comprendre : elle était très bien équipée et elle avait une ambiance qui favorisait notre apprentissage. Les profs étaient à la fois encourageants et gentils. Chaque salle de classe était propre et spacieuse et il y avait un grand choix d'activités extrascolaires – quelle chance ! Quoi qu'il en soit, l'école n'était pas parfaite : j'aurais aimé une bibliothèque car j'adorais lire et les options à la cantine étaient assez limitées.

Les opinions de Sacha sont…

A)   …seulement positives.
B)   …seulement négatives.
C)   …plus positives que négatives.
D)   …plus négatives que positives.

Extra ! Écris une réponse à la question suivante : Comment était ton école primaire ?

Answers and Detailed Solutions

2.1. B

The school subjects that have been spelled incorrectly are in list B. The correct spellings of these words are: *géographie* (geography), *chimie* (chemistry), and *langues étrangères* (foreign languages). The other school subjects in this question include: *histoire* (history), *physique* (physics), *français* (French), *dessin* (art), *musique* (music), *anglais* (English), *littérature* (literature), *EPS* [*éducation physique et sportive*] (Physical Education), *mathématiques* (mathematics), *biologie* (biology), *informatique* (ICT), and *allemand* (German).

2.2. D

List D contains words that would not typically be found in a pencil case (*une trousse*), as *une barbe* is 'a beard', *un escargot* is 'a snail' and *un bureau* is 'a desk' or 'an office'. The other lists contain pencil case objects, including: *une règle* (a ruler), *une gomme* (a rubber), *une colle* (a glue stick), *un taille-crayon* (a pencil-sharpener), *un stylo* (a pen), *un ciseau* (scissors), *un crayon* (a pencil), *des feutres* (felt-tip pens), and *un compas* (a compass).

2.3. B

According to Rayan's text, *grand* (big) is not the right answer to the question *est-ce qu'il préfère un petit ou un grand lycée ?* (does he prefer a big or small college?), because he says *je préfère une petite communauté car tout le monde se connaît* (I prefer a small community because everyone knows each other). Correct answers are given to the other questions. There are around 500 students at Rayan's college (*il y a à peu près cinq-cents élèves dans mon lycée*). Lessons begin at 7:30 (*les cours commencent à sept heures et demie*) and Rayan does not have lessons on a Saturday morning (*nous n'avons pas de cours le samedi matin*).

2.4. D

The two words that should be in the opposite columns are: *le couloir* (corridor) and *l'enseignant(e)* (teacher). The table should therefore look as follows:

Les personnes (people)	Les lieux (places)
le/la professeur (teacher)	la salle de classe (classroom)
le/la concierge (caretaker)	la cantine (canteen)
l'enseignant(e) (teacher)	le laboratoire (laboratory)
le directeur (headmaster)	la bibliothèque (library)
la directrice (headmistress)	la salle des profs (staff room)
l'élève (student)	le terrain de sport (sports pitch)
le/la camarade de classe (classmate)	**le couloir (corridor)**
l'infirmier/l'infirmière scolaire (school nurse)	l'air de jeu (playground)
le/la remplaçant(e) (supply teacher)	la piscine (swimming pool)
	les toilettes (toilets)

2.5. B

The physical description of a teacher is found in statement B: *Mon prof d'histoire est très petit avec des cheveux noirs* (my history teacher is very short and has black hair). The other sentences do not include physical descriptions: *notre professeur d'anglais nous donne beaucoup de devoirs* (our English teacher gives us a lot of homework); *ma nouvelle prof de chimie est canadienne* (my new chemistry teacher is Canadian); and, *les professeurs au lycée sont dynamiques, patients et justes* (the teachers at college are dynamic, patient and fair).

2.6. A

The possessive adjective is used to indicate to whom or to what a noun belongs. In English these are: 'my', 'your', 'his', 'her' etc. As these are adjectives they need to agree with the noun in French. The possessive adjectives can be found in the following table:

Masculine Singular	Feminine Singular	Plural	English
mon	ma	mes	my
ton	ta	tes	your
son	sa	ses	his/her
notre	notre	nos	our
votre	votre	vos	your (plural or formal)
leur	leur	leurs	their

Therefore, the statement that contains the incorrect possessive adjective is A, because *son* should be *sa* as *trousse* is a feminine singular noun. The sentence should therefore read, *Nicole n'a pas **sa** trousse* (Nicole does not have her pencil case). The other sentences use the correct possessive adjectives: *les filles utilisent souvent **leurs** dictionnaires* (the girls often use **their** dictionaries); *Marc a perdu **ses** clés* (Marc has lost **his** keys); and *quelle est **ta** nationalité ?* (what is **your** nationality?).

2.7. D

Constance's favourite subject now is literature as she says, *maintenant c'est la littérature qui m'intéresse par-dessus tout ; je dévore chaque livre que je trouve, surtout les classiques* (now it is literature that interests me above all; I devour every book that I find, especially the classics). However, in the text she also mentions her opinion of other subjects. She says that she used to find science hard when she was younger (*quand j'étais petite, je trouvais les sciences difficiles*) and that she used to really like PE (Physical Education) because she was an active person (*j'aimais tellement l'EPS parce que j'étais une personne super active*). Finally, she says that she believes ICT (Information Communication Technology) is important but repetitive (*je pense que l'informatique est importante mais trop répétitive*).

2.8. B

Demonstrative adjectives indicate the distance between an object and the speaker. In English, demonstrative adjectives are 'this', 'that', 'these' or 'those'. As they are adjectives they need to agree with the noun in French. See the following table:

Masculine	Before vowel	Feminine	Plural
ce	cet	cette	ces

Therefore, the incorrect demonstrative adjective in this question is **cet** lycée, which should read as **ce** lycée (this college), as the noun is masculine and does not start with a vowel. The other examples use the demonstrative adjective correctly: cette leçon (this/that lesson), ce professeur (this/that teacher), and ces chaises (these/those chairs).

2.9. A

The most appropriate list of words to complete the text are in list A. The first gap needs to be filled by bon (good) as the noun, choix (choice), is masculine plural. The second gap requires a language that starts with a vowel or h, therefore three of the options would be appropriate: espagnol (Spanish), allemand (German) and hindi (Hindi). Portugais (Portuguese) is not possible as it begins with a consonant. The third gap requires très, so that the sentence reads, ce n'est pas que je sois très douée (it is not that I am very talented). Notice the use of the subjunctive because the sentence uses ce n'est pas que. Finally, the most appropriate noun for the fourth gap is connaissance (knowledge), given the context of the sentence apprendre une nouvelle langue nous donne une connaissance d'autres cultures (learning a new language gives us a knowledge of other cultures). The word compréhension (understanding) could also have been used, but ignorance (ignorance) and aversion (dislike) would not have worked in the context of the given sentence.

2.10. C

The pair of sentences that do not include opposing prepositions is pair C, as à gauche de means 'to the left of' whereas à côté de translates as 'next to'. The phrase à droite de (to the right of) would have been required for the prepositions to be opposing. The other phrases do include opposing prepositions: son livre de français est **devant** son sac (his/her book is **in front of** his/her bag) ⇔ son livre de français est **derrière** son sac (his/her book is **behind** his/her bag); j'ai un emploi du temps **sans** cours de géo (I have a timetable **without** geography lessons) ⇔ j'ai un emploi du temps **avec** des cours de géo (I have a timetable **with** geography lessons); and, le terrain de sport est **près du** gymnase (the sports pitch is **near** the gym) ⇔ le terrain de sport est **loin du** gymnase (the sports pitch is **far from** the gym).

2.11. C

The illogical phrase is C, si je travaillais plus au collège, j'aurais de plus mauvaises notes, as it translates as 'if I worked more at school, I would get worse grades', when you would expect it to say 'better grades'. The other three sentences are logical: si mon école avait une piscine, je ferais de la natation tous les jours (if my school had a swimming pool, I would go swimming every day); si je n'avais pas autant de devoirs, je pourrais sortir avec mes amis (if I did not have so much homework, I could go out with my friends); and, si mon frère passait le contrôle de chimie, il aurait la meilleure note (if my brother took the chemistry exam, he would get the best mark). Notice the use of si (if) + the imperfect + the conditional in these phrases. For more practice with the imperfect tense and the conditional tense see questions 28.10. and 28.12. respectively.

2.12. B

The true sentence in this question is il n'est pas très sérieux (he is not very serious) as Stéphane describes his teacher as décontracté (relaxed) and marrant (funny). The other sentences are false. Firstly, le prof de Stéphane est écossais (Stéphane's teacher is Scottish) is not true as his teacher is from the United States (il vient des États-Unis) and is therefore American (américain). The statement Stéphane déteste ses cours (Stéphane hates his lessons) is false as he says that he likes his lessons (j'aime ses leçons). Finally, the statement il n'aide pas Stéphane quand il en a besoin (he does not help Stéphane when he needs it) is false because when talking about his teacher Stéphane says that il explique bien les choses quand je ne comprends pas (he explains things well when I do not understand).

2.13. D

The correct answer is D as an ideal teacher is unlikely to be someone who would always shout at their students (crierait toujours sur ses élèves). The other phrases are more likely to be descriptors of an ideal teacher, someone who: would have time for their students (aurait du temps pour ses élèves); would not be lazy (ne serait pas paresseux); and, would ask relevant questions (poserait des questions pertinentes). Notice the use of the conditional tense to talk about what an ideal teacher **would be** like. For further practice with the conditional tense, see questions 8.13. and 28.12.

2.14. C

In Krish's text about homework, he mentions that he needs to do some exercise before he starts his homework (il vaudrait mieux que je fasse un peu d'exercice avant de commencer mes devoirs). Notice the use of the subjunctive after the phrase il vaut mieux que (it is better that…). He then says that if he does not do any sport he finds it hard to concentrate and is not very productive (j'ai mal à me concentrer et je ne suis pas très productif).

2.15. C

Sacha's description of her primary school is considerably more positive than negative. She lists the following advantages of her primary school: it was well-equipped (très bien équipée), it had an atmosphere that cultivated learning (elle avait une ambiance qui favorisait notre apprentissage), the teachers were both encouraging and kind (les profs étaient à la fois encourageants et gentils); the classrooms were clean and spacious (chaque salle de classe était propre et spacieuse), and there was a wide range of extra-curricular activities (il y avait un grand choix d'activités extrascolaires). However, she does add that the school was not perfect (l'école n'était pas parfaite), suggesting that she would have liked a library (j'aurais aimé une bibliothèque) and that the options in the canteen were quite limited (les options à la cantine étaient assez limitées).

The difficulty rating for each question (Elementary [E], Intermediate [I] or Advanced [A]) can be found in parentheses next to each question.

3.1. Laquelle des traductions ci-dessous est incorrecte ? (E)

A) Tu te réveilles ⇔ You get up
B) Il se lave ⇔ He washes
C) Je m'habille ⇔ I get dressed
D) Nous prenons le petit déjeuner ⇔ We have breakfast

Extra ! Écris une réponse à la question suivante : Quelle est ta routine du matin ?

3.2. Quel mot ne correspond pas à un moment de la journée ? (E)

A) l'après-midi
B) le printemps
C) le matin
D) le soir

Extra ! Utilise les mots de la liste ci-dessus pour créer quatre phrases.

3.3. Ce tableau contient quatre phrases, chacune détaillant un lieu, une action and une heure. Choisis la réponse la plus logique pour compléter le tableau. (E)

	Le lieu	L'action	L'heure
Ex.	Dans la cuisine…	… je dîne…	…à 18h30.
⇒	(1)…	… je me maquille…	…assez tôt.
⇒	Dans la salle de bain…	… (2)…	…à 7h15.
⇒	Dans la bibliothèque…	… je fais mes devoirs…	…(3).

A) (1) Dans ma chambre, (2) je me brosse les dents, (3) après l'école
B) (1) Dans le jardin, (2) je me couche, (3) à minuit
C) (1) Dans le salon, (2) je me repose, (3) pendant les cours
D) (1) Dans le garage, (2) je prends le petit déjeuner, (3) vers 3h00 du matin

Extra ! Change les données du tableau pour créer trois nouvelles phrases.

3.4. Quelle heure digitale ne correspond pas à l'heure écrite ? (E)

A) 6h20 ⇔ il est six heures vingt
B) 2h45 ⇔ il est trois heures moins le quart
C) 10h05 ⇔ il est dix heures cinq
D) 9h30 ⇔ il est neuf heures et dix

Extra ! Donne trois autres exemples d'heure en détaillant l'heure digitale et son équivalent écrit.

3.5. Quelle est la liste des expression de temps ordonnée de la plus fréquente à la moins fréquente ? (E)

A) jamais, de temps en temps, souvent, toujours
B) de temps en temps, toujours, jamais, souvent
C) toujours, souvent, de temps en temps, jamais
D) souvent, jamais, toujours, de temps en temps

Extra ! Utilise ces quatre expressions de temps pour créer quatre phrases différentes.

3.6. Lis le texte d'Adrien ci-dessous. (I)

D'habitude je me réveille vers six heures et demie et puis je me lève quinze minutes plus tard. Ensuite je me douche à sept heures et quart puis je prends du café et des céréales pour le petit déjeuner. Je pars de chez moi à huit heures vingt et arrive au lycée vers huit heures et demie. La journée scolaire n'est pas trop longue donc je rentre chez moi à trois heures pile. Après ça, je peux enfin me détendre.

Quelle heure ne correspond pas aux activités décrites par Adrien?

A) 6h45 – Il se lève
B) 7h30 – Il se douche
C) 8h20 – Il va au lycée
D) 15h00 – Il rentre à la maison

Extra ! Traduis le texte d'Adrien.

3.7. Regarde l'emploi du temps de Marc détaillé dans le tableau ci-dessous. (I)

	lundi	mardi	mercredi	jeudi	vendredi
9h30-10h25	anglais	français	musique	maths	géographie
10h30-11h25	EPS	physique-chimie	géographie	biologie	anglais
11h30-12h25	maths	anglais	histoire	français	physique-chimie

Quelle est la phrase incorrecte ?

A) Marc a un cours de géographie le mercredi.
B) Le français commence à neuf heures et demie le mardi.
C) Marc a trois cours d'anglais par semaine.
D) Marc n'a pas cours de maths le jeudi.

Extra ! Crée quatre nouvelles phrases pour décrire l'emploi du temps de Marc (Par ex. Marc a cours de physique-chimie le mardi).

3.8. Quelle paire des expressions de temps n'est pas opposée ? (I)

A) toujours ⇔ jamais
B) souvent ⇔ ensuite
C) d'abord ⇔ enfin
D) après ⇔ avant

Extra ! Utilise au moins trois expressions de temps données ci-dessus pour créer trois nouvelles phrases.

3.9. Dans quelle proposition l'invitation est-elle refusée ? (I)

A) **Personne 1** : Voudrais-tu aller au cinéma vendredi soir ?
Personne 2 : Bonne idée ! À vendredi !

B) **Personne 1** : Tu veux aller au parc après les cours ?
Personne 2 : D'accord, à quelle heure ?

C) **Personne 1** : Veux-tu regarder un film chez moi ?
Personne 2 : Chouette ! À bientôt !

D) **Personne 1** : Voudrais-tu faire du skate ce weekend ?
Personne 2 : Désolé mais je n'ai pas de temps.

Extra ! Écris trois réponses différentes à la question suivante : Veux-tu regarder le match de foot ce soir ?

3.10. Quelle phrase n'est pas grammaticalement correcte ? (I)

A) J'habite à Nice en France.
B) Mes parents vont aux États-Unis chaque novembre.
C) Il va en Londres pour visiter sa cousine.
D) Nous habitons en Inde.

Extra ! Relis les phrases ci-dessus et change les pays ou les villes.

3.11. Combien de verbes pronominaux réfléchis apparaissent dans le texte ci-dessous ? (A)

Étant donné que je suis souvent fatigué, j'ai décidé de changer ma routine. Désormais il faut que je me couche moins tôt et que je fasse plus d'exercice. En plus je vais me dépêcher le matin ; par exemple, je vais m'habiller et me doucher plus vite. Aussi je voudrais m'amuser avec mes potes car j'ai tendance à trop me taire.

A) Cinq
B) Six
C) Sept
D) Huit

Extra ! Traduis le texte ci-dessus.

3.12. Lis le texte de Patrice ci-dessous. (A)

Personnellement je trouve qu'être en retard est vraiment impoli. Par conséquent j'essaie toujours d'être soit en avance soit à l'heure. Cependant, j'ai honte parce que ma famille est souvent en retard – quelquefois avec plus de 15 minutes de retard ! J'en ai marre ! La prochaine fois qu'ils sont en retard, je partirai toute seule !

Quelle est la phrase correcte ?

A) Selon Patrice, être en retard ne le dérange pas trop.
B) Patrice préfère d'arriver à l'heure ou en avance.
C) La famille de Patrice est rarement en retard.
D) Patrice va continuer d'attendre sa famille même quand ils vont être en retard.

Extra ! Modifie les phrases incorrectes afin qu'elles deviennent correctes.

3.13. Dans le texte ci-dessous, Jean-Luc parle de sa routine et de celle de sa soeur. (A)

Je dois avouer que je suis plus paresseux que ma sœur, Elise ; elle se réveille vers 7h00, même les weekends tandis que moi, je préfère les grasses matinées. Pendant la semaine, je me lève à 7h30 et puis je m'habille. Ensuite, après avoir bu du café, je me brosse les dents et je me lave, mais je me dispute souvent avec Elise parce qu'elle dit que je passe trop de temps dans la salle de bains. Nous allons ensemble au lycée en voiture mais Elise rentre à la maison toute seule à pied.

Selon le texte de Jean-Luc, quelle est la phrase incorrecte ?

A) D'habitude Elise se réveille plus tôt que Jean-Luc.
B) Jean-Luc s'habille, puis il boit quelque chose.
C) Jean-Luc et Elise ne se disputent jamais.
D) Elise ne rentre pas à la maison avec son frère.

Extra ! Écris une réponse à la question : Qu'est-ce que tu as fait ce matin ?

3.14. Complète le texte à trous ci-dessous dans lequel Lamar raconte une journée difficile. (A)

Hier je me suis réveillé avec une …(1)… de retard – c'était le …(2)… d'une journée catastrophique ! D'abord j'ai raté le bus et j'ai dû aller au collège à …(3)… donc je suis arrivé encore plus en retard. Mon prof m'a grondé. Évidemment j'étais … (4)… parce que je me suis endormi pendant ma classe d'histoire ! Après une journée très …(5)…, j'ai décidé de me coucher très tôt le soir.

A) (1) heures, (2) fin, (3) voiture, (4) réveillé, (5) stressant
B) (1) heure, (2) début, (3) pied, (4) fatigué, (5) stressante
C) (1) semaine, (2) milieu, (3) taxi, (4) en colère, (5) facile
D) (1) semaines, (2) change, (3) bateau, (4) content, (5) confortable

Extra ! Continue l'histoire de Lamar en donnant trois détails supplémentaires.

3.15. Quelle paire de phrases n'a pas le même sens ? (A)

A) Je quitte la maison à huit heures ⇔ Je rentre chez moi à huit heures
B) Après l'école je me repose ⇔ En rentrant de l'école je me détends
C) Je me couche vers minuit ⇔ Je vais au lit aux environs de minuit
D) Je me lève assez tôt pour promener mon chien ⇔ Je me réveille de bonne heure le matin pour sortir mon chien

Extra ! Conjugue les verbes présents dans les phrases ci-dessus dans un temps différent.

Answers and Detailed Solutions

3.1. A
The incorrect translation in the question is A, because *tu te réveilles* means 'you wake up' rather than 'you get up', which is *tu te lèves*. The other translations from French to English are correct: *il se lave* (He washes); *je m'habille* (I get dressed); and, *nous prenons le petit déjeuner* (We have breakfast).

3.2. B
The only word mentioned that is not a time of day is *le printemps*, which translates as 'spring' and is therefore a season. *L'après-midi* means 'the afternoon', *le matin* means 'the morning' and *le soir* means 'the evening'.

3.3. A
The completed table should include the phrases in option A, and should therefore look as follows:

	Le lieu (place)	**L'action (action)**	**L'heure (time)**	**English**
Ex.	*Dans la cuisine…*	*…je dîne…*	*…à 18h30.*	In the kitchen I eat dinner at 6.30pm.
⇒	***Dans ma chambre…***	*…je me maquille …*	*…assez tôt.*	In my bedroom I put on make up quite early.
⇒	*Dans la salle de bain…*	***…je me brosse les dents…***	*…à 7h15.*	In the bathroom I brush my teeth at 7.15am.
⇒	*Dans la bibliothèque …*	*…je fais mes devoirs…*	***…après l'école.***	In the library I do my homework after school.

3.4. D
The digital time that does not correspond to the time in its written form is D: 9h30 should read, *il est neuf heures et demie* rather than *il est neuf heures et dix*, which is 9h10. The other times are written correctly: 6h20 (*il est six heures vingt*); 2h45 (*il est trois heures moins le quart*); and, 10h05 (*il est dix heures cinq*).

3.5. C
The time phrases should go in the following order, from the most frequent to the least frequent: *toujours* (always), *souvent* (often), *de temps en temps* (from time to time), *jamais* (never). Some other time phrases in French include: *quelquefois* (sometimes), *d'habitude* (usually), and *rarement* (rarely).

3.6. B
The time that does not match the activity in this question is B, *7h30 : il se douche*, because Adrien says that he showers at 7:15 (*je me douche à sept heures et quart*). The other activities match the given times: Adrien wakes up at 6.30 and gets up 15 minutes later (*je me réveille vers six heures et demie et puis je me lève quinze minutes plus tard*); he goes to school at 8:20 (*je pars de chez moi à huit heures vingt*); and, he returns home at 3pm (*je rentre chez moi à trois heures pile*). Notice the difference between the *il* (he) in the answers and the *je* (I) used by Adrien in the text.

3.7. D
The false phrase in this question is D: *Marc n'a pas cours de maths le jeudi*, as the timetable shows that Marc's first lesson each Thursday is maths. The other statements regarding the timetable are true: *Marc a un cours de géographie le mercredi* (on Wednesdays Marc has a geography lesson); *le français commence à neuf heures et demie le mardi* (French starts at 9:30 on Tuesdays); and, *Marc a trois cours d'anglais par semaine* (Marc has three English lessons every week). Notice that in English the plural would be used for 'on Wednesday**s**', whereas in French the singular can be used, e.g. *le mercredi*.

3.8. B
The time phrases that are not opposites are *souvent* (often) ⇔ *ensuite* (then). The other pairs are opposites: *toujours* (always) ⇔ *jamais* (never); *d'abord* (firstly) ⇔ *enfin* (finally); and, *après* (after) ⇔ *avant* (before).

3.9. D
The invitation that was rejected is D, as person 2 replied *désolé mais je n'ai pas de temps*, to the invitation to go skating, which translates as 'sorry but I do not have time'. The other offers were accepted. When person 1 asked, 'Would you like to go to the cinema on Friday evening?' (*voudrais-tu aller au cinéma vendredi soir ?*), person 2 responded, 'Good idea! See you on Friday!' (*Bonne idée ! À vendredi !*). When person 1 enquired, 'Do you want to go to the park after school?' (*Tu veux aller au parc après les cours ?*), person 2 replied, 'OK, what time?' (*D'accord, à quelle heure ?*). Finally, when person 1 asked, 'Do you want to watch a film at my house?' (*Veux-tu regarder un film chez moi ?*), person 2 said, 'Great! See you soon' (*Chouette ! À bientôt !*).

3.10. C
The grammatically incorrect sentence is C, *il va **en** Londres pour visiter sa cousine*, because it should read, *il va **à** Londres pour visiter sa cousine* (he is going to London to visit his cousin). When referring to 'going **to**' or 'living **in**' cities, **à** is needed in French (e.g. *J'habite **à** Nice*). However, when referring to 'going **to**' or 'living **in**' a country, **en** is needed for feminine countries (e.g. *Nous habitons **en** Inde*), **au** for masculine countries (e.g. *Nous habitons **au** Canada*), and **aux** for plural countries (e.g. *Mes parents vont **aux** États-Unis chaque novembre*).

3.11. B

Reflexive verbs (*verbes pronominaux réfléchis*) are verbs that require a reflexive pronoun and describe an action that reflects back onto the subject of the verb, e.g. to wash oneself (*se laver*). The given text features six reflexive verbs: *se coucher* (to go to bed), *se dépêcher* (to hurry up), *s'habiller* (to get dressed), *se doucher* (to have a shower), *s'amuser* (to have fun), and *se taire* (to be quiet). For more practice with reflexive verbs see questions 26.13. and 29.7.

3.12. B

The true sentence is statement B, *Patrice préfère d'arriver à l'heure ou en avance* (Patrice prefers to arrive on time or early). We know this because she says that being late is very rude (*être en retard est vraiment impoli*) and that she always tries to be either early or on time (*j'essaie toujours d'être soit en avance soit à l'heure*). The statement that her family is rarely late is not true as she says that her family are **often** late (*ma famille est souvent en retard*). In the future, she will leave by herself if they are late (*la prochaine fois qu'ils sont en retard, je partirai toute seule*).

3.13. C

The false statement in this question is C, *Jean-Luc et Elise ne se disputent jamais* (Jean-Luc and Elise never argue) because Jean-Luc says that he often argues with his sister because she spends too long in the bathroom (*je me dispute souvent avec Elise parce qu'elle dit que je passe trop de temps dans la salle de bains*). The other statements are true. Elise wakes up earlier than Jean-Luc, at 7am (*elle se réveille vers 7h00*), while he prefers to lie-in (*moi, je préfère les grasses matinées*). Jean-Luc does not go home from school with his sister because she goes home alone on foot (*Elise rentre à la maison toute seule à pied*).

3.14. B

The most appropriate list of words to complete the text are in list B. The first gap needs to be filled by *heure* (hour) because it is preceded by *une* (one). The word *semaine* (week) is also possible here as it is singular and feminine, although Lamar was unlikely to wake up a week late! *Heures* and *semaines* are not possible as they are plural and so would not be preceded by *une*. The second gap requires the word *début* (start) as it is referring to the start of a catastrophic day (*le début d'une journée catastrophique*). The word needs to be masculine and singular as it was preceded by *le*. The third gap requires *pied* because the phrase translates as 'I had to go to school by foot' (*j'ai dû aller au collège à pied*). The other modes of transport require the preposition *en*, e.g. *en taxi*. The most appropriate word for the fourth gap is *fatigué* (tired), as Lamar is explaining his tiring morning and says that he fell asleep during his history class (*je me suis endormi pendant ma classe d'histoire*). Finally, the fifth gap requires *stressante* (stressful), as it is describing *une journée* (a day), which is singular and feminine.

3.15. A

The only pair of phrases that do not have similar meanings is pair A. This is because *je quitte la maison à huit heures* means 'I leave the house at 8 o'clock', whereas *je rentre chez moi à huit heures* means the opposite, 'I return home at 8 o'clock'. The other phrases have similar (or the same) meanings within each pair: *après l'école je me repose* (after school I relax) ⇔ *en rentrant de l'école je me détends* (on returning home from school, I relax); *je me couche vers minuit* (I go to bed at around midnight) ⇔ *je vais au lit aux environs de minuit* (I go to bed at around midnight); and, *je me lève assez tôt pour promener mon chien* (I get up quite early to walk the dog) ⇔ *je me réveille de bonne heure le matin pour sortir mon chien* (I get up at a good time in the morning to walk the dog).

The difficulty rating for each question (Elementary [E], Intermediate [I] or Advanced [A]) can be found in parentheses next to each question.

4.1.　Quelle phrase n'est pas associée à la météo ? (E)

A)　Il fait beau.
B)　Il pleut.
C)　Il fait mauvais.
D)　Il y a du chou.

Extra ! Donne trois exemples d'autres expressions sur la météo.

4.2.　Quel est l'ordre correct des saisons ? (E)

A)　l'automne, le printemps, l'hiver, l'été
B)　l'été, l'automne, le printemps, l'hiver
C)　l'hiver, le printemps, l'automne, l'été
D)　le printemps, l'été, l'automne, l'hiver

Extra ! Écris quatre phrases décrivant les quatre saisons.

4.3.　Quelle paire des types de météo n'est pas opposée ? (E)

A)　Le ciel est couvert ⇔ Le ciel est dégagé.
B)　Il fait chaud ⇔ Il fait froid.
C)　Les températures sont en baisse ⇔ Les températures sont en hausse.
D)　Il y a du soleil ⇔ Le temps est ensoleillé.

Extra ! Élabore trois des phrases ci-dessus. Par ex. *Il fait chaud donc je vais à la plage.*

4.4.　Les phrases dans le tableau ci-dessous décrivent le temps dans le passé (hier – *yesterday*), le présent (aujourd'hui – *today*) et le futur (demain – *tomorrow*). Quels deux phrases apparaissent dans les mauvaises colonnes ? (E)

Hier	Aujourd'hui	Demain
il faisait froid	il fait froid	il fera froid
il y avait du brouillard	il y a du brouillard	il y aura du brouillard
il faisait sec	il fait sec	il fera sec
il pleut	il pleuvait	il pleuvra
il gelait	il gèle	il gèlera
il neigeait	il neige	il neigera

A)　il y a du brouillard & il y aura du brouillard
B)　il faisait sec et il fait sec
C)　il pleut & il pleuvait
D)　il neigera & il gelait

Extra ! Ajoute deux nouveaux exemples au tableau ci-dessus.

4.5.　Complète le texte à trous ci-dessous. (E)

La semaine dernière il …(1)… très froid et il neigeait donc je devais porter des …(2)…. Par contre, cette semaine, il fait …(3)… chaud et je peux …(4)… avec mes amis dehors. Demain, il …(5)… et il y aura du …(6)….

A)　(1) faisait, (2) gants, (3) plus, (4) sortir, (5) pleuvra, (6) vent
B)　(1) fait, (2) lunettes de soleil, (3) très, (4) partir, (5) pleut, (6) orage
C)　(1) a fait, (2) t-shirts, (3) trop, (4) rester, (5) pleuvent, (6) blizzard
D)　(1) faisait, (2) pulls, (3) moins, (4) aller, (5) plu, (6) gel

Extra ! Écris une réponse à la question suivante : Quel temps faisait-il la semaine dernière ?

4.6.　Quelle est la phrase la plus logique ? (I)

A)　Quand il y a de la grêle, je sors sans parapluie.
B)　Quand il y a du vent, on adore faire de la voile.
C)　Quand il y a des averses, je peux aller me promener.
D)　Quand le temps est brumeux, j'aime bronzer.

Extra ! Écris trois nouvelles phrases en suivant la structure suivante: quand + expression de météo + activité.

4.7.　Lis le texte ci-dessous sur la météo. (I)

Aujourd'hui au sud de la France, le temps restera très chaud le matin. Dans les régions de l'ouest, on pourrait voir les orages à cause de l'humidité. L'après-midi au nord, surtout en Normandie, il fera un peu froid avec une possibilité d'averses. À partir de demain il fera beau dans la capitale du pays.

Quel endroit n'est pas mentionné dans la météo ?

A)　L'est du pays
B)　L'ouest du pays
C)　Paris
D)　Le nord du pays

Extra ! Écris une réponse à la question suivante : Quel temps fait-il aujourd'hui ?

4.8.　Qui préfère un temps froid ? (I)

A)　Selon moi, c'est important vivre dans un pays où l'on puisse manger dehors.
B)　Vivre dans un endroit où les températures soient élevées est essentiel.
C)　Moi, je préfère la chaleur.
D)　J'aime la neige et j'ai toujours préféré les températures plus basses.

Extra ! Réponds à la question : Quelle météo préfères-tu ?

4.9. Quelle définition ne correspond pas au mot ? (I)

A) Les moussons : les vents et les pluies saisonniers
B) Les ouragans : les tempêtes et les orages très violents avec des vents très forts
C) Les inondations : quand la terre est submergée par l'eau
D) Les sécheresses : les tremblements de terre qui détruisent tout

Extra ! Donne trois autres exemples de phénomènes météorologiques avec leur définition.

4.10. Quelle est la phrase incorrecte ? (I)

A) Au printemps en France les feuilles sont vertes et les fleurs et les arbres fleurissent.
B) D'habitude en été il y a du soleil en France, particulièrement au sud.
C) À la fin de l'automne la mousson commence en France.
D) Dans les montagnes françaises comme les Alpes il neige beaucoup en hiver.

Extra ! Change la phrase incorrecte afin qu'elle soit correcte.

4.11. Quelle est la traduction correcte de la phrase suivante ? (A)

Unfortunately, according to the weather forecast, it will be stormy tomorrow, with thunder and lightening all day.

A) Malheureusement, selon la météo, ce serait orageux demain, avec le tonnerre et l'éclair tous les jours.
B) Heureusement, selon la météo, il y aura de l'orage demain, avec l'éclair et le tonnerre et toute la journée.
C) Malheureusement, selon la météo, il fera orageux demain, avec du tonnerre et des éclairs toute la journée.
D) Malheureusement, selon le temps, c'est orageux demain, avec du tonnerre et l'éclair toute la journée.

Extra ! Explique pourquoi les autres traductions ne sont pas correctes.

4.12. Lis le texte de Lou au sujet du mariage de son frère. (A)

C'était la journée parfaite pour le mariage de mon frère. Le soleil brillait et il n'y avait aucun nuage dans le ciel. Malgré le fait que des averses étaient prévues, nous n'avons pas eu besoin du parapluie et nous avons pu passer toute la journée dans les jardins du manoir. Se marier en hiver en France peut être très risqué mais mon frère et sa femme ont eu de la chance !

Quelle est la phrase incorrecte ?

A) Il faisait très beau le jour du mariage.
B) Ils prévoyaient des averses.
C) Ils ont passé toute la journée dehors.
D) Ils ont eu de la chance parce qu'ils se sont mariés en été.

Extra ! Change la phrase incorrecte afin qu'elle devienne correcte.

4.13. Lis le texte suivant sur les saisons. (A)

D'habitude en automne il fait assez ensoleillé et le temps est magnifique. Toutefois dès que l'hiver arrive, le temps devient vraiment variable. Quand les fleurs commencent à fleurir au printemps, je trouve que le climat est très agréable. Par contre, je n'aime pas l'été car l'air est trop humide et étouffant.

Combien d'adjectifs y a-t-il dans le paragraphe ci-dessus ?

A) Quatre
B) Six
C) Huit
D) Dix

Extra ! Remplace tous les adjectifs du texte.

4.14. Quelle paire de phrases n'a pas le même sens ? (A)

A) Il fait un temps de chien ⇔ il fait mauvais
B) On se pèle ⇔ on crève de froid
C) Il pleut des cordes ⇔ il pleut beaucoup
D) Le temps est brumeux ⇔ le ciel est clair

Extra ! Donne trois autres exemples d'expressions météo qui ont le même sens.

4.15. Lis le texte ci-dessous sur les climats dans le monde. (A)

Les climats tropicaux et équatoriaux se trouvent en Amérique du Sud et centrale avec des précipitations fréquentes. Dans le sud de l'Europe on y voit un climat méditerranéen avec des hivers assez doux et des étés souvent assez secs et chauds. Les climats polaires se situent autours des pôles Nord et Sud et sont caractérisés par des températures très basses et des blizzards. Le climat de la mousson est plus associé aux pays comme l'Inde alors que certaines parties d'Afrique et d'Australie subissent un climat aride, humide et des périodes de grande sécheresse.

Selon le texte, quelle est la phrase incorrecte ?

A) En Amérique centrale il pleut souvent.
B) Le climat dans le sud de l'Europe est très extrême.
C) Il fait très froid dans les régions polaires.
D) Les saisons sèches et humides sont typiques de certaines régions en Afrique et en Australie.

Extra ! Change la phrase incorrecte afin qu'elle devienne correcte.

Answers and Detailed Solutions

4.1. D

The only phrase that is not associated with the weather is D, *il y a du chou* (there is cabbage). The other weather phrases are as follows: *il fait beau* (it is nice weather); *il pleut* (it rains/it is raining); and, *il fait mauvais* (it is bad weather). Notice the use of impersonal verbs here, e.g. *il fait/il pleut*. For more information on impersonal verbs, see question 29.6.

4.2. D

The chronological order of the seasons is: *le printemps* (spring), *l'été* (summer), *l'automne* (autumn), *l'hiver* (winter). Remember, when discussing the seasons, that different seasons occur in different parts of the world at different times, e.g. France and India.

4.3. D

The phrases that are not opposites are in pair D, because *il y a du soleil* (it is sunny) and *le temps est ensoleillé* (the weather is sunny) have very similar meanings. The other pairs of phrases have opposite meanings: *le ciel est couvert* (the sky is covered) ⇔ *le ciel est dégagé* (the sky is clear); *il fait chaud* (it is hot) ⇔ *il fait froid* (it is cold); and, *les températures sont en baisse* (the temperatures are dropping) ⇔ *les températures sont en hausse* (the temperatures are rising).

4.4. C

The phrases that need to be swapped are *il pleut* (it rains), which is in the present tense and should therefore be in the *aujourd'hui* (today) category, and *il pleuvait* (it was raining), which is in the imperfect tense and should therefore be in the *hier* (yesterday) category. The imperfect tense is often used when describing weather in the past, because it is describing an on-going action in the past. The correct table is as follows, with translations in brackets.

Hier (yesterday)	Aujourd'hui (today)	Demain (tomorrow)
il faisait froid (it was cold)	il fait froid (it is cold)	il fera froid (it will be cold)
il y avait du brouillard (there was fog)	il y a du brouillard (there is fog)	il y aura du brouillard (there will be fog)
il faisait sec (it was dry)	il fait sec (it is dry)	il fera sec (it will be dry)
il pleuvait (it was raining)	**il pleut (it rains)**	il pleuvra (it will rain)
il gelait (it was freezing)	il gèle (it is freezing)	il gèlera (it will be freezing)
il neigeait (it snowed)	il neige (it is snowing)	il neigera (it will snow)

4.5. A

The most appropriate list of words to complete the text are in list A. The first gap needs to be filled by *faisait* because the speaker is talking about the weather in the past: *La semaine dernière il faisait très froid* (last week the weather was very cold). The second gap requires a plural noun because it is preceded by *des*; the best option is *gants* (gloves) as the speaker is talking about an item of clothing needed for cold weather. The third gap requires *plus* because the speaker is making a comparison between this week (*cette semaine*) and last week (*la semaine dernière*); we know that the weather must be different as the speaker says *par contre* (on the other hand). As it was very cold last week, it is logical for the speaker to say it is warmer (*plus chaud*) this week. The most appropriate infinitive for the fourth gap is *sortir* (to go out) so that the sentence reads, 'I can go outside with my friends' (*je peux sortir avec mes amis dehors*). The fifth gap requires the future tense of *pleuvoir*, as it refers to tomorrow (*demain*), so the sentence should read *il pleuvra* (it will rain). Finally, the most appropriate word for the sixth gap is *vent* (wind), as a masculine, singular noun is needed because the word is preceded by *du*.

4.6. B

The most logical phrase in this question is B: *quand il y a du vent, on adore faire de la voile* (when it is windy, we love going sailing). The other three sentences are less logical: *quand il y a de la grêle, je sors sans parapluie* (when there is hail, I go out without an umbrella); *quand il y a des averses, je peux aller me promener* (when there are rain showers, I can go for a walk); and, *quand le temps est brumeux, j'aime bronzer* (when the weather is misty, I like to sun-bathe).

4.7. A

The place that is not mentioned in the weather forecast is *l'est du pays* (the East of the country). In the South of France, the weather will stay very warm in the morning (*au sud de la France, le temps restera très chaud le matin*). In the West, there could be storms because of the humidity (*dans les régions de l'ouest, on pourrait voir les orages à cause de l'humidité*). In the North, especially in Normandy, it will be cold with the possibility of showers in the afternoon (*l'après-midi au nord, surtout en Normandie, il fera un peu froid avec une possibilité d'averses*). Finally, in the capital, Paris, it will be nice weather (*il fera beau dans la capitale du pays*).

4.8. D

The speaker who prefers cold weather is D, who says, 'I like the snow and I have always preferred lower temperatures' (*J'aime la neige et j'ai toujours préféré les températures plus basses*). The other speakers prefer warmer weather: *Selon moi, c'est important vivre dans un pays où l'on puisse manger dehors* (in my opinion, it is important to live in a country where you can eat outside); *Vivre dans un endroit où les températures soient élevées est essentiel* (living in a place where the temperatures are raised is essential); and, *moi, je préfère la chaleur* (I prefer the heat).

4.9. D

The term and definition that do not match in this question are *les sécheresses* (droughts) and *les tremblements de terre qui détruisent tout* (earthquakes that destroy everything). The other terms and definitions correspond with one another: *les moussons : les vents et les pluies saisonniers* (monsoons: seasonal winds and rain); *les ouragans : les tempêtes et les orages très violents avec des vents très forts* (hurricanes: violent tempests and storms with strong winds); and, *les inondations : quand la terre est submergée par l'eau* (floods: when the ground is submerged by water).

4.10. C

The false statement is C, *à la fin de l'automne la mousson commence en France* (at the end of autumn the monsoon season begins in France), as there is no monsoon season in France. The other statements are true: *au printemps en France les feuilles sont vertes et les fleurs et les arbres fleurissent* (in spring in France the leaves are green and the flowers and trees bloom); *d'habitude en été il y a du soleil en France, particulièrement au sud* (usually in the summer it is sunny in France, especially in the South); and, *dans les montagnes françaises comme les Alpes il neige beaucoup en hiver* (in the French mountains, like the Alps, it snows a lot in winter).

4.11. C

The most appropriate translation of 'Unfortunately, according to the weather forecast, it will be stormy tomorrow, with thunder and lightning all day' is: *Malheureusement, selon la météo, il fera orageux demain, avec du tonnerre et des éclairs toute la journée*. Firstly, *malheureusement* is the best translation of 'unfortunately', rather than *heureusement*, which means the opposite, 'fortunately'. Next, *la météo* is 'the weather forecast' whereas *le temps* means 'the weather' (or 'time'). When referring to storms, there are two options: 'it will be stormy' (*il fera orageux*) or 'there will be storms' (*il y aura des orages*). 'Thunder and lightning' in French is *du tonnerre et des éclairs*, and 'all day' is *toute la journée*.

4.12. D

The incorrect phrase in this question is D, *ils ont eu de la chance parce qu'ils se sont mariés en été* (they were lucky because they got married in the summer). This is not true because they got married in winter; Lou says that 'getting married in winter in France can be very risky, but his brother and his wife were lucky' (*Se marier en hiver en France peut être très risqué mais mon frère et sa femme ont eu de la chance*). The other options are true: the weather was very good on the wedding day (*le soleil brillait et il n'y avait aucun nuage dans le ciel*); they were expecting showers (*des averses étaient prévues*); and, they were able to spend the day outside in the Manor gardens (*nous avons pu passer toute la journée dans les jardins du manoir*).

4.13. B

There are six adjectives in the paragraph about seasons. The adjectives are: *ensoleillé* (sunny), *magnifique* (magnificent), *variable* (mixed), *agréable* (nice), *humide* (humid), and *étouffant* (stuffy/stifling).

4.14. D

The pair of phrases that do not share a similar meaning in this question is pair D, because *le temps est brumeux* means 'it is foggy/misty' whereas *le ciel est clair* translates as 'the sky is clear'. The other pairs of sentences have similar meanings: *il fait un temps de chien* and *il fait mauvais* signify that the weather is bad; *on se pèle* and *on crève de froid* translate as 'we are freezing'; and, *il pleut des cordes* and *il pleut beaucoup* both mean 'it is raining a lot'.

4.15. B

The false sentence, according to the text, is B: *le climat dans le sud de l'Europe est très extrême* (the climate in Southern Europe is very extreme). Instead, the text says that in Southern Europe there is a Mediterranean climate with mild winters and quite dry and hot summers (*Dans le sud de l'Europe on y voit un climat méditerranéen avec des hivers assez doux et des étés souvent assez secs et chauds*). The other three statements about the text are true. Firstly, we know that it rains often in Central America (*En Amérique centrale il pleut souvent*) because the text mentions *des précipitations fréquentes* (frequent rain). Secondly, statement C, *il fait très froid dans les régions polaires* (it is very cold in arctic climates), is referred to with *des températures très basses* (very low temperatures). Finally, statement D, *les saisons sèches et humides sont typiques de certaines régions en Afrique et en Australie* (dry and humid seasons are common in certain regions in Africa and Australia), is true because the text says *certaines parties d'Afrique et d'Australie subissent un climat aride, humide et des périodes de grande sécheresse* (an arid climate with humidity and dry seasons is found in certain parts of Africa and Australia).

The difficulty rating for each question (Elementary [E], Intermediate [I] or Advanced [A]) can be found in parentheses next to each question.

5.1. Quelle est la phrase la moins appropriée pour partir en vacances ? (E)

A) Bonnes vacances !
B) Amusez-vous bien !
C) Bonne chance !
D) Bon voyage !

Extra ! Écris un dialogue entre deux personnes utilisant les expressions ci-dessus.

5.2. Quelle liste contient un mot qui n'est pas un moyen de transport ? (E)

A) avion, autobus, vélo
B) train, bus, bateau
C) voiture, ferry, métro
D) moto, recherche, cheval

Extra ! Écris une réponse à la question suivante : Comment voyages-tu en vacances ?

5.3. Parmi les conversations suivantes, quelle est la réponse absurde à la question posée ? (E)

A) Où souhaitez-vous aller ? À Lyon.
B) Préférez-vous un aller simple ou un aller-retour ? Nous voyageons en seconde.
C) Combien de billets voulez-vous ? Quatre - pour moi et mes trois enfants.
D) À quelle heure voulez-vous partir ? Vers midi.

Extra ! Écris un dialogue entre deux personnes à la gare.

5.4. Complète ce texte à trous dans lequel Marie parle de ses vacances. (E)

D'habitude, nous …(1)… en Italie pour les vacances, mais l'année derniere nous …(2)… allés en Chine. C´était une expérience inoubliable parce que nous avons …(3)… dans un hotel cinq étoiles et je me suis …(4)… dans la piscine tous les jours.

A) (1) avons, (2) sommes, (3) logées, (4) baignait
B) (1) allons, (2) avons, (3) logée, (4) baigné
C) (1) allons, (2) sommes, (3) logé, (4) baignée
D) (1) allez, (2) allons, (3) logés, (4) baignais

Extra ! Écris une réponse à la question suivante : Où es-tu allé(e) en vacances l'année dernière ?

5.5. Combien de mots ne sont pas dans la bonne colonne ? (E)

Pays	Nationalité
L'Allemagne	allemand
L'Angleterre	anglais
La Belge	belgique
La Chine	chinois
La France	français
La Grèce	grec
L'Inde	indien
L'Italie	italien
Le Japon	japonais
La Russe	russie

A) Deux
B) Quatre
C) Six
D) Huit

Extra ! Complète la phrase à trous suivante pour former trois phrases différentes : Je viens d(e/')… donc je suis ….. Par ex. Je viens d'Angleterre donc je suis anglaise.

5.6. Quelles sont les prépositions correctes pour compléter le texte à trous ci-dessous ? (I)

Si j'avais le choix, j'irais …(1)… Japon mais normalement je pars avec ma famille …(2)… Europe. L'année dernière nous sommes allés …(3)… Madrid – c'était une ville formidable !

A) (1) en, (2) dans, (3) au
B) (1) au, (2) en, (3) à
C) (1) aux, (2) à, (3) en
D) (1) dans, (2) au, (3) à la

Extra ! Écris une réponse aux questions suivantes : Où irais-tu dans le monde si tu avais le choix? Pourquoi ?

5.7. Parmi les conversations suivantes, quelle est la réponse absurde à la question posée ? (I)

A) Avec qui pars-tu en vacances ? Ma mère et mon frère.
B) Où iras-tu l'été prochain ? En avion.
C) Aimes-tu voyager à l'étranger ? Je préfère rester dans mon pays.
D) Combien de chambres voulez-vous réserver ? Deux, s'il vous plaît.

Extra ! Écris tes propres réponses aux questions posées ci-dessus.

5.8. Quel est le bon ordre ? (I)

A) faire les valises, partir en vacances, réserver les billets, rentrer à la maison
B) partir en vacances, rentrer à la maison, faire les valises, réserver les billets
C) réserver les billets, faire les valises, partir en vacances, rentrer à la maison
D) rentrer à la maison, faire les valises, réserver les billets, partir en vacances

Extra ! Conjugue les verbes 'faire', 'partir', 'rentrer', et 'réserver' au passé composé.

5.9. Quelle personne raconte une expérience positive de voyage ? (I)

A) Le train entre Genève et Paris était à la fois propre et ponctuel.

B) J'ai mis six heures à faire le trajet en bus – c'était trop long.

C) Le voyage en bateau pour traverser le lac m'a fait vomir.

D) La voiture est tombée en panne et nous avons dû passer des heures au bord de la route.

Extra ! Décris ton dernier voyage.

5.10. Quelle phrase ne mentionne pas l'hébergement ? (I)

A) D'habitude je passe mes vacances dans un hôtel.

B) Nous avons logé dans une tente au milieu de nulle part.

C) On logera dans un gîte à la montagne.

D) Mes amies aiment aller au bord de la mer.

Extra ! Écris une réponse à la question : Où préfères-tu loger en vacances ?

5.11. Lis le texte de Delphine au sujet de ses dernières vacances. (A)

L'année dernière j'ai passé un mois aux États-Unis avec ma meilleure amie – c'était incroyable. Nous avons fait exactement ce que nous voulions et toutes les auberges de jeunesses où nous avons logé étaient très accueillantes. Ce furent les plus belles vacances que j'aie jamais eues et je n'ai pas voulu retourner à la réalité.

Selon le texte de Delphine, ses dernières vacances ont été…

A) …seulement positives.

B) …seulement négatives.

C) …à la fois positives et négatives.

D) …ni positives ni négatives.

Extra ! Écris une réponse aux questions : Quels pays étrangers as-tu visité ? Lequel as-tu préféré ?

5.12. Parmi les phrases ci-dessous décrivant des activités disponibles aux touristes, laquelle est logique ? (A)

A) Pour ceux qui aiment les sports d'hiver, on peut manger au restaurant.

B) Pour les personnes à la mode, il y a des boutiques de luxe.

C) Si on aime la nature, on profitera du cinéma et du parc d'attractions.

D) Pour ceux qui aiment la cuisine, il y a les plages, les rivières et les grottes.

Extra ! Forme trois nouvelles phrases commençant par « pour ceux qui aiment… ».

5.13. Lis le texte ci-dessous de Laure parlant de ses prochaines vacances. (A)

Dans deux semaines, j'irai en Turquie avec ma famille. Nous prenons l'avion et le voyage durera environ quatre heures. La station balnéaire où nous resterons se trouve dans le sud et a trois piscines. Il fera un temps splendide donc nous avons l'intention d'aller à la plage tous les jours. En plus j'espère pouvoir louer une voiture pour faire un tour dans la campagne pittoresque.

Quelle est l'information oubliée dans le récit des vacances de Laure ?

A) La destination

B) La météo

C) Les activités qu'elle fera

D) La cuisine

Extra ! Écris une réponse à la question : Où iras-tu en vacances à l'avenir ?

5.14. Complète ce texte à trous. (A)

Aujourd'hui il semble plus …(1)… de voyager à bas prix parce que les compagnies aériennes offrent des prix réduits et plus de …(2)…. Néanmoins les jeunes ont moins d'envie de partir en vacances …(3)… ils ont trop de travail.

A) (1) difficile, (2) argent, (3) mais

B) (1) facile, (2) vols, (3) car

C) (1) fatigant, (2) avions, (3) cependant

D) (1) aimable, (2) temps, (3) donc

Extra ! Souligne tous les verbes du texte.

5.15. Lis le texte ci-dessous au sujet des habitudes de voyage des français. (A)

La plupart de français aiment passer leurs vacances en France métropolitaine étant donné la variété des paysages et la diversité gastronomique. Des alpes aux plages de la Méditerranée, des monuments historiques en Normandie aux vignobles de Bordeaux il n'y a que l'embarras du choix ! De plus, s'ils restent chez des membres de la famille élargie, ils profitent de l'hébergement gratuit et ils peuvent utiliser les transports en commun pour économiser encore plus. Le riche patrimoine culturel de la France n'est vraiment qu'à deux pas !

Selon le texte, quelle est la phrase incorrecte ?

A) Les français restent souvent en France pour leurs vacances.

B) La France offre une variété de vacances pour satisfaire tous les goûts.

C) Le patrimoine français est difficile d'accès.

D) Les vacances en France peuvent être moins chères pour ceux qui y habitent.

Extra ! Traduis le texte ci-dessus.

Answers and Detailed Solutions

5.1. C

The least appropriate phrase to say to someone who is about to go on holiday is *bonne chance*, as this means 'good luck' and is more likely to be said to someone before an exam or a sports match than a holiday. The other phrases would be more appropriate: *bonnes vacances !* means 'have a good holiday!', *amusez-vous bien !* means 'enjoy yourself!', and *bon voyage !* means 'have a good trip!'.

5.2. D

Each list only contains modes of transport except list D, which contains 2 modes of transport (*moto* – motorbike and *cheval* – horse) and 1 non-transport item of vocabulary (*recherche* – research). The other modes of transport in the question include: *avion* (plane), *autobus / bus* (bus), *vélo* (bike), *train* (train), *bateau* (boat), *voiture* (car), *ferry* (ferry), and *métro* (underground).

5.3. B

The response that does not match the question is found in option B; the question asks 'do you prefer a single or return ticket?' (*Préférez-vous un aller simple ou un aller-retour ?*), while the answer states 'we are travelling in second class' (*nous voyageons en seconde*). The other responses are logical in relation to their corresponding questions: *Où souhaitez-vous aller? À Lyon* (Where do you want to go? To Lyon); *Combien de billets voulez-vous ? Quatre - pour moi et mes trois enfants* (How many tickets do you want ? Four – for me and my three children); and, *À quelle heure voulez-vous partir ? Vers midi* (What time do you want to leave? Around midday).

5.4. C

The most appropriate list of words to complete the text are in list C. The first gap needs to be filled by the first-person plural form of *aller* in the present tense, e.g. *nous allons* (we go). We know this because the sentence should read 'we go to Italy' (*nous allons en Italie*) and therefore the other options do not make sense. The second gap requires an auxiliary verb, as the sentence is in the perfect tense. As the past participle is *aller*, we will use *être* as our auxiliary verb, and therefore the correct option is *sommes*, e.g. *nous sommes allés en Chine* (we went to China). The third gap requires a past participle, and given that the auxiliary is *avoir*, this past participle should not agree with the gender and number of subjects. As such, the correct answer is *nous avons logé* (we stayed). The final gap requires the past participle of *baigner* (to swim). The correct answer is therefore *je me suis baignée dans la piscine tous les jours* (I swam every day). Notice that because it is Marie, who is a female, talking in the past, and because the verb is

reflexive, the past participle must agree and so there needs to be an additional –e, e.g. baignée.

5.5. B

There are four words that are not in the correct column: *belge* (Belgian) and *russe* (Russian) should go in the nationality column, whereas *la Belgique* (Belgium) and *la Russie* (Russia) should go in the country column. The following table displays the correct answers:

Pays (Country)	*Nationalité* (Nationality)
L'Allemagne (Germany)	*allemand* (German)
L'Angleterre (England)	*anglais* (English)
La Belgique (Belgium)	***belge*** (Belgian)
La Chine (China)	*chinois* (Chinese)
La France (France)	*français* (French)
La Grèce (Greece)	*grec* (Greek)
L'Inde (India)	*indien* (Indian)
L'Italie (Italy)	*italien* (Italian)
Le Japon (Japan)	*japonais* (Japanese)
La Russie (Russia)	***russe*** (Russian)

5.6. B

The most appropriate list of words to complete the blanks are in list B. Firstly, as Japan is a masculine country in French (*le Japon*), *au* is needed, e.g. *j'irai au Japon* (I will go to Japan). Secondly, *Europe* is feminine and therefore *en* is required, e.g. *je pars en Europe* (I go to Europe). Thirdly, cities are preceded by *à* in French, e.g. *Nous sommes allés à Madrid* (we went to Madrid).

5.7. B

The answer that does not correspond to the question is found in option B; the question is *Où iras-tu l'été prochain ?* (Where will you go next summer?) whereas the answer is *en avion* (by plane). The other answers correspond to their respective questions: *Avec qui pars-tu en vacances ? Ma mère et mon frère* (With whom are you going on holiday? My mother and my brother); *Aimes-tu voyager à l'étranger ? Je préfère rester dans mon pays* (Do you like going abroad? I prefer to stay in my country); and, *Combien de chambres voulez-vous réserver ? Deux, s'il vous plaît* (How many rooms would you like to reserve? Two, please).

5.8. C

The most logical order for the activities related to a holiday is as follows: *réserver les billets* (reserve the tickets), *faire les valises* (pack the suitcases), *partir en vacances* (go on holiday), *rentrer à la maison* (return home).

5.9. A
In option A, the speaker recounts a positive travel experience: *le train entre Genève et Paris était à la fois propre et ponctuel* (the train between Geneva and Paris was both clean and punctual). The other speakers recount negative travel experiences: *J'ai mis six heures à faire le trajet en bus – c'était trop long* (it took six hours to do the journey by bus – it was too long); *le voyage en bateau pour traverser le lac m'a fait vomir* (the journey by boat that crossed the lake made me sick); and, *la voiture est tombée en panne et nous avons dû passer des heures au bord de la route* (the car broke down and we had to spend hours by the side of the road).

5.10. D
The sentence that does not mention a type of accommodation is D, *mes amies aiment aller au bord de la mer* (my friends like to go to the seaside). The other statements include some form of accommodation: *d'habitude je passe mes vacances dans un hôtel* (usually I spend my holidays in a hotel); *nous avons logé dans une tente au milieu de nulle part* (we stayed in a tent in the middle of nowhere); and, *on logera dans un gîte à la montagne* (we will stay in a holiday cottage in the mountains).

5.11. A
Delphine's account of the holiday in this question is entirely positive. Not only does she describe the holiday as *incroyable* (incredible), but Delphine says that she and her best friend did exactly what they wanted to do (*nous avons fait exactement ce que nous voulions*) and that the youth hostels where they stayed were very welcoming (*les auberges de jeunesses où nous avons logé étaient très accueillantes*). Moreover, Delphine says that this was the best holiday she has ever had (*ce furent les plus belles vacances que j'aie jamais eues*), and that she did not want to return to reality (*je n'ai pas voulu retourner à la réalité*).

5.12. B
The most logical sentence in this question is B: *Pour les personnes à la mode, il y a des boutiques de luxe* (for people who are fashionable, there are luxury boutiques). The other sentences are illogical because the first clauses do not match the second: *pour ceux qui aiment les sports d'hiver, on peut manger au restaurant* (for those who like winter sports, one can eat at the restaurant); *si on aime la nature, on profitera du cinéma et du parc d'attractions* (if you like nature you will take advantage of the cinema and the theme park); and, *pour ceux qui aiment la cuisine, il y a les plages, les rivières et les grottes* (for those who like food, there are beaches, rivers and caves).

5.13. D
Laure does not mention food or cuisine in the text about her holidays. Instead, she mentions the destination (*j'irai en Turquie avec ma famille* – I will go to Turkey with my family); the weather (*il fera un temps splendide* – there will be excellent weather); and, the activities she will do (*nous avons l'intention d'aller à la plage tous les jours* – we intend to go to the beach every day).

5.14. B
The most appropriate list of words to complete the blanks are in list B. Firstly, the most apposite word is *facile* (easy) because the sentence should read, 'it seems easier to travel cheaply because companies offer reduced prices' (*il semble plus facile de voyager à bas prix parce que les compagnies aériennes offrent des prix réduits*). Secondly, the word *vols* (flights) is most appropriate in the given context, especially as the options *temps* (time) and *agent* (money) are illogical and *avions* (planes) would have to be preceded by *d'* rather than *de* as it starts with a vowel. Finally, the first clause is the result of the second, and therefore the conjunction 'because' (*car*) is needed. The sentence then reads, 'young people have less desire to go on holiday because they have too much work' (*les jeunes ont moins d'envie de partir en vacances car ils ont trop de travail*).

5.15. C
According to the text, the false statement is C: *le patrimoine français est difficile d'accès* (French heritage is difficult to access). The other statements about the text are true. Firstly, the text says that most French people like to spend their holidays in mainland France (*la plupart de français aiment passer leurs vacances en France métropolitaine*). Secondly, France offers a wide range of different types of holidays and, as such, 'there is certainly not a lack of choice' (*il n'y a que l'embarras du choix*). Thirdly, holidays in France can be less expensive for those who already live there because they can take advantage of free accommodation and they can use public transport (*ils profitent de l'hébergement gratuit et ils peuvent utiliser les transports en commun*).

The difficulty rating for each question (Elementary [E], Intermediate [I] or Advanced [A]) can be found in parentheses next to each question.

6.1. Lis la liste des sports ci-dessous. (E)

l'équitation, le badminton, le tennis, le foot, la manche, la musculation, la natation, la boxe, l'escalade, le haricot, le hockey, la voile, la plongée, le vélo, le judo, le basket

Quels mots ne sont pas des sports ?

A) la plongée & la musculation
B) la manche & le haricot
C) l'escalade & la voile
D) le badminton & la natation

Extra ! Écris une réponse à la question : Quels sports aimes-tu ?

6.2. Quelle description ne correspond pas au sport ? (E)

A) Le golf : il faut taper une petite balle blanche et la mettre dans un trou. Normalement il y a dix-huit trous.
B) L'athlétisme : il y a beaucoup d'évènements différents, y compris la course à pied, le saut en longueur et lancer de disque.
C) Le ski : c'est un sport d'équipe, joué avec un ballon et onze joueurs.
D) Le tennis : on joue ce sport avec deux ou quatre personnes et il faut des raquettes.

Extra ! Donne trois autres exemples de sports accompagnés par leurs définitions.

6.3. Quel mot ne correspond pas à un concours de sport ? (E)

A) un tournoi
B) un championnat
C) un roman
D) une ligue

Extra ! Écris quatre phrases en utilisant les mots de la liste ci-dessus.

6.4. Quelle phrase exprime une opinion négative ? (E)

A) Faire du patin à roulettes m'énerve beaucoup.
B) Les sports d'hiver sont passionnants.
C) En jouant au rugby je peux oublier mes soucis.
D) La natation est très compétitive mais j'adore le défi.

Extra ! Crée une nouvelle phrase pour exprimer une opinion positive et une opinion négative sur le sport.

6.5. Quelle paire de phrases n'est pas synonyme ? (E)

A) Je nagerai ⇔ je ferai de la natation
B) Il se détendra ⇔ il se relaxera
C) Elles se promèneront ⇔ elles se baladeront
D) Nous ferons de l'aviron ⇔ nous serons des spectateurs

Extra ! Conjugue les verbes ci-dessus du futur au passé composé.

6.6. Quelle liste est-elle correcte pour compléter le tableau ci-dessous ? (I)

Sport	Lieu
le tennis	court de tennis
(1)	la piscine
(2)	le terrain
le hockey sur glace	(3)

A) (1) la natation, (2) le foot, (3) la patinoire
B) (1) la planche à voile, (2) la boxe, (3) en plein air
C) (1) le surf, (2) la danse, (3) la mer
D) (1) le ping-pong, (2) le cyclisme, (3) la piste

Extra ! Écris une réponse à la question suivante : Où fais-tu du sport ?

6.7. Lis le texte ci-dessous dans lequel Martin parle des sports extrêmes. (I)

Mon frère préfère les sports pour lesquels il faut vraiment se concentrer, comme pour les arts martiaux. Tandis que si j'avais le choix, je choisirais toujours les sports extrêmes, surtout le parkour. La première fois que j'ai essayé le parkour, j'étais complètement terrifié, mais je dirais que maintenant je suis accro à l'adrénaline et j'ai hâte de le pratiquer encore une fois ce weekend.

Quelle est la phrase correcte ?

A) Martin adore se concentrer quand il fait du sport.
B) Le frère de Martin pense que les arts martiaux sont effrayants.
C) Martin n'a jamais essayé le parkour.
D) Martin va faire du parkour ce weekend.

Extra ! Modifie les autres phrases afin qu'elles deviennent correctes.

6.8. Quelle phrase ne fait pas référence à un avantage lié au sport ? (I)

A) Le sport m'aide à décompresser.
B) Le sport me donne l'occasion de rencontrer des gens.
C) Le sport développe mon esprit d'équipe.
D) Le sport prend trop de temps et c'est trop fatigant.

Extra ! Écris une réponse à la question suivante : Quels sont les désavantages liés au sport ?

6.9. Quelle liste est-elle correcte pour compléter les phrases à trous ci-dessous ? (I)

- De temps en temps, je joue …(1)… batterie.
- Je joue …(2)… basket chaque lundi.
- Mon ami, Thomas, fait …(3)… judo à l'école.
- Pour me relaxer, j'aime jouer …(4)… échecs.

A) (1) la, (2) le, (3) au, (4) des
B) (1) de la, (2) au, (3) du, (4) aux
C) (1) à la, (2) aux, (3) du, (4) les
D) (1) du, (2) au, (3) de, (4) ces

Extra ! Relis les phrases ci-dessus et change les activités.

6.10. Lis le texte de Nathan ci-dessous. (I)

Pour moi, pratiquer le rugby était très important. Je m'entraînais tous les jours – quelquefois même deux fois par jour ! C'était ma passion : je m'amusais beaucoup et espérais devenir un joueur professionnel. Mes parents me disaient que c'était une perte de temps et malheureusement, jusqu'à un certain point, ils ont eu raison. Il y a deux ans, je suis tombé pendant un match et je me suis cassé la jambe. Après ça, j'ai dû arrêter à cause de la blessure et c'était une période très difficile. Maintenant, je n'ai même plus envie de parler du rugby. C'est vraiment triste.

Le texte est…

A) …seulement négatif.
B) …seulement positif.
C) …plus positif que négatif.
D) …plus négatif que positif.

Extra ! Écris une réponse à la question suivante : Quels sports as-tu essayé dans le passé ?

6.11. Lis le texte de Sonia ci-dessous. (A)

Avant je détestais le sport : quand je devais faire de l'exercice avec mes camarades de classe, j'avais honte. Quoi qu'il en soit, maintenant j'adore le sport ! J'étais une personne très timide mais le sport m'a donné plus de confiance. Pour moi, il n'y a rien de mieux pour aider à sortir de sa coquille. Je me sens plus à l'aise avec mes amis et suis plus calme qu'auparavant. D'ailleurs, j'ai appris à respecter les règles et maintenant je suis une personne plus patiente. Je n'ai plus aucun doute sur les avantages du sport !

Quelle est la phrase incorrecte ?

A) Sonia avait du mal à faire du sport devant ses camarades.
B) Elle trouve que le sport a renforcé son estime de soi.
C) Le sport l'a rendue plus sociable.
D) Elle est devenue plus impatiente récemment.

Extra ! Traduis le texte ci-dessus.

6.12. Quelle est la traduction correcte de la phrase suivante ? (A)

If we had cheated during the competition, we would not have deserved to win.

A) Si nous avions triché pendant le concours, nous n'aurions pas mérité de gagner.
B) Si nous avions trichés pendant le concours, nous n'aurons pas mérité de gagner.
C) Si nous avons triché pendant la compétition, nous n'avons pas mérité de gagner.
D) Si nous sommes trichés pendant le concours, nous n'aurions plus mérités de gagner.

Extra ! Écris trois nouvelles phrases utilisant la structure suivante : 'si + imparfait + conditionnel'.

6.13. Quelle phrase ne fait pas référence à un bienfait du sport ? (A)

A) Cela fabrique plus d'endorphine dans le cerveau.
B) Les os grandissent et les muscles se fortifient.
C) Cela peut causer certaines maladies.
D) C'est bon pour le cœur et les poumons.

Extra ! Écris une réponse à la question suivante : Pourquoi la pratique du sport est-elle importante pour les jeunes ?

6.14. Lis le texte d'Harini ci-dessous. (A)

Depuis que j'ai quatorze ans, je ne fais plus beaucoup de sport parce que je dois me concentrer sur le travail scolaire. Cependant, quand j'étais plus jeune j'adorais faire du vélo et jouer au basket. Je faisais du sport presque tous les jours. Par contre, je ne jouais jamais au golf parce que je trouvais ce sport beaucoup trop ennuyeux.

Dans quel ordre Harini mentionne-t-elle les informations suivantes ?

A) Ce qu'elle aimait comme sport, ce qu'elle fait maintenant, ce qu'elle ne faisait pas
B) Ce qu'elle aimait comme sport, ce qu'elle ne faisait pas, ce qu'elle fait maintenant
C) Ce qu'elle ne faisait pas, ce qu'elle fait maintenant, ce qu'elle aimait comme sport
D) Ce qu'elle fait maintenant, ce qu'elle aimait comme sport, ce qu'elle ne faisait pas

Extra ! Identifie tous les verbes utilisés dans le texte.

6.15. Quelle phrase mentionne un incident dangereux ? (A)

A) J'ai marqué un but pendant les prolongations.
B) Je faisais de l'escalade quand j'ai chuté de quinze mètres.
C) Je me suis disputé avec l'arbitre mais il ne nous a pas accordé de pénalité.
D) En m'échauffant, j'ai évité de me tordre les muscles.

Extra ! Écris trois nouvelles phrases mentionnant des incidents sportifs ou des pratiques sportives dangereuses.

Answers and Detailed Solutions

6.1. B

The two words in the list that are not sports are: *la manche* (sleeve/English Channel) and *le haricot* (bean). The other words mentioned in the lists are all sports: *l'équitation* (horse riding), *le badminton* (badminton), *le tennis* (tennis), *le foot* (football), *la musculation* (weight-lifting), *la natation* (swimming), *la boxe* (boxing), *l'escalade* (climbing), *le hockey* (hockey), *la voile* (sailing), *la plongée* (diving), *le vélo* (cycling), *le judo* (judo), and *le basket* (basketball).

6.2. C

The description that does not match the sport is *le ski : c'est un sport d'équipe, joué avec un ballon et onze joueurs*, because the description translates as 'it is a team sport, played with a ball and eleven players', which would suit *le foot* (football) rather than *le ski* (skiing). The other descriptions match their respective sports: *le golf : il faut taper sur une petite balle blanche et la mettre dans un trou. Normalement il y a dix-huit trous* (golf: one must hit a small white ball and get it in a hole. Normally there are 18 holes); *l'athlétisme : il y a beaucoup d'évènements différents, y compris la course à pied, le saut en longueur et lancer de disque* (athletics: there are different events, including running, long jump and discus); and, *le tennis : on joue ce sport avec deux ou quatre personnes et il faut des raquettes* (tennis: we play this sport with two or four people and you need rackets).

6.3. C

The only word not associated with a sports competition is *un roman*, which means 'a novel'. The other options are *un tournoi* (a tournament), *un championnat* (a championship), and *une ligue* (a league).

6.4. A

The negative opinion about sport in this question is A: *faire du patin à roulettes m'énerve beaucoup* (roller-skating annoys me a lot). The other opinions are positive: *les sports d'hiver sont passionnants* (winter sports are exciting); *en jouant au rugby je peux oublier mes soucis* (by playing rugby I can forget my worries); and, *la natation est très compétitive mais j'adore le défi* (swimming is very competitive but I love the challenge).

6.5. D

The pair of phrases that are not synonymous with one another in this question is pair D. This is because *nous ferons de l'aviron* means 'we will row', while *nous serons des spectateurs* translates as 'we will be spectators'. The other pairs of phrases have similar meanings: *je nagerai* and *je ferai de la natation* both mean 'I will swim'; *il se détendra* and *il se relaxera* both translate as 'he will relax'; and, *elles se promèneront* and *elles se baladeront* both mean 'they will go for a walk'.

6.6. A

The words needed to complete the table can be found in list A. Firstly, the sport that takes place in *la piscine* (the swimming pool) is *la natation* (swimming). Secondly, the sport played on *le terrain* (the pitch) is *le foot* (football). Thirdly, *le hockey sur glace* (ice hockey) is played at *la patinoire* (the ice rink). The sports that do not fit in the table include: *la planche à voile* (windsurfing), *le surf* (surfing), and *le ping-pong* (table tennis). Similarly, the locations that are not included in the table are: *en plein air* (outside), *la mer* (the sea), and *la piste* (the track).

6.7. D

The true phrase regarding the text in this question is *Martin va faire du parkour ce weekend* (Martin is going to do parkour this weekend). We know that this is true because he says *j'ai hâte de le pratiquer encore une fois ce weekend* (I am excited to do parkour again this weekend). The other phrases are false. *Martin adore se concentrer quand il fait du sport* (Martin loves to concentrate when he does sport) is incorrect because he states that it is his brother who likes sports where you have to concentrate (*mon frère préfère les sports pour lesquels il faut vraiment se concentrer*). *Le frère de Martin pense que les arts martiaux sont effrayants* (Martin's brother thinks that martial arts are scary) is also incorrect, as Martin only uses the word *terrifié* (terrifying) to refer to the first time he tried parkour (*La première fois j'ai essayé le parkour, j'étais complètement terrifié*). Finally, *Martin n'a jamais essayé le parkour* (Martin has never tried parkour) is not true because he has tried it at least once (*La première fois j'ai essayé le parkour*) but suggests he may have tried it many times as he says that he is now addicted to the adrenaline (*maintenant je suis accro à l'adrénaline*).

6.8. D

The only phrase given in this question that is not an advantage of playing sport is D, *le sport prend trop de temps et c'est trop fatigant*, which translates as 'sport takes too much time and is very tiring'. The other options showcase the advantages of doing sport: *le sport m'aide à décompresser* (sport helps me to relax); *le sport me donne l'occasion de rencontrer des gens* (sport gives me the chance to meet people); and, *le sport développe mon esprit d'équipe* (sport develops my teamwork).

6.9. B

The most appropriate list of words to complete the text are in list B. The first gap needs to be filled by *de la* as 'to play a musical instrument' in French *is jouer du/de la/des + instrument*, and *batterie* (drums) is feminine singular. 'To play a sport' in French is *jouer au/à la/aux*, therefore the second gap requires *au* as *basket* (basketball) is masculine singular. The third gap requires *du* because when using *faire* ('to do' in relation to sport) *du/de la/de l'/des* is needed, and in this case *judo* is masculine singular. Finally, the fourth gap needs *aux* because *les cartes* (cards) is plural, e.g. *j'aime jouer aux cartes* (I like to play cards).

6.10. D

Nathan's text is more negative than positive. He recounts his relationship with rugby and says that doing rugby used to be very important to him (*Pour moi, pratiquer le rugby était très important*). He gives the positives of playing rugby, including: it was his passion (*c'était ma passion*), he found it really fun (*je m'amusais beaucoup*) and he notes that he hoped to become a professional player in the future (*j'espérais devenir un joueur professionnel*). However, his parents believed that it was a waste of time (*mes parents me disaient que c'était une perte de temps*). Nathan then recounts how he fell during a match two years ago and broke his leg (*il y a deux ans, je suis tombé pendant un match et je me suis cassé la jambe*). He had to stop playing because of the injury and it was a difficult time (*j'ai dû arrêter à cause de la blessure et c'était une période très difficile*). Now, he says, it is difficult for him to even talk about rugby (*Maintenant, je n'ai même plus envie de parler du rugby*) and that the situation is very sad (*c'est vraiment triste*).

6.11. D

The false statement in this question is D, *elle est devenue plus impatiente récemment* (she has become more impatient recently), because Sonia says the opposite: *j'ai appris à respecter les règles et maintenant je suis une personne plus patiente* (I learnt to respect the rules and I am now a more patient person). The other statements about the given text are true. Firstly, the fact that Sonia had difficulty doing sport in front of her classmates (*Sonia avait du mal à faire du sport devant ses camarades*) is noted when she says, *quand je devais faire de l'exercice avec mes camarades de classe, j'avais honte* (when I had to do sport with my classmates, I felt ashamed). Secondly, the statement 'she found that sport helped her self-esteem' (*elle trouve que le sport a renforcé son estime de soi*) is true because she comments on how sport gave her more confidence (*le sport m'a donné plus de confiance*). Thirdly, Sonia says that sport makes her more sociable (*le sport l'a rendue plus sociable*), giving two reasons: there is nothing better for coming out of one's shell (*il n'y a rien de mieux pour aider à sortir de sa coquille*), and she feels more at ease among her friends (*je me sens plus à l'aise avec mes amis*).

6.12. A

The most appropriate translation of the sentence, 'If we had cheated during the competition, we would not have deserved to win', is option A: *Si nous avions triché pendant le concours, nous n'aurions pas mérité de gagner*. Firstly, the pluperfect tense is needed for the construction 'we had cheated'. The pluperfect requires an auxiliary verb (*avoir* or *être*) in the imperfect tense followed by a past participle, e.g. *nous avions triché*. For further practice on the pluperfect tense see questions 16.9. and 28.13. The second clause, 'we would not have deserved', requires the conditional perfect, which is made up of an auxiliary verb (*avoir* or *être*) in the conditional tense followed by a past participle, e.g. *nous n'aurions pas mérité*. As the auxiliary verb in both clauses was *avoir*, the past participle did not need to agree with the subject. See question 28.14. for further practice with the conditional perfect.

6.13. C

The only sentence that does not contain a benefit of doing sport is C: *cela peut causer certaines maladies* (it can cause certain illnesses). The other sentences describe some of the benefits of exercise, including: *cela fabrique plus d'endorphine dans le cerveau* (it produces more endorphins in the brain); *les os grandissent et les muscles se fortifient* (the bones grow and the muscles strengthen); and, *c'est bon pour le cœur et les poumons* (it is good for the heart and the lungs).

6.14. D

The information in Harini's text is provided in the following order: *ce qu'elle fait maintenant* (what she does now), *ce qu'elle aimait comme sport* (what sports she used to like), *ce qu'elle ne faisait pas* (what she did not do). Harini starts by saying what she does now: *je ne fais plus beaucoup de sport parce que je dois me concentrer sur le travail scolaire* (I no longer do a lot of sport because I have to concentrate on school work). She then says what sports she used to like: *j'adorais faire du vélo et jouer au basket* (I used to love cycling and basketball). Finally, she says what she did not do: *je ne jouais jamais au golf* (I never used to play golf).

6.15. B

The sentence recounting a dangerous incident is B: *je faisais de l'escalade quand j'ai chuté de quinze mètres* (I was doing climbing when I fell 15 metres). The other sentences do not contain such danger: *j'ai marqué un but pendant les prolongations* (I scored a goal in extra-time); *je me suis disputé avec l'arbitre mais il ne nous a pas accordé de pénalité* (I argued with the referee but he did not give us a penalty); and, *en m'échauffant, j'ai évité de me tordre les muscles* (by warming up, I avoided pulling muscles).

The difficulty rating for each question (Elementary [E], Intermediate [I] or Advanced [A]) can be found in parentheses next to each question.

7.1.   Quel mot n'est pas associé à l'argent ? (E)

A) le salaire
B) la salle
C) des espèces
D) la monnaie

Extra ! Écris quatre nouvelles phrases en utilisant les mots ci-dessus.

7.2.   Qui utilise son argent de poche pour faire des sorties ? (E)

A) Normalement j'achète des nouveaux vêtements.
B) Je suis fan de musique donc j'utilise mon argent pour aller aux concerts.
C) J'achète souvent du maquillage.
D) D'habitude j'achète de l'équipement de sport.

Extra ! Écris une réponse à la question suivante : Comment dépenses-tu ton argent ?

7.3.   Lis le texte de Perrine au sujet des cadeaux. (E)

J'adore acheter des cadeaux pour ceux que j'aime. Par exemple, l'année dernière j'ai acheté des boucles d'oreilles pour ma mère, un livre pour mon père et une cravate rayée pour mon frère aîné. Malheureusement je me suis trouvée à court d'idées pour ma sœur cadette alors je ne lui ai rien acheté.

Quelle personne n'a pas reçu de cadeau de la part de Perrine ?

A) son père
B) son frère
C) sa mère
D) sa sœur

Extra ! Écris une réponse à la question : Quelle est la dernière chose que tu as achetée ?

7.4.   Trois amis parlent de l'argent de poche. (E)

Mohammed : Mes parents me donnent €10 par semaine, mais seulement si je fais quelques tâches ménagères. Et toi, David ?

David : D'habitude je reçois €5 par semaine mais mes grands-parents me donnent plus d'argent quand ils nous rendent visite.

Gad : Mon argent de poche n'est pas une somme fixe ; ça dépend ce dont j'ai besoin. Bientôt j'espère gagner mon propre argent en trouvant un petit boulot.

Quelle est la phrase incorrecte ?

A) David reçoit moins d'argent de poche que Mohammed.
B) Gad n'est pas à la recherche d'un petit boulot.
C) Mohammed doit aider ses parents.
D) L'argent de poche que Gad reçoit change de semaine en semaine.

Extra ! Identifie tous les verbes utilisés dans la conversation entre Mohammed, Davide et Gad.

7.5.   Qui n'a pas besoin de faire quoique ce soit pour gagner son argent de poche ? (E)

A) Ma mère me donne cent roupies quand je fais la vaisselle.
B) Je dois m'occuper de mon frère cadet pour recevoir de l'argent de poche.
C) Mon père me donne un peu d'argent chaque semaine, que je l'aide ou pas.
D) Je travaille dans un resto et gagne beaucoup.

Extra ! Écris une réponse à la question suivante : Tes parents te donnent-ils des tâches ménagères ?

7.6.   Quelle est la paire dans laquelle le nombre en lettres ne correspond pas au nombre en chiffres ? (I)

A) Cent-seize roupies ⇔ ₹106
B) Quarante euros ⇔ €40
C) Soixante-dix dollars ⇔ $70
D) Dix-huit livres ⇔ £18

Extra ! Écris quatre nouvelles paires de nombre en lettres et en chiffres.

7.7.   Qui est le plus économe envers l'argent ? (I)

A) Je dépense mon argent de poche tout de suite.
B) Je suis toujours endetté.
C) J'achète tout ce que je veux.
D) J'essaie d'économiser chaque mois.

Extra ! Écris une réponse à la question suivante : Préfères-tu économiser ou dépenser ton argent ?

7.8.   Quelle est la traduction correcte de la phrase suivante ? (I)

In order to buy the latest phone I will need to save at least 200 euros ; it will be a big challenge!

A) Pour acheter le tout dernier portable j'aurai besoin de sauver au mois 200 euros ; c'était un grand défi !
B) Afin d'acheter le tout dernier portable j'aurai besoin d'économiser au moins 200 euros ; ce sera un grand défi !
C) Afin d'acheter le portable prochain je devrai gagner au moins 200 euros ; ce serait un grand défi !
D) Pour acheter le portable tout dernier je devrais garder le moins 200 euros ; ce sera un grand défi !

Extra ! Explique pourquoi les autres traductions ne sont pas correctes.

7.9. Quel est l'avantage de faire du shopping en ligne ? (I)

A) Il faut payer les frais d'expédition.
B) On n'a pas l'occasion de voir le produit soi-même.
C) Les contrefaçons sont plus communes.
D) Il y a plus de choix.

Extra ! Écris une réponse à la question suivante : Préfères-tu faire tes achats en ligne ou au magasin ?

7.10. Lis le texte d'Akarsh. (I)

Quand je serai plus âgé j'espère dépenser résonablement tout en respectant l'environnement. Par exemple, je n'achèterai jamais des produits contenant des substances polluantes et je n'ai pas l'intention d'acheter de voiture. Si je gagnais beaucoup d'argent, je donnerais autant que possible aux associations caritatives.

Quelle information n'est pas mentionnée dans le texte ci-dessus ?

A) À l'avenir, Akarsh voudrait acheter des produits écologiques.
B) Il n'aura pas de voiture.
C) Il n'achètera jamais de cadeaux pour ses proches.
D) S'il avait le choix, il ferait des dons aux œuvres de bienfaisance.

Extra ! Traduis le texte.

7.11. Complète ce texte à trous ci-dessous. (A)

Je préfère acheter en ligne pour de nombreuses raisons. Tout d'abord, il se peut que ce …(1)… moins cher et sans doute on a plus de …(2)… . D'ailleurs, en lisant les avis différents et en comparant les prix, j'estime que j'ai toujours le …(3)… produit. …(4)… il y a des inconvénients aussi : le coût de livraison peut être très élevé et quelques sites ne sont pas du tout …(5)… .

A) (1) soit, (2) choix, (3) meilleur, (4) En revanche, (5) sécurisés
B) (1) est, (2) possibilité, (3) meilleure, (4) Puisque, (5) sûr
C) (1) était, (2) manque, (3) pire, (4) Parmi, (5) digne de confiance
D) (1) sois, (2) horaires, (3) bon, (4) Donc, (5) dangereux

Extra ! Donne deux avantages et deux inconvénients d'acheter en ligne.

7.12. Dans le texte ci-dessous, Kaira donne son avis sur l'argent et les jeunes. (A)

Bien que l'argent ne fasse pas le bonheur, je constate que les jeunes (y compris mes potes) ne comprennent pas la valeur de l'argent aujourd'hui et donc ils prennent des décisions financières très bêtes ! Il faut que les jeunes reçoivent plus d'éducation sur l'économie afin qu'ils puissent être plus prudents avec leur argent.

Qu'est-ce que Kaira propose ?

A) De meilleurs comptes bancaires.
B) Plus de formation financière.
C) Prendre plus de décisions.
D) Un changement de comportement.

Extra ! Traduis le texte ci-dessus.

7.13. Quelle paire de mots n'est pas synonyme ? (A)

A) Les sans-abris ⇔ les sans domicile fixe
B) La taxe ⇔ l'impôt
C) L'endettement ⇔ le compte bancaire
D) La monnaie ⇔ la devise

Extra ! Donne les synonymes des mots suivants : un travail, riche, le prix.

7.14. Lis le texte de Gini. (A)

Quand j'étais petite mes parents ne me donnaient pas d'argent de poche parce que je n'avais pas l'occasion de dépenser cet argent. Par contre, maintenant je reçois 10 euros par semaine et si j'aide à la maison ils me donnent un peu plus. Le meilleur moment de l'année c'est mon anniversaire parce que mes grands-parents me donnent soit de l'argent soit quelques jeux vidéo.

Selon le texte, quelle est la réponse incorrecte aux questions ci-dessous ?

A) Combien d'argent de poche est-ce que les parents de Gini lui donnaient ? Rien.
B) Combien d'argent est-ce qu'elle reçoit maintenant ? Dix euros par semaine.
C) Qu'est-ce qu'elle reçoit si elle fait des tâches ménagères ? Un beau cadeau.
D) Qu'est-ce que ses grands-parents lui donnent-ils pour son anniversaire ? De l'argent ou des jeux vidéo.

Extra ! Écris une réponse à la question suivante : Recevais-tu de l'argent de poche quand tu étais plus jeune ?

7.15. Lis le texte d'Akanksha au sujet de son nouveau portable. (A)

Mon portable s'est cassé la semaine dernière donc j'ai dû en acheter un nouveau. Heureusement, il y avait les soldes mais le choix a quand même été difficile. Le tout dernier modèle que je voulais avait des textos illimités mais c'était hors budget. L'autre modèle coûtait beaucoup moins cher mais avait seulement 100 minutes d'appels par mois et je n'aimais pas la couleur. Finalement j'ai choisi le moins cher afin d'avoir encore de l'argent pour pouvoir sortir avec mes copains.

Quelle est la phrase correcte ?

A) Akanksha avait besoin d'un nouveau portable.
B) Les deux nouveaux portables étaient au même prix.
C) Elle a acheté le portable qu'elle voulait grâce aux soldes.
D) Maintenant elle ne peut pas sortir avec ses amis.

Extra ! Traduis le texte ci-dessus.

Answers and Detailed Solutions

7.1. B
The only word that is not associated with money in this question is *la salle*, which means 'room'. The other words mean the following: *le salaire* (salary), *des espèces* (cash – although this also means 'species') and *la monnaie* (currency and change – as in 'coins' or 'cash').

7.2. B
Speaker B uses pocket money for going out, saying, *je suis fan de musique donc j'utilise mon argent pour aller aux* concerts (I am a fan of music so I use my money to go to concerts). The other speakers use their money for different purposes: *normalement j'achète des nouveaux vêtements* (normally I buy new clothes); *j'achète souvent du maquillage* (I often buy make-up); and, *d'habitude j'achète de l'équipement de sport* (usually I buy sports equipment).

7.3. D
Perrine did not buy a present for her sister because she ran out of ideas (*je me suis trouvée à court d'idées pour ma sœur*). However, she did buy presents for her other family members. She bought earrings for her mum (*j'ai acheté des boucles d'oreilles pour ma mère*), a book for her dad (*un livre pour mon père*), and a stripy tie for her elder brother (*une cravate rayée pour mon frère aîné*).

7.4. B
The incorrect statement regarding the dialogue is B, *Gad n'est pas à la recherche d'un petit boulot* (Gad does not want a job), because Gad says *bientôt j'espère gagner mon propre argent en trouvant un petit boulot* (soon I hope to earn my own money by finding a job). The other statements are true. Firstly, *David reçoit moins d'argent de poche que Mohammed* (David receives less pocket money than Mohammed) is true because David receives 5 euros per week (*je reçois €5 par semaine*), while Mohammed's parents give him 10 euros a week (*mes parents me donnent €10 par semaine*). Secondly, *Mohammed doit aider ses parents* (Mohammed must help his parents) is also true because he says, *je fais quelques tâches ménagères* (I do some household tasks). Thirdly, *l'argent de poche que Gad reçoit change de semaine en semaine* translates as 'the pocket money that Gad receives changes from week to week', which is also true as Gad says *mon argent de poche n'est pas une somme fixe* (my pocket money is not a fixed sum).

7.5. C
The person who does nothing for their pocket money in this question is speaker C: *mon père me donne un peu d'argent chaque semaine, que je l'aide ou pas* (my dad gives me a little bit of money each week, whether I help him or not). The other speakers have to do something for their money. Firstly, *ma mère me donne cent roupies quand je fais la vaisselle* means 'my mum gives me 100 rupees when I do the dishes'. Secondly, *je dois m'occuper de mon frère cadet pour recevoir de l'argent de poche* translates as 'I must look after my younger brother to get pocket money'. Finally, *je travaille dans un resto et gagne beaucoup* means 'I work in a restaurant and I earn a lot'.

7.6. A
The figure that does not correspond to the number in this question is A: *cent-seize roupies* ⇔ ₹106, because *cent-seize roupies* means ₹116, whereas ₹106 is *cent-six roupies*. The other pairs correspond correctly: *quarante euros* ⇔ €40; *soixante-dix dollars* ⇔ $70; and, *dix-huit livres* ⇔ £18.

7.7. D
The speaker with the most economical attitude towards money is D, because they say, *j'essaie d'économiser chaque mois* (I try to save money every month). The other attitudes are less economical: *je dépense mon argent de poche tout de suite* (I spend my pocket money straight away); *je suis toujours endetté* (I am always in debt); and, *j'achète tout ce que je veux* (I buy everything that I want).

7.8. B
The most appropriate translation for the sentence 'in order to buy the latest phone I will need to save at least 200 euros; it will be a big challenge' is B: *afin d'acheter le tout dernier portable j'aurai besoin d'économiser au moins 200 euros ; ce sera un grand défi.* This is the case for several reasons. Firstly, 'in order to' could be translated as either *afin de* or *pour*. 'The latest phone' is best translated as *le tout dernier portable*. The verb 'to save' in French is *sauver*, when it relates to saving someone, and is *économiser*, when it relates to saving money. Finally, 'it will be' is *ce sera*, whereas 'it was' is *c'était*.

7.9. D
The advantage of online shopping given in this question is that there is greater choice (*il y a plus de choix*). The other options are disadvantages: *il faut payer les frais d'expédition* (one must pay delivery prices); *on n'a pas l'occasion de voir le produit soi-même* (one does not have the chance to see the product itself); and, *les contrefaçons sont plus communes* (counterfeits are more common).

7.10. C
The statement that is not mentioned in Akarsh's text is that *il n'achètera jamais de cadeaux pour ses proches* (he will never buy presents for his loved ones). The other statements are mentioned in the text. Firstly, *à l'avenir, Akarsh voudrait acheter des produits écologiques* (in the future, Akarsh would like to buy ecological products) is mentioned when he says, *j'espère dépenser résonablement tout en respectant l'environnement* (I hope to spend reasonably while respecting

the environment). Secondly, *il n'aura pas de voiture* (he will not have a car) is also true as he says, *je n'ai pas l'intention d'acheter de voiture* (I do not intend to buy a car). Thirdly, *s'il avait le choix, il ferait des dons aux œuvres de bienfaisance* translates as 'if he had the choice, he would make donations to charities'. This is mentioned when Akarsh says, *je donnerais autant que possible aux associations caritatives* (I would give as much as possible to charities).

7.11. A

The most appropriate list of words to complete the text are in list A. The first gap needs to be filled by the third-person singular of *être* in the subjunctive mood as it is preceded by *il se peut que* (it could be that). *Sois* is the first-person and *était* and *est* are both in the indicative mood, and therefore not appropriate. The correct answer is thus *soit*. The second gap requires a noun beginning with a consonant; the best option is *choix* (choice) so that the sentence reads *on a plus de choix* (one has more choice). The third gap requires *meilleur* (best) because the noun *produit* (product) is masculine (therefore *meilleure* is not appropriate). This word is more appropriate than *pire* (worse) and *bon* (good) given the context of the sentence, *le meilleur produit* (the best product). The most appropriate word for the fourth gap is *en revanche* (on the other hand) because a contrasting opinion is given about the disadvantages (*il y a des inconvénients aussi*). Finally, the fifth gap requires a masculine plural adjective as it is describing the noun *sites* (websites) therefore the only possible options are *sécurisés* (secure) or *dangereux* (dangerous).

7.12. B

In the text, Kaira emphasises the importance of more financial training for young people (*plus de formation financière*) because she says *il faut que les jeunes reçoivent plus d'éducation sur l'économie* (young people need more economic education). The reasons for this suggestion include the fact that young people (including her friends) do not understand the value of money (*les jeunes [y compris mes potes] ne comprennent pas la valeur de l'argent*), as well as the importance of being more sensible with money (*être plus prudents avec notre argent*), and avoiding bad financial decisions (*des décisions financières très bêtes*).

7.13. C

The pair of phrases in this question that do not have similar meanings are: *l'endettement* (debt) ⇔ *le compte bancaire* (bank account). The other pairs contain phrases with similar meanings: *les sans-abris* and *les sans domicile fixe* both mean 'homeless'; *la taxe* and *l'impôt* both translate as 'tax'; and, *la monnaie* and *la devise* can both mean 'cash'.

7.14. C

The response that does not match the question about the text is C: *Qu'est-ce qu'elle reçoit si elle fait des tâches ménagères ? Un beau cadeau* (What does she receive if she does household chores? A nice present). This is because Gini receives a little more money, rather than a nice present, if she helps at home (*je reçois 10 euros par semaine et si j'aide à la maison ils me donnent un peu plus*). The other answers are correct responses to their respective questions. Firstly, the correct answer to the question *Combien d'argent de poche est-ce que les parents de Gini lui donnaient ?* (How much pocket money did Gini's parents used to give her?) is *rien* (nothing), as she says *quand j'étais petite mes parents ne me donnaient pas d'argent de poche* (when I was little my parents did not give me pocket money). Secondly, the correct answer to *Combien d'argent est-ce qu'elle reçoit maintenant ?* (How much money does she receive now?) is *dix euros par semaine* (10 euros a week) because she says *maintenant je reçois 10 euros* (now I receive 10 euros). Finally, *de l'argent ou des jeux vidéo* (money or video games) is the answer to the question *qu'est-ce que ses grands-parents lui donnent-ils pour son anniversaire ?* (what do her grandparents give her for her birthday?). The use of *soit…soit* in the final sentence translates as 'either…or'.

7.15. A

The true statement in this question regarding Akanksha's text is A, *Akanksha avait besoin d'un nouveau portable* (Akanksha needed a new phone) because she says, *mon portable s'est cassé la semaine dernière donc j'ai dû en acheter un nouveau* (my phone broke last week so I had to buy a new one). The first false statement was *les deux nouveaux portables étaient au même prix* (the two new mobile phones were the same price) because she says that one of them was out of her budget (*c'était hors budget*) and that the other cost a lot less (*coûtait beaucoup moins cher*). *Elle a acheté le portable qu'elle voulait grâce aux soldes* (she bought the phone that she wanted thanks to the sales) is not true as she had wanted the latest model (*le tout dernier modèle que je voulais*). Finally, *maintenant elle ne peut pas sortir avec ses amis* (now she cannot go out with her friends) is not true because Akanksha bought the cheaper phone so that she would have enough money to go out with her friends (*j'ai choisi le moins cher afin d'avoir encore de l'argent pour pouvoir sortir avec mes copains*).

The difficulty rating for each question (Elementary [E], Intermediate [I] or Advanced [A]) can be found in parentheses next to each question.

8.1. Quel mot n'est pas associé aux achats ? (E)

A) acheter
B) vendre
C) coûter
D) déménager

Extra ! Donne une définition pour chacun des mots de la liste ci-dessus.

8.2. Quel magasin ne correspond pas à la description ? (E)

A) La librairie : où on achète des livres
B) La pharmacie : on y va pour trouver des vêtements
C) La boucherie : où on peut acheter de la viande
D) La boulangerie : on y va pour trouver du pain

Extra ! Donne trois autres exemples de magasins accompagnés de leur description.

8.3. Quelle phrase n'est pas logique ? (E)

A) Mon frère aime lire donc je lui ai acheté un nouveau roman.
B) Ma grand-mère est fan de musique. Par conséquent on lui a acheté un CD.
C) Ils préfèrent jouer au foot dehors donc leur mère leur a acheté des jeux vidéo.
D) La fille adore aller aux concerts. Par conséquent, son cadeau d'anniversaire était les billets.

Extra ! Modifie la phrase illogique afin qu'elle devienne logique.

8.4. Quelle est la réponse incorrecte aux questions ci-dessous ? (E)

A) Quelle taille faites-vous ? De bonne qualité.
B) Quelle couleur préférez-vous ? Le vert.
C) Où sont les cabines d'essayage ? Elles sont au rez-de-chaussée.
D) Comment voulez-vous payer ? En espèces.

Extra ! Écris tes propres réponses aux questions ci-dessus.

8.5. Quelle est la traduction correcte de la phrase suivante ? (E)

I would like a kilo of potatoes, two hundred grams of butter, four slices of ham, and a bottle of mineral water.

A) Je voudrais un kilo de pommes de terre, deux-cents grammes de beurre, quatre tranches de jambon et une bouteille d'eau minéral.
B) Je veux un kilo des pommes de terre, deux mille grammes du beurre, quatre tranches du jambon et une bouteille d'eau minéral.
C) Je voudrais un kilo des pommes de terre, deux-cents grammes du beurre, quatre tranche du jambon et une l'eau minéral bouteille.
D) Je voudrait un kilo de pommes de terre, deux mille grammes de beurre, quatre tranche de jambon et une bouteille d'eau minéral.

Extra ! Explique pourquoi les autres traductions ne sont pas correctes.

8.6. Quelle phrase n'est pas un moyen de paiement ? (I)

A) par chèque
B) en liquide
C) en masse
D) par carte de crédit

Extra ! Écris une réponse à la question suivante : Comment préfères-tu payer ?

8.7. Quelle phrase contient des erreurs grammaticales ? (I)

A) Mon oncle aime boire **de la** bière mais il n'aime pas **le** vin.
B) Jules mange **de la** pizza, parce qu'il adore **le** fromage.
C) Nous buvons **du** jus d'orange, cependant, nous préférons **les** boissons gazeuses.
D) Elles détestent **des** légumes mais elles mangent souvent **les** fruits.

Extra ! Change la phrase incorrecte afin qu'elle devienne correcte.

8.8. Quelle phrase ne décrit pas un avantage des centres commerciaux ? (I)

A) Au centre commercial il y a plus de choix.
B) On peut manger dans les restos tout en faisant ses achats.
C) Il y a tout ce qu'il faut au même endroit.
D) Les centres commerciaux sont trop pleins et bruyants.

Extra ! Écris une réponse à la question suivante : Aimes-tu les centres commerciaux ?

8.9. Dans le tableau ci-dessous, des verbes sont conjugués au futur et au conditionnel. Quels deux verbes ne sont pas situés dans la bonne colonne ? (I)

Le futur	Le conditionnel
j'irai	on travaillerait
elle décidera	ils regarderaient
on fera	je chercherais
ils achèteraient	nous ajouterons
nous prendrons	tu pourrais

A) ils achèteraient & nous ajouterons
B) elle décidera & je chercherais
C) nous prendrons & ils regarderaient
D) j'irai & on travaillerait

Extra ! Conjugue trois nouveaux verbes au futur et au conditionnel.

8.10. Quelle question serait le moins probable d'entendre dans un magasin ? (I)

A) Voudriez-vous autre chose ?
B) Ça coûte combien ?
C) Puis-je vous aider ?
D) Avez-vous fait du parachutisme ?

Extra ! Réponds aux questions ci-dessus.

8.11. Quelle phrase ne contient pas d'unité de mesure ? (A)

A) Chaque semaine j'achète une douzaine d'œufs.
B) Mon ami a bu un litre de l'eau en une heure.
C) Nous avons vendu dix kilos de pommes de terre.
D) Mes parents font les courses le vendredi.

Extra ! Invente trois phrases qui contiennent des unités de mesure.

8.12. Lis les questions et réponses ci-dessous. Qui n'a rien acheté ? (A)

A) Vous voulez combien de tomates ? J'en voudrais trois.
B) Avez-vous acheté de la limonade ? Je n'en ai acheté que deux litres.
C) As-tu vu les raisins dans le frigo ? Oui, et j'ai décidé que nous en avons assez.
D) As-tu pris du jambon ? Oui, j'ai pris cinq tranches.

Extra ! Donne d'autres réponses aux questions posées ci-dessus.

8.13. Combien de verbes dans le texte suivant sont conjugués au conditionnel ? (A)

Si j'avais plus d'argent, j'achèterais un collier parce que j'adore les bijoux et j'irai à une fête le weekend prochain. J'aimerais aussi trouver une robe ou une jolie jupe mais je pense que mes amis préféreraient acheter des jeans ou un pull car ils n'aiment pas se mettre sur leur trente-et-un pour nos soirées.

A) Deux
B) Trois
C) Quatre
D) Cinq

Extra ! Écris une réponse à la question suivante : Si tu avais plus d'argent, qu'achèterais-tu ?

8.14. Complète ce texte à trous. (A)

Mon meilleur ami et moi irons au centre commercial ce weekend parce qu'il y aura des …(1)… et nous avons …(2)… d'acheter de nouveaux costumes pour le bal de promo. Je chercherai un costume noir, une chemise …(3)…, et si possible, un nœud papillon rayé. Mon ami …(4)… un smoking blanc ou jaune car il aime toujours se faire remarquer.

A) (1) magasins, (2) sommeil, (3) blanc, (4) voudrais
B) (1) soldes, (2) besoin, (3) blanche, (4) voudrait
C) (1) achats, (2) envie, (3) blancs, (4) voulait
D) (1) pizza, (2) hâte, (3) blanches, (4) a voulu

Extra ! Décris une virée shopping que tu feras.

8.15. Anne est allée à la boulangerie. Combien d'articles a-t-elle acheté ? (A)

Hier je suis allé à la boulangerie et j'ai acheté deux baguettes bien cuites, trois pains au chocolat et cinq croissants pour notre petit déjeuner. Étant donné que je n'aime pas les pains aux raisins, je n'en ai pas acheté. En rentrant à la maison je me suis rendue compte que j'avais oublié d'acheter un éclair pour mon frère donc je suis retournée à la boulangerie pour lui en acheter un.

A) Huit
B) Neuf
C) Dix
D) Onze

Extra ! Trouvez tous les verbes dans le texte.

Answers and Detailed Solutions

8.1. D

The infinitive that is not associated with shopping or purchases (*achats*) in this question is *déménager*, which means 'to move house'. The other verbs are associated with shopping, including: *acheter* (to buy), *vendre* (to sell) and *coûter* (to cost).

8.2. B

The shop that does not have the correct description is *la pharmacie* (the pharmacy). The description given, *on y va pour trouver des vêtements* (one goes there to find clothes), would be better suited to 'a clothes shop' (*un magasin de vêtements*). The other descriptions correspond with their respective shops: *la librairie : où on achète des livres* (the book shop: where one buys books); *la boucherie : où on peut acheter de la viande* (the butcher's: where one can buy meat); and, *la boulangerie : on y va pour trouver du pain* (the bakery: ones goes there for bread).

8.3. C

The illogical sentence is C, *ils préfèrent jouer au foot dehors donc leur mère leur a acheté des jeux vidéo*, because it translates as 'they prefer to play football outside therefore their mother bought them video games'. It would make more sense to say that 'their mother bought them football boots' (*leur mère leur a acheté des chaussures de foot*). The other options are far more logical: *mon frère aime lire donc je lui ai acheté un nouveau roman* (my brother likes to read therefore I bought him a novel); *ma grand-mère est fan de musique. Par conséquent on lui a acheté un CD* (my gandmother is a fan of music. Consequently, we bought her a CD); and, *la fille adore aller aux concerts. Par conséquent, son cadeau d'anniversaire était les billets* (the girl loves to go to concerts. Consequently, her birthday present was tickets).

8.4. A

Response A does not match its question: the answer is *de bonne qualité* (good quality), when the question is *quelle taille faites-vous ?* (what size do you take?). The other three answers correspond logically with their respective questions: *Quelle couleur préférez-vous ? Le vert* (What colour do you prefer? The green); *Où sont les cabines d'essayage ? Elles sont au rez-de-chaussée* (Where are the changing rooms? They are on the ground floor); and, *Comment voulez-vous payer ? En espèces* (How would you like to pay? In cash).

8.5. A

The most accurate translation of the sentence 'I would like a kilo of potatoes, two hundred grams of butter, four slices of ham, and a bottle of mineral water' is translation A: *je voudrais un kilo de pommes de terre, deux-cents grammes de beurre,* *quatre tranches de jambon et une bouteille d'eau minéral*. Firstly, *je voudrais* translates as 'I would like', whereas in option B *je veux* means 'I want'. Secondly, 'two hundred' is *deux-cents*, whereas *deux mille* is 2000. 'Four slices' is *quatre tranches* – the noun requires an 's' at the end in French as it is plural rather than singular. Finally, 'a bottle of mineral water' is *une bouteille d'eau minéral*.

8.6. C

The only phrase that is not a payment method is C, *en masse*, a term also used in English to mean 'together in a group'. The other options are payment methods: *par chèque* (by cheque), *en liquide* (by cash), and *par carte de crédit* (by credit card).

8.7. D

The sentence that contains grammatical errors in this question is *elles détestent **des** légumes mais elles mangent souvent **les** fruits*, as *des* and *les* should be swapped. The sentence should therefore read, *elles détestent **les** légumes mais elles mangent souvent **des** fruits* (they hate vegetables but they often eat fruit). This is because the definite article is often used after a verb of opinion, e.g. *ils aiment **le** café* (they like coffee), whereas the partitive article is used after the verbs *boire* (to drink) and *manger* (to eat) to indicate 'some', e.g. *je bois **du** café* (I drink some coffee). For further practice with articles, see chapter 26. The other options in question 8.7. are correct: *Mon oncle aime boire **de la** bière mais il n'aime pas **le** vin* (My uncle likes to drink beer but he does not like wine); *Jules mange **de la** pizza, parce qu'il adore **le** fromage* (Jules eats pizza because he loves cheese); and, *Nous buvons **du** jus d'orange, cependant, nous préférons **les** boissons gazeuses* (We drink orange juice, however, we prefer fizzy drinks).

8.8. D

The one sentence that does not give an advantage of shopping centres is D, *les centres commerciaux sont trop pleins et bruyants*, which translates as 'shopping centres are too full and noisy'. The other options provide some of the benefits of shopping centres: *au centre commercial il y a plus de choix* (at the shopping centre there is more choice); *on peut manger dans les restos tout en faisant ses achats* (you can eat in the restaurants while doing the shopping); and, *il y a tout ce qu'il faut au même endroit* (there is everything you need in the same place).

8.9. A

The two verbs in the incorrect column are *ils achèteraient* (they would buy), which is in the conditional tense, and *nous ajouterons* (we will add), which is in the future tense.

The table should look as follows:

Le futur	Le conditionnel
j'irai (I will go) elle décidera (she will decide) on fera (we will do) **nous ajouterons** **(we will add)** nous prendrons (we will take)	on travaillerait (we would work) ils regarderaient (they would watch) je chercherais (I would look for) **ils achèteraient** **(they would buy)** tu pourrais (you could)

For further practice with the future tense, see questions 28.11., 28.12., and 29.3., and for further practice with the conditional tense, see questions 8.13. and 28.12.

8.10. D
The least likely question to be posed in a shop is *avez-vous fait du parachutisme ?* (have you done parachuting?) – unless it is a shop selling parachutes! The other questions could plausibly be heard in a shopping environment: *Voudriez-vous autre chose ?* (Would you like anything else?); *Ça coûte combien ?* (How much does it cost?); and, *Puis-je vous aider ?* (May I help you?).

8.11. D
The sentence that does not include a unit of measurement is D, *mes parents font les courses le vendredi* (my parents do the shopping on Fridays). The other sentences contain measurements: *chaque semaine j'achète une douzaine d'œufs* (every week I buy a dozen eggs); *mon ami a bu un litre de l'eau en une heure* (my friend drank a litre of water in an hour); and, *nous avons vendu dix kilos de pommes de terre* (we sold ten kilos of potatos).

8.12. C
The person who bought nothing in this question is speaker C, who is asked *as-tu vu les raisins dans le frigo ?* (did you see the grapes in the fridge?) and replies *oui, et j'ai décidé que nous en avons assez* (yes, and I decided that we have enough of them). The responses to the other questions imply that the other speakers made purchases: *Vous voulez combien de tomates ? J'en voudrais trois* (How many tomatoes do you want? I would like three of them); *Avez-vous acheté de la limonade? Je n'en ai acheté que deux litres* (Did you buy some lemonade? I only bought two litres); and, *As-tu pris du jambon ? Oui, j'ai pris cinq tranches* (Did you get some ham? Yes, I got 5 slices). Notice the use of the pronoun *en* (of them) in some of the answers; for further practice with this pronoun, see question 26.15.

8.13. B
There were three verbs in the conditional tense in the text: *j'achèterais* (I would buy), *j'aimerais* (I would like) and *mes amis préféreraient* (my friends would prefer). The conditional tense uses the future stem (which for regular verbs is the infinitive, e.g. *jouer*) and adds the following endings according to the subject:

Subject	Conditional Ending
je	-ais
tu	-ais
il/elle/on	-ait
nous	-ions
vous	-iez
ils/elles	-aient

8.14. B
The most appropriate list of words to complete the text are in list B. The most logical word for the first gap is *soldes*, which means 'sales'. We know that the noun needs to be plural as it is preceded by *des*, and because it makes sense that 'my best friend and I will go to the shopping centre this weekend because there will be sales' (*mon meilleur ami et moi irons au centre commercial ce weekend parce qu'il y aura des soldes*). The second gap requires a noun that follows *avoir* (to have); all of the options are possible here, but the most likely are *besoin* (need) and *envie* (desire/want) rather than *hâte* (excitement) or *sommeil* (sleep). The third gap requires *blanche* (white) as the noun being described is feminine and singular, e.g. *une chemise blanche* (a white shirt). Finally, the most appropriate word for the fourth gap is *voudrait* (would like) because the speaker is describing future events, rather than the past (e.g. *voulait/a voulu* [wanted]). *Voudrais* could not be used either, as this is the conjugation for the first-person singular (e.g. *je voudrais*), and the subject of the sentence is *mon ami* (my friend), therefore it needs to be *mon ami voudrait* (my friend would like).

8.15. D
Anne's text gives a description of what she bought when she went to the bakery (*je suis allé à la boulangerie*). In total, she bought 11 items: *deux baguettes* (2 baguettes), *trois pains au chocolat* (3 pain au chocolat), *cinq croissants* (5 croissants). Although this is only 10 items, she then realised that she had forgotten to buy an eclair for her brother (*je me suis rendue compte que j'avais oublié d'acheter un éclair pour mon frère*). She therefore returned to the bakery to buy him one (*donc je suis retournée à la boulangerie pour lui en acheter un*). This brings the total number of items to 11.

The difficulty rating for each question (Elementary [E], Intermediate [I] or Advanced [A]) can be found in parentheses next to each question.

9.1. Combien de mots ne sont pas dans la bonne colonne? (E)

On mange...	On boit...
des frites	du café
du poulet	du jus d'orange
des crudités	de la limonade
une mousse au chocolat	du thé
des chips	du poisson
de la viande	du vin
du gâteau	de l'eau
du pain	du lait
des pâtes	du chocolat chaud

A) Zero
B) Un
C) Deux
D) Trois

Extra ! Ajoute trois autres mots à chaque colonne.

9.2. Quelle est la seule opinion positive ? (E)

A) Je n'aime pas le jambon cru parce que le goût est horrible.
B) Selon moi les anchois sont dégoûtants.
C) Les fruits de mer sont savoureux.
D) Je trouve que ces croissants sont trop secs.

Extra ! Écris une réponse à la question suivante: Quelle nourriture aimes-tu ?

9.3. Le tableau contient des fruits et des légumes. Quels sont les deux mots qui apparaissent dans la mauvaise colonne ? (E)

Les fruits	Les légumes
un citron	des haricots verts
une pomme	un poivron
des fraises	des framboises
un ananas	une carotte
une banane	un choufleur
des pommes de terre	un oignon
une poire	des champignons
des raisins	des petits pois

A) une pomme & des petits pois
B) un citron & un poivron
C) des raisins & un oignon
D) des pommes de terre & des framboises

Extra ! Ajoute deux autres mots à chaque colonne.

9.4. Quelle liste d'aliments n'a pas de sens ? (E)

A) du fromage suisse, du poulet rôti, une salade niçoise
B) du pain bleu, des ananas roses, de la glace chaude
C) des œufs frais, du pain grillé, des céréales sucrées
D) du riz cantonais, des tomates rouges, du beurre salé

Extra ! Invente trois autres aliments illogiques.

9.5. Dans quel ordre est-ce qu'on mange les plats du repas ? (E)

A) plat principal, entrée, dessert, fromage
B) dessert, fromage, entrée, plat principal
C) entrée, plat principal, fromage, dessert
D) fromage, plat principal, dessert, entrée

Extra ! Donne deux exemples pour chaque plat. Par ex. le plat principal : le cassoulet, les tagliatelles aux tomates.

9.6. Quelle est la seule phrase logique ? (I)

A) Un régime végétarien ne me plaît pas du tout parce que je déteste la viande.
B) Céline a faim ; elle va boire de l'eau.
C) Denis ne peut pas manger de produits laitiers ; il mange souvent du fromage.
D) J'adore les sucreries, surtout les sucettes !

Extra ! Modifie les autres phrases afin qu'elles deviennent logiques.

9.7. Dans un restaurant, le serveur pose les questions suivantes à ses clients. Quelle est la réponse qui n'a pas de sens ? (I)

A) À quelle heure voudriez-vous votre table ? À sept heures et demie, s'il vous plaît.
B) C'est une table pour combien de personnes ? Nous sommes cinq.
C) Vous avez terminé ? Je voudrais la table libre là-bas, s'il vous plaît.
D) Qu'est-ce que vous voulez manger ? Je voudrais l'assiette de saumon fumé, s'il vous plaît.

Extra ! Modifie les réponses aux questions.

9.8. Lucien parle des repas en famille. (I)

Pour le petit déjeuner nous mangeons soit des fraises soit des raisins. Je ne mange jamais de céréales parce que c'est trop sucré. Le déjeuner dure longtemps chez nous. Pour l'entrée, on a de la soupe ou des pâtes, et pour le plat principal on mange souvent du poulet au riz mais moi je préfère manger du porc. Le soir, on mange quelque chose de léger comme une salade ou un croque-monsieur. J'aime manger en famille : nous nous amusons bien ensemble et mon père raconte toujours des blagues.

Quelle est la phrase correcte ?

A) Lucien mange des céréales au petit déjeuner.
B) Dans la famille de Lucien, ils mangent leur déjeuner vite.
C) Ils mangent régulièrement du poulet au riz au déjeuner.
D) Manger en famille n'est pas divertissant chez Lucien.

Extra ! Écris une réponse à la question suivante : Qu'est-ce que tu manges au petit déjeuner ?

9.9. Lis le dialogue entre un serveur et une cliente au restaurant. (I)

Serveur : Bonjour Madame, je peux vous aider ?
Cliente : Oui je voudrais une table pour trois personnes, s'il vous plaît.
Serveur : Bien sûr ! Suivez-moi, Madame.
[...]
Serveur : Vous avez choisi, Madame ?
Cliente : Oui, je voudrais la tartiflette, s'il vous plaît. Et un steak-frites pour mon fils.
Serveur : D'accord, et quelque chose à boire ?
Cliente : Un verre de vin blanc pour moi et une bière pour mon mari.
Serveur : Très bien. Je reviens tout de suite.

Qu'est-ce que la cliente n'a pas commandé ?

A) Une boisson pour elle-même.
B) Un plat pour son mari.
C) Un plat pour son fils.
D) Une boisson pour son mari.

Extra ! Change les réponses de la cliente dans le dialogue.

9.10. Quelle instruction de recette de cuisine n'est pas logique ? (I)

A) Mettre les légumes dans la casserole
B) Mélanger les ingrédients
C) Couper de l'eau
D) Verser de l'huile dans la poêle

Extra ! Donne trois autres exemples des instructions de recette de cuisine.

9.11. Dans le texte Karan parle de sa dernière sortie au restaurant. (A)

Ma famille et moi préférons la cuisine italienne et nous adorions un restaurant qui s'appelle 'Da Antonio' situé à la périphérie de notre ville. Cependant la dernière fois que nous y sommes allés c'était un vrai cauchemar. D'abord, nous avons dû attendre quarante-cinq minutes pour commander et quand les plats sont finalement arrivés tout était brûlé ! Après ça nous nous sommes rendus compte que toutes les fourchettes sur la table étaient sales. Malheureusement, je pense que nous n'y retournerons jamais.

Quel fait n'est pas mentionné dans le texte ?

A) La cuisine préférée de la famille de Karan
B) La longue attente
C) L'addition incorrecte
D) Le manque de propreté

Extra ! Écris une réponse à la question suivante : La cuisine de quel pays préfères-tu ?

9.12. Quelle description des plats traditionnels français listés ci-dessous est incorrecte ? (A)

A) La salade niçoise : un dessert qui contient des fruits et une sauce au chocolat.
B) La ratatouille : une spécialité du sud de la France composée de légumes et d'huile d'olive.
C) Bœuf bourguignon : un plat principal avec de la viande cuisinée au vin rouge.
D) La crème brûlée : un dessert très sucré préparé avec des œufs, de la vanille et du caramel.

Extra ! Décris trois autres plats traditionnels français.

9.13. Lis le texte ci-dessous au sujet des habitudes alimentaires des français. (A)

Les français sont bien connus pour leur passion culinaire. Selon un récent sondage, 95% des français préfèrent dîner à la maison au lieu d'aller au resto, par rapport à seulement 68% des britanniques et 58% des allemands. En plus, 88% des français reportent manger au moins 5 fruits ou légumes par jour. Ceci dit, les français dépensent plus de leur argent que les autres pays sur la nourriture, avec plus de la moitié de la population admettant acheter plus qu'ils ont besoin.

Selon le texte, quelle est la phrase incorrecte ?

A) Pour les français, manger chez eux est meilleur que manger au restaurant.
B) Selon le sondage, la moitié des français ne mangent pas assez de fruits ou de légumes.
C) Contrairement à d'autres pays, les francais ont tendance à payer plus pour la nourriture.
D) Beaucoup de français pensent qu'ils gaspillent la nourriture.

Extra ! Traduis le texte.

9.14. Hélène parle de sa recette préférée. (A)

Puisque je suis allergique au fromage et je ne mange plus de viande, trouver des recettes qui me vont n'est pas toujours facile. En tout cas, ma recette préférée est celle de ma mère : elle fait les meilleures crêpes. Premièrement, il faut mélanger de la farine et des œufs. Ensuite, on ajoute un peu de lait et on remue la pâte vigoureusement. Pour les faire cuire, on verse un peu de pâte dans une poêle sur la cuisinière bien chauffée et il faut qu'on les tourne pour cuire l'autre côté – cela est un peu difficile ! La première fois que j'ai préparé des crêpes c'était une catastrophe mais maintenant je sais comment faire. D'ailleurs, si j'ai le temps, j'en ferai ce weekend – miam miam !

Selon le texte, quelle est la phrase correcte ?

A) Hélène peut manger du fromage.
B) Pour faire des crêpes, il faut d'abord mélanger des œufs et du lait.
C) Selon Hélène faire des crêpes n'est pas facile, mais elle a appris comment faire.
D) La mère d'Hélène va faire des crêpes ce weekend.

Extra ! Modifie les autres phrases afin qu'elles deviennent correctes.

9.15. Dans le texte, Fleur parle du restaurant de ses rêves. Complète ce texte à trous. (A)

Si je pouvais ...(1)... la brasserie située près de chez moi, je la transformerais pour en faire le resto de mes rêves. Il y aurait des plats inspirés des pays du monde entier, surtout de la ...(2)... chinoise, indienne et thaïlandaise. Le ...(3)... serait très aimable et les sièges seraient vraiment confortables ! Il y ...(4)... des peintures élégantes sur les murs et les plats ne coûteraient pas les yeux de la tête ! Ce serait une expérience culinaire ...(5)... .

A) (1) trouver, (2) plats, (3) bienvenue, (4) serait, (5) génial
B) (1) chercher, (2) dessert, (3) serveuse, (4) auraient, (5) géniale
C) (1) visiter, (2) nourriture, (3) serveurs, (4) aura, (5) parfait
D) (1) acheter, (2) cuisine, (3) personnel, (4) aurait, (5) parfaite

Extra ! Décris le restaurant de tes rêves.

Answers and Detailed Solutions

9.1. B
The only word that is in the incorrect column in this question is *du poission* (fish), which should go in the *on mange* (we eat) column rather than the *on boit* (we drink) column. The following table with translations is correct:

On mange... (We eat...)	On boit... (We drink...)
des frites (chips)	*du café* (coffee)
du poulet (chicken)	*du jus d'orange* (orange juice)
des crudités (salad)	*de la limonade* (lemonade)
une mousse au chocolat (chocolate mousse)	*du thé* (tea)
des chips (crisps)	*du vin* (wine)
de la viande (meat)	*de l'eau* (water)
du gâteau (cake)	*du lait* (milk)
du pain (bread)	*du chocolat chaud* (hot chocolate)
des pâtes (pasta)	
du poisson (fish)	

9.2. C
The only positive opinion given regarding food is C: *Les fruits de mer sont savoureux* (sea food is tasty). The other opinions given are negative: *je n'aime pas le jambon cru parce que le goût est horrible* (I do not like cured ham because the taste is horrible); *selon moi les anchois sont dégoûtants* (in my opinion anchovies are disgusting); and, *je trouve que ces croissants sont trop secs* (I find that these croissants are too dry).

9.3. D
The two words that are in the incorrect column are *des pommes de terre* (potatoes), which should go in the *les légumes* (vegetables) column and *des framboises* (raspberries), which should go in the *les fruits* (fruits) column. The following table is correct:

Les fruits (fruits)	Les légumes (vegetables)
un citron (a lemon)	*des haricots verts* (green beans)
une pomme (an apple)	*un poivron* (a pepper)
des fraises (strawberries)	***des pommes de terre*** ***(potatoes)***
un ananas (a pineapple)	*une carotte* (a carrot)
une banane (a banana)	*un choufleur* (cauliflower)
des framboises ***(raspberries)***	*un oignon* (an onion)
une poire (a pear)	*des champignons* (mushrooms)
des raisins (grapes)	*des petits pois* (peas)

9.4. B
The list of 'illogical foods' is list B: *du pain bleu* (blue bread), *des ananas roses* (pink pineapples), and *de la glace chaude* (hot ice cream). The other foods are far more commonplace:

du fromage suisse (Swiss cheese), *du poulet rôti* (roast chicken), *une salade niçoise* (a speciality salad from Nice), *des œufs frais* (fresh eggs), *du pain grillé* (toast), *des céréales sucrées* (sugary cereal), *du riz cantonais* (Cantonese rice), *des tomates rouges* (red tomatoes), and *du beurre salé* (salted butter).

9.5. C
When eating dinner in a restaurant in France, one often follows a set order of dishes: *entrée* (starter), *plat principal* (main course), *fromage* (cheese), *dessert* (dessert). However, it is important to note that not every meal would include all four courses!

9.6. D
The only logical statement in this question is D: *j'adore les sucreries, surtout les sucettes !* (I love sweet things, especially lollipops!). The other phrases do not make logical sense. The first speaker says *un régime végétarien ne me plaît pas du tout parce que je déteste la viande*, which means 'I do not like vegetarian diets at all because I hate meat'. The second sentence is also illogical because it reads, *Céline a faim ; elle va boire de l'eau*, which means 'Céline is hungry; she is going to drink some water', while you would expect her to eat something (*elle va manger quelque chose*). Finally, sentence C is illogical because it says *Denis ne peut pas manger de produits laitiers ; il mange souvent du fromage*, which translates as 'Denis cannot eat dairy products; he often eats cheese' – as he cannot eat dairy products, we would not expect him to eat cheese!

9.7. C
Question C does not correspond with answer C: *Vous avez terminé ?* (Have you finished?) ⇔ *Je voudrais la table libre là-bas, s'il vous plaît* (I would like the free table over there, please). The other questions have appropriate answers: *À quelle heure voudriez-vous votre table ?* (What time would you like your table?) ⇔ *À sept heures et demie, s'il vous plaît* (At 7.30, please); *C'est une table pour combien de personnes ?* (How many people is the table for?) ⇔ *Nous sommes cinq* (There are five of us); and, *Qu'est-ce que vous voulez manger ?* (What would you like to eat?) ⇔ *Je voudrais l'assiette de saumon fumé, s'il vous plaît* (I would like the smoked salmon dish, please).

9.8. C
The true phrase regarding Lucien's text is C, *ils mangent régulièrement du poulet au riz au déjeuner* (they regularly eat chicken and rice for lunch), because he says *pour le plat principal on mange souvent du poulet au riz* (for our main course, we often eat chicken and rice). The other statements about the text are false. Statement A, *Lucien mange des céréales au petit déjeuner* (Lucien eats cereal for breakfast), is not true because Lucien says *nous mangeons soit des fraises*

soit des raisins (we eat either strawberries or grapes). Statement B, dans la famille de Lucien, ils mangent leur déjeuner vite (Lucien's family eats lunch quickly), is false because he says the opposite, le déjeuner dure longtemps chez nous (lunch takes a long time in our house). Finally, statement D, manger en famille n'est pas divertissant chez Lucien (eating as a family is not fun at Lucien's house), is untrue because Lucien comments that nous nous amusons bien ensemble et mon père raconte toujours des blagues (we have fun together and my dad is always telling jokes).

9.9. B

The customer (la cliente) in the dialogue did not order a dish for her husband (un plat pour son mari). She did, however, order a drink for herself (une boisson pour elle-même), as she asks for un verre de vin blanc pour moi (a glass of white wine for me). She also orders a dish for her son (un plat pour son fils), when she says un steak-frites pour mon fils (steak and chips for my son), and a drink for her husband (une boisson pour son mari), which was une bière (a beer).

9.10. C

The illogical action related to cooking is C: couper de l'eau (to cut water). The other actions are likely to take place while cooking and could be found in a recipe book: mettre les légumes dans la casserole (put the vegetables in the saucepan); mélanger les ingrédients (to mix the ingredients); and, verser de l'huile dans la poêle (to pour the oil into a pan).

9.11. C

Karan is talking about his last visit to a restaurant. The detail that is not mentioned in the text is the incorrect bill (l'addition incorrecte). The other details are mentioned. Firstly, Karan mentions his family's favourite food (la cuisine préférée de la famille de Karan) when he says ma famille et moi préférons la cuisine italienne (my family and I prefer Italian cuisine). Secondly, he mentions the long wait (la longue attente) in the restaurant: nous avons dû attendre quarante-cinq minutes pour commander (we had to wait for 45 minutes to order). Finally, he mentions the lack of cleanliness (le manque de propreté) in the restaurant: toutes les fourchettes sur la table étaient sales (all the forks on the table were dirty).

9.12. A

The description that does not match the speciality dish is A, as la salade niçoise is not a dessert containing fruit with a chocolate sauce (un dessert qui contient des fruits et une sauce au chocolat) but rather a salad containing tomatoes, eggs, olives and tuna (une salade qui contient des tomates, des œufs, des olives et du thon). The other dishes match their description, and are typically French specialities: ratatouille is a speciality from the South of France made of vegetables and olive oil (une spécialité du sud de la France composée de légumes et d'huile d'olive); bœuf bourguignon is a main course with meat cooked in red wine (un plat principal avec de la viande cuisinée au vin rouge); and, crème brûlée is a very sugary dessert made with eggs, vanilla and caramel (un dessert très sucré préparé avec des œufs, de la vanille et du caramel).

9.13. B

The text describes different eating habits. The false statement about the text is B, selon le sondage, la moitié des français ne mangent pas assez de fruits ou de légumes (according to the survey, half of French people do not eat enough fruit or vegetables), because the text says, 88% des français reportent manger au moins 5 fruits ou légumes par jour (88% of French people believe that they eat at least 5 fruit and vegetables a day). The other statements are true. Firstly, pour les français, manger chez eux est meilleur que manger au restaurant (for French people, eating at home is better than eating in a restaurant) is true because 95% des français préfèrent dîner à la maison au lieu d'aller à un resto (95% of French people prefer to eat at home instead of going to a restaurant). Secondly, the statement contrairement à d'autres pays, les francais ont tendance à payer plus pour la nourriture (unlike in other countries, French people tend to pay more for food) is true because les français dépensent plus de leur argent que les autres pays sur la nourriture (French people spend more of their money on food than other countries). Finally, the statement beaucoup de français pensent qu'ils gaspillent la nourriture (a lot of French people think that they waste food) is correct because the text says plus de la moitié de la population admettant acheter plus qu'ils ont besoin (more than half admit that they buy more than they need).

9.14. C

Hélène is talking about a family pancake recipe. The true statement about the text is C: selon Hélène faire des crêpes n'est pas facile, mais elle a appris comment faire (according to Hélène, making pancakes is not easy, but she has learnt to do it). The first incorrect statement is Hélène peut manger du fromage (Hélène can eat cheese) because she says je suis allergique au fromage (I am allergic to cheese). The second false statement is pour faire des crêpes, il faut d'abord mélanger des œufs et du lait (to make pancakes, one must first mix the eggs and the milk), as the text says premièrement il faut mélanger de la farine et des œufs (one must first mix the flour and the eggs). Thirdly, the statement la mère d'Hélène va faire des crêpes ce weekend (Hélène's mum is going to make pancakes this weekend) is false because Hélène says she might make them herself if she has time (si j'ai le temps, j'en ferai ce weekend).

9.15. D

The most appropriate list of words to complete the text are in list D. The first gap needs to be filled by an infinitive as it follows a modal verb (je pouvais). Acheter (to buy) is most appropriate in the given context as the sentence reads, 'if I could buy the restaurant near my house' (si je pouvais acheter la brasserie située près de chez moi). Fleur then continues to talk about what she would do with the restaurant, saying that she would transform it into the restaurant of her dreams (je la transformerais pour en faire le resto de mes rêves). The second gap requires a feminine noun, because of the article la: the only option is therefore cuisine (kitchen/type of food). The third gap requires a masculine singular noun because of the article le; the only possible option is therefore le personnel (the staff), who she says would be very friendly (serait très aimable). The most appropriate verb for the fourth gap is aurait, because the third-person singular of avoir is needed in the conditional: il y aurait (there would be). Finally, the fifth gap requires a feminine singular adjective to describe the type of culinary experience (une expérience culinaire) it would be; the two possible options are therefore géniale (great) and parfaite (perfect).

The difficulty rating for each question (Elementary [E], Intermediate [I] or Advanced [A]) can be found in parentheses next to each question.

10.1. Quel mot n'est pas un vêtement ? (E)

A) une chemise
B) un pull
C) une cravate
D) une jambe

Extra ! Écris une réponse à la question suivante : Quels vêtements portes-tu normalement ?

10.2. Lis la liste des vêtements et complète ce texte à trous. (E)

Des chau..settes, une r..be, un pa..talon, des chaussu..es, des b..skets, des ..ottes, une ve..te, une j..pe, des ga..ts, un je..n, un mantea..

A) r, e, i, r, u, m, a, i, i, u, x
B) s, o, n, r, a, b, s, u, n, a, u
C) s, u, e, p, o, l, s, o, i, r, l
D) e, a, z, r, i, n, n, e, r, e, s

Extra ! Traduis les vêtements ci-dessus.

10.3. Quelle phrase exprime une opinion positive ? (E)

A) Cette robe bleue est moche.
B) Ce costume multicolore n'est vraiment pas confortable.
C) Cette jupe jaune est laide.
D) Ce pantalon noir est à la mode.

Extra ! Modifie les autres phrases afin qu'elles expriment aussi une opinion positive.

10.4. Le texte décrit habitudes vestimentaires de Marc pour différentes occasions. (E)

Au collège je dois porter des chaussures noires et une cravate rayée. Quand je vais à l'église avec ma famille je porte aussi une tenue très formelle : un pantalon gris et une chemise blanche. Toutefois, quand je sors avec mes amis, je suis plus à la mode. Je mets un t-shirt ou un pull.

Combien de vêtements sont mentionnés dans le texte ?

A) Trois
B) Quatre
C) Cinq
D) Six

Extra ! Relis le texte et change tous les vêtements et les couleurs.

10.5. Quel est le vêtement le plus cher ? (E)

A) Le prix de la veste reste à soixante-douze euros.
B) Avant la robe rouge coûtait vingt euros mais maintenant elle n'en coûte que quinze.
C) J'ai payé trente euros pour ma nouvelle jupe.
D) Les gants m'ont coûté neuf euros.

Extra ! Relis les phrases et change les prix.

10.6. Quelle est la phrase qui n'a pas de sens ? (I)

A) Hiran aime ses bottes en revanche.
B) Albert porte un blouson en cuir.
C) Gina porte souvent une robe en soie.
D) Louise adore ses gants en coton.

Extra ! Décris trois ami(e)s et les vêtements qu'ils/elles aiment porter.

10.7. Combien y-a-t-il d'erreurs d'accord entre les noms et les adjectifs dans le texte ? (I)

Mes chaussures marrons sont robustes mais moches ; je les porte pour le travail et quand je fais des randonnées. Par contre, mon pantalon bleue est plus élégant et va bien avec ma chemise blanche. Je porte quelquefois des gants rouge mais je ne porte jamais d'écharpe. Ce weekend je sortirai avec mes copains et je porterai une jupe vert et un tee-shirt noirs.

A) Trois
B) Quatre
C) Cinq
D) Six

Extra ! Corrige toutes les erreurs d'accord entre les noms et les adjectifs dans le texte.

10.8. Quelle phrase est illogique ? (I)

A) Quand il fait froid, les filles peuvent porter des collants.
B) Afin d'être élégant, on peut porter un nœud papillon.
C) Quand il pleut, on a besoin de lunettes de soleil.
D) Certains mettent leurs affaires dans un sac à main.

Extra ! Traduis les quatre phrases.

10.9. Quelle est la traduction correcte de la phrase suivante ? (I)

Nowadays young people prefer to wear hoodies instead of suits because they are more casual.

A) De nos jours les jeunes préfèrent porter des sweats à capuche au lieu des costumes parce qu'ils sont plus décontractés.

B) Aujourd'hui les gens préfèrent porter des pulls que les tenues parce qu'ils sont plus à carreaux.

C) Maintenant les vieux préfèrent porter des sweats à capuche au lieu des suites qu'elles sont plus relaxées.

D) Avant les mineurs préféraient porter les sweats que les vêtements parce qu'ils sont moins foncés.

Extra ! Explique pourquoi les autres traductions ne sont pas correctes.

10.10. Parmi les trois phrases ci-dessous, laquelle traite de la mode en suivant l'ordre du plus positif au plus négatif ? (I)

A) La mode a une influence assez mauvaise sur les jeunes / l'industrie de la mode est toxique / les mannequins mettent mieux en valeur la mode

B) La mode a une influence assez mauvaise sur les jeunes / les mannequins mettent mieux en valeur la mode / l'industrie de la mode est toxique

C) L'industrie de la mode est toxique / la mode a une influence assez mauvaise sur les jeunes / les mannequins mettent mieux en valeur la mode

D) Les mannequins mettent mieux en valeur la mode / la mode a une influence assez mauvaise sur les jeunes / l'industrie de la mode est toxique

Extra ! Écris une réponse à la question suivante : Que penses-tu de la mode ?

10.11. Quelle traduction n'est pas correcte ? (A)

A) Ce soir je vais mettre une cravate rayée ⇔ This evening I am going to put on a striped tie.

B) Hier j'ai porté une jupe en laine à la fête ⇔ Yesterday I wore a leather skirt to the party.

C) S'il avait plus de confiance en lui, mon frère porterait une casquette multicolore ⇔ If he had more confidence, my brother would wear a multicoloured baseball cap.

D) Elles préfèrent les fringues de marque ⇔ They prefer designer clothes.

Extra ! Corrige la traduction incorrecte.

10.12. Lis le texte de Yasmine. (A)

La mode fait partie de mon identité ; mes vêtements m'aident à m'exprimer et je ne quitte pas la maison sans me maquiller. Toutefois pour certains l'apparence n'est pas aussi importante. Quelques personnes estiment que la mode est à l'origine des problèmes d'image corporelle, surtout pour les filles, en imposant certains codes esthétiques – mais moi je ne suis pas d'accord !

Au sujet de la mode, l'avis personnel de Yasmine est…

A) …seulement positif.

B) …seulement négatif.

C) …à la fois positif et négatif.

D) …ni positif ni négatif.

Extra ! Traduis le texte.

10.13. Lis le texte d'Alexandre. (A)

Selon moi la mode n'est qu'un passe-temps pour les riches donc je ne m'en préoccupe pas. Moi, j'ai toujours préféré porter des vêtements confortables ou sportifs et je considère que mon style est vraiment décontracté. Cela dit, j'aime aussi les fringues colorées.

Quelle tenue Alexandre préférerait-il porter ?

A) un costume et une belle cravate

B) un survêtement rouge avec des baskets bleues

C) un pantalon chic et un t-shirt noir

D) un jean gris avec des chaussures marron

Extra ! Écris une réponse à la question suivante : Quelle sorte de vêtements préfères-tu ?

10.14. Lis le texte de Camille. (A)

Mes camarades de classe sont obsédés par leur look et il semble qu'ils ont tous un style vestimentaire unique sauf moi. Je trouve, quand même, que la mode n'a pas toujours une influence très positive. Malheureusement, les jeunes sont souvent la cible de moqueries s'ils ne portent pas des vêtements à la mode. Mais le désir d'être toujours la plus branchée est beaucoup trop fatigant pour moi. Personnellement, je trouve que la phrase « il faut souffrir pour être beau » n'est pas vraie !

Quelle est la phrase correcte ?

A) Camille se considère très à la mode.

B) Elle pense que la mode peut avoir un effet négatif sur les jeunes.

C) Elle croit que les moqueries ne sont jamais causées par la mode.

D) Elle voudrait faire plus d'effort afin d'avoir un style plus cool.

Extra ! Modifie les autres phrases afin qu'elles deviennent correctes.

10.15. Quelle phrase décrit quelqu'un à la mode ? (A)

A) Je trouve son look vachement démodé.

B) Ma grand-mere n'a pas du tout le même sens de la mode que les jeunes, il n'y a aucun doute sur ça !

C) Les fringues de mon cousin sont ringardes mais franchement ça lui est égal.

D) Je dois avouer que le style de mon frère est vraiment avant-garde.

Extra ! Écris une réponse à la question suivante : Penses-tu que tes amis sont à la mode ?

Answers and Detailed Solutions

10.1. D
The only word that is not an item of clothing is *une jambe*, which means 'a leg'. The items of clothing in this question include: *une chemise* (a shirt), *un pull* (a jumper), and *une cravate* (a tie).

10.2. B
The correct list to complete the spellings is list B. The items of clothing are: *des chaussettes* (socks), *une robe* (a dress), *un pantalon* (trousers), *des chaussures* (shoes), *des baskets* (trainers), *des bottes* (boots), *une veste* (a jacket), *une jupe* (a skirt), *des gants* (gloves), *un jean* (jeans), and *un manteau* (a coat).

10.3. D
The only positive sentence about a piece of clothing in this question is D: *ce pantalon noir est à la mode* (these black trousers are fashionable). Notice how 'trousers' is a plural word in English, but a singular one in French (*un pantalon*). The other opinions are negative regarding the items of clothing: *cette robe bleue est moche* (this blue dress is ugly); *ce costume multicolore n'est vraiment pas confortable* (this multi-coloured suit is not very comfortable); and, *cette jupe jaune est laide* (this yellow skirt is ugly).

10.4. D
Marc mentions six different items of clothing in the text: *des chaussures noires* (black shoes), *une cravate rayée* (a stripy tie), *un pantalon gris* (grey trousers), *une chemise blanche* (a white shirt), *un t-shirt* (a t-shirt), and *un pull* (a jumper). *Une tenue* means 'clothes' or 'outfit' and so would not count as a specific item of clothing.

10.5. A
The most expensive item described in this question is the jacket (*la veste*). It costs €72 (*soixante-douze euros*), which is more expensive than the other items: *avant la robe rouge coûtait vingt euros mais maintenant elle n'en coûte que quinze* (before the dress cost €20 but now it only costs €15); *j'ai payé trente euros pour ma nouvelle jupe* (I paid €30 for my new skirt); and, *les gants m'ont coûté neuf euros* (the gloves cost me nine euros).

10.6. A
The illogical sentence is A, *Hiran aime ses bottes en revanche*, which means 'Hiran likes his boots on the other hand'. In order for this sentence to make sense there would need to be an opposing clause, e.g. *Hiran aime ses bottes, en revanche il n'aime pas sa veste* (Hiran likes his boots but does not like his jacket). Alternatively, it could say 'Hiran likes his leather boots' (*Hiran aime ses bottes en cuir*). The other options are logical:

Albert porte un blouson en cuir (Albert is wearing a leather jacket); *Gina porte souvent une robe en soie* (Gina often wears a silk dress); and, *Louise adore ses gants en coton* (Louise loves her cotton gloves). Notice the use of *en* + material, e.g. *en cuir* (leather).

10.7. C
There are five errors with adjectival agreements in the given text. The following text has been altered so that it is correct and the corrections are in bold:

*Mes **chaussures marron** [brown shoes] sont robustes mais moches ; je les porte pour le travail et quand je fais des randonnées. Par contre, mon **pantalon bleu** [blue trousers] est plus élégant et va bien avec ma chemise blanche. Je porte quelquefois des **gants rouges** [red gloves] mais je ne porte jamais d'écharpe. Ce weekend je sortirai avec mes copains et je porterai une **jupe verte** [green skirt] et **un tee-shirt noir** [black t-shirt].*

Notice how the adjective *marron* (brown) does not change when describing a feminine or plural noun; it always stays *marron*. For further practice with adjectival agreements, see chapter 25.

10.8. C
The illogical sentence in this question is C, *quand il pleut, on a besoin de lunettes de soleil* (when it rains we need sunglasses). *De lunettes de soleil* (sunglasses) could be replaced with *de parapluie* (an umbrella) in order for the sentence to make sense. The other sentences are more logical: *quand il fait froid, les filles peuvent porter des collants* (when it is cold, girls can wear tights); *afin d'être élégant, on peut porter un nœud papillon* (in order to be smart, one can wear a bow tie); and, *certains mettent leurs affaires dans un sac à main* (some people put their belongings in a handbag).

10.9. A
The most appropriate translation of the sentence 'Nowadays young people prefer to wear hoodies instead of suits because they are more casual' is A: *De nos jours les jeunes préfèrent porter des sweats à capuche au lieu des costumes parce qu'ils sont plus décontractés*. Firstly, 'nowadays' is best translated as *de nos jours*, whereas *aujourd'hui* is 'today', *maintenant* is 'now' and *avant* is 'before'. Secondly, 'hoodies' would be translated as *les sweats à capuche*, while *les pulls* would translate as 'jumpers'. Thirdly, *au lieu de* is the best translation for 'instead of'. Fourthly, the adjective 'casual' is *décontractés*, or perhaps *relaxées* (relaxed), not *à carreaux* (checked) or *foncés* (dark).

10.10. D

The order of phrases from most to least positive is found in option D: *les mannequins mettent mieux en valeur la mode* (models showcase fashion better); *la mode a une influence assez mauvaise sur les jeunes* (fashion has quite a bad influence on young people); and, *l'industrie de la mode est toxique* (the fashion industry is toxic).

10.11. B

The incorrect translation in this question is found in B, as *hier j'ai porté une jupe en laine à la fête* should be translated as 'Yesterday I wore a **woollen** skirt to the party'. *En cuir* means 'leather'. The other translations into English are more accurate: *Ce soir je vais mettre une cravate rayée* (This evening I am going to wear a striped tie); *S'il avait plus de confiance en lui, mon frère porterait une casquette multicolore* (If he had more confidence, my brother would wear a multi-coloured baseball cap); and, *Elles préfèrent les fringues de marque* (They prefer designer clothes).

10.12. A

Yasmine's personal opinions about fashion in the given text are entirely positive. She says that fashion is part of her identity (*la mode fait partie de mon identité*), and that her clothes help her to express herself (*mes vêtements m'aident à m'exprimer*). She does, however, acknowledge that for some people appearance is not as important (*pour certains l'apparence n'est pas aussi importante*). She then comments that some people believe that fashion is the root of 'body image' problems (*quelques personnes estiment que la mode est à l'origine des problèmes d'image corporelle*), but she says that she does not agree (*moi je ne suis pas d'accord*).

10.13. B

The clothing that would suit Alexandre best are *un survêtement rouge avec des baskets bleues* (a red tracksuit with blue trainers), given that he has always preferred to wear comfortable clothing (*j'ai toujours préféré porter des vêtements confortables*) and the fact that he likes colourful clothes (*j'aime aussi les fringues colorées*). The other options would suit him less well: *un costume et une belle cravate* (a suit and a nice tie), *un pantalon chic et un t-shirt noir* (stylish trousers and a black t-shirt); and, *un jean gris avec des chaussures marron* (grey jeans and brown shoes).

10.14. B

The true statement in this question is that Camille thinks that fashion can have a negative effect on young people (*Elle pense que la mode peut avoir un effet négatif sur les jeunes*), as she comments that young people are often the target of bullying if they do not wear the latest clothes (*les jeunes sont souvent la cible de moqueries s'ils ne portent pas des vêtements à la mode*). The other statements are not true. Firstly, *Camille se considère très à la mode* (Camille considers herself to be very fashionable) is false because she notes that everyone except her seems to have their own unique style (*il semble qu'ils ont tous un style vestimentaire unique sauf moi*). Secondly, the statement *Elle croit que les moqueries ne sont jamais causées par la mode* (she thinks that bullying is never caused by fashion) is false given the above statement about young people being bullied if they do not wear the latest clothes. Thirdly, *Elle voudrait faire plus d'effort afin d'avoir un style plus cool* (she would like to do more to be cooler) is false as she says, *le désir d'être toujours plus branchée est beaucoup trop fatigant pour moi. Personnellement, je trouve que la phrase: « il faut souffrir pour être beau » n'est pas vraie !* (the desire to always be cooler is far too tiring for me. In my opinion, the phrase 'you have to suffer to be beautiful' is not true!).

10.15. D

The sentence describing a fashionable person is D: *Je dois avouer que le style de mon frère est vraiment avant-garde* (I have to admit that my brother's style is avant-garde). English borrows the French word *avant-garde* to mean 'original', 'modern' or 'fashionable'. The other sentences describe people who are less fashionable: *je trouve son look vachement démodé* (I find his/her look really out-dated); *Ma grand-mere n'a pas du tout le même sens de la mode que les jeunes, il n'y a aucun doute sur ça* (there is no doubt that my grandmother does not have the same style as young people); and, *les fringues de mon cousin sont ringardes mais franchement ça lui est égal* (my cousin's clothes are unfashionable but frankly he does not care).

The difficulty rating for each question (Elementary [E], Intermediate [I] or Advanced [A]) can be found in parentheses next to each question.

11.1. Quelle liste ne contient pas des mots associés à Noël ? (E)

A) le sapin, l'étoile, la carte de vœux
B) le père noël, les rois mages, les cadeaux
C) le renne, le gui, les jouets
D) l'outil, le clavier, le robinet

Extra ! Donne les définitions pour trois des mots ci-dessus.

11.2. Compléte la phrase suivante. (E)

Le 14 juillet est une fête nationale en France pour commémorer…

A) …la prise de la Bastille.
B) …la Renaissance.
C) …la moisson.
D) …le carême.

Extra ! Invente trois phrases différentes en utilisant les autres réponses ci-dessus.

11.3. Lis le texte au sujet de la Chandeleur. (E)

La Chandeleur, qui a lieu le deux février, est aussi connue comme la fête des chandelles. Même si c'est une fête religieuse, pour beaucoup en France c'est aussi une bonne occasion pour faire des crêpes.

Selon le texte, quelle est la phrase correcte ?

A) La Chandeleur se fête en mars.
B) Un autre nom pour la Chandeleur est « la fête des lumières ».
C) Ce n'est pas une fête religieuse.
D) Le jour de la Chandeleur on fait des crêpes.

Extra ! Modifie les autres phrases afin qu'elles deviennent correctes.

11.4. Quatre personnes parlent de leur anniversaire. Quelle est la seule phrase logique ? (E)

A) Je fête mon anniversaire en France cet été : c'est le cinq juillet.
B) Cette année mon anniversaire tombe le weekend : c'est le jeudi quinze mai.
C) Je ne célèbre pas mon anniversaire : j'ai une grande fête chaque année.
D) Mon anniversaire est le même jour que Noël : c'est le vingt-trois janvier.

Extra ! Transforme les phrases illogiques afin qu'elles deviennent logiques.

11.5. Complète ce texte à trous. (E)

En France à ……… on cache des œufs en ……… dans le jardin. Quand on les trouve, on peut les manger !

A) Pâques, chocolat
B) Jour, bois
C) Nouvel an, liquide
D) Fête des rois, dur

Extra ! Écris une réponse à la question suivante : Quelles fêtes aimes-tu ?

11.6. Quelle phrase n'utilise pas « qui » ou « que » correctement ? (I)

A) Le premier avril est un jour de plaisanteries et blagues **qui** font rire.
B) À Noël j'ai reçu une tablette **que** je peux utiliser pour tchatter avec mes amis.
C) Le meilleur cadeau **qui** mes parents m'ont offert était un roman de mon écrivain préféré.
D) La première fois **que** j'ai vu ton frère, c'était à Pâques.

Extra ! Écris quatre nouvelles phrases avec soit « qui » soit « que ».

11.7. Quel est le dialogue qui n'a pas de sens ? (I)

A) **Personne 1** : Aujourd'hui c'est le 25 décembre.
   Personne 2 : Joyeux Noël !
B) **Personne 1** : Bonne fête de Dipawali !
   Personne 2 : Et vous aussi !
C) **Personne 1** : C'est le premier jour de l'an.
   Personne 2 : Bonne année !
D) **Personne 1** : Aujourd'hui c'est le 14 février.
   Personne 2 : Oui, on jeûne pendant le Ramadan.

Extra ! Crée deux nouveaux dialogues.

11.8. Trois amis parlent de la Saint Valentin. (I)

Gilbert : D'après moi, la Saint Valentin c'est une perte de temps – je préfère passer mon temps avec mes amis. Je crois que c'est une fête superficielle publicitée afin que les entreprises puissent gagner plus d'argent.

Renault : Mes potes se moquent de moi parce que cette année j'ai écrit un poème et j'ai acheté des fleurs pour ma petite-amie.

Dev : Il y a quelqu'un que j'aime mais elle ne sait pas encore donc je pense lui donner une carte pour la Saint Valentin.

Quelle est la phrase incorrecte ?

A) Renault a un cadeau pour sa compagne.
B) Gilbert a l'intention de déclarer son amour à la fille qu'il aime.
C) Dev envisage d'offrir une carte à la personne qu'il aime.
D) Gilbert pense que la fête de la Saint Valentin est un évènement trop commercial.

Extra ! Écris une réponse à la question suivante : Que penses-tu de la Saint Valentin ?

11.9. Qui donne une opinion négative sur la Journée internationale de la langue maternelle ? (I)

A) Pour moi, cette journée est une bonne façon de fêter la diversité.
B) Les langues maternelles font partie de notre identité et nous devons les promouvoir.
C) À mon avis les différences linguistiques créent des divisions.
D) Pouvoir parler plusieurs langues encourage l'intégration.

Extra ! Réponds à la question suivante : Quels sont les avantages de pouvoir parler plusieurs langues ?

11.10. Lis le texte dans lequel Sophie parle de son anniversaire. (I)

Mardi dernier mes parents et mes amis ont organisé une fête surprise pour mon anniversaire. C'était la meilleure soirée de ma vie ! Il y avait un gâteau magnifique et un DJ. J'ai vraiment tout aimé, mais la meilleure partie de la soirée était les feux d'artifice – c'était trop cool !

Qu'est-ce que Sophie a le plus aimé pendant sa fête d'anniversaire ?

A) Le gâteau
B) Les feux d'artifice
C) Les cadeaux
D) La musique

Extra ! Réponds à la question suivante : Qu'est-ce que tu as fait pour ton anniversaire ?

11.11. Darcie parle du mariage de sa cousine. (A)

Le six mars ma famille et moi sommes allés au mariage de ma cousine. C'était une très belle journée parce que toute notre famille y était et ma cousine n'arrêtait pas de sourire. Après avoir mangé le repas de la cérémonie de mariage – du confit de canard suivi d'un gâteau au chocolat - nous avons dansé tous ensemble. Le lendemain les jeunes mariés sont partis pour l'Italie pour leur lune de miel.

Quel aspect du mariage n'est pas mentionné dans le texte de Darcie ?

A) la date du mariage
B) la robe de la mariée
C) ce qu'ils ont mangé
D) la destination de la lune de miel

Extra ! Trouve tous les verbes dans le texte.

11.12. Dans quelle phrase le conditionnel n'est-il pas utilisé ? (A)

A) Si je pars en vacances, je ne finirai pas mon travail scolaire.
B) Si j'avais plus d'argent, je rendrais visite à mes grands-parents en Inde.

C) S'il était plus généreux, il donnerait plus de cadeaux aux enfants.
D) Si nous allions à l'église, nous verrions nos amis.

Extra ! Finis les phrases ci-dessus avec tes propres réponses. E.g. Si j'avais plus d'argent, *j'irais en vacances.*

11.13. Complète ce texte à trous. (A)

La Toussaint est une fête …(1)… et un jour …(2)… en France. Les français se souviennent alors des membres de leur …(3)… qui sont …(4)… et certains mettent des …(5)… sur les tombes dans les cimetières.

A) (1) juive, (2) congé, (3) travail, (4) mortes, (5) chocolats
B) (1) catholique, (2) férié, (3) famille, (4) morts, (5) fleurs
C) (1) musulmane, (2) travailleur, (3) équipe, (4) vivants, (5) rubans
D) (1) bouddhiste, (2) libre, (3) groupe, (4) vivant, (5) papiers

Extra ! Traduis le texte ci-dessus.

11.14. Lis le texte au sujet de la fête des lumières. (A)

La fête des lumières a lieu le 8 décembre, et est un moment particulier pour se souvenir de la Vierge Marie, la mère de Jésus. Cette fête se déroule à Lyon en France. Il y des illuminations splendides et les lyonnais mettent « les lumignons », c'est-à-dire des petites bougies, sur le bord des fenêtres.

Dans quel ordre le texte aborde-t-il les informations suivantes ?

A) ce qui se passe, la date, la ville, la raison pour la fête
B) la raison pour la fête, ce qui se passe, la ville, la date
C) la date, la raison pour la fête, la ville, ce qui se passe
D) la date, la ville, ce qui se passe, la raison pour la fête

Extra ! Écris une réponse à la question suivante : Quelles fêtes célèbre-t-on dans ta région ?

11.15. Suzanne parle des fêtes. (A)

Certains disent que les fêtes ne jouent plus un rôle important dans notre société, mais moi je ne suis pas d'accord. Selon moi, les fêtes donnent de la diversité culturelle à une région ou un pays, et rendent nos vies plus intéressantes. Les fêtes nous apportent une identité et un sentiment d'appartenance. Sans les fêtes, ce serait impossible d'exprimer nos croyances et notre patrimoine.

Quelle est la phrase incorrecte ?

A) Suzanne dit que les fêtes font partie de notre identité.
B) Elle croit que les fêtes ne sont plus importantes.
C) Elle estime que les fêtes nous aident à trouver une place dans notre communauté.
D) Nous ne pourrions pas partager notre héritage et nos idées s'il n'y avait pas de fêtes.

Extra ! Réponds à la question suivante : Penses-tu que les fêtes sont importantes ?

Answers and Detailed Solutions

11.1. D

The list containing words not associated with Christmas is D: *l'outil* (tool), *le clavier* (keyboard), and *le robinet* (tap). The other lists contain words related to Christmas, these include: *le sapin* (Christmas tree), *l'étoile* (the star), *la carte de vœux* (greetings card), *le père noël* (Father Christmas), *les rois mages* (the three wise men), *les cadeaux* (presents), *le renne* (reindeer), *le gui* (mistletoe), and *les jouets* (toys).

11.2. A

The most suitable phrase to complete the sentence is A: *la prise de la Bastille* (the storming of the Bastille). The sentence therefore reads: *Le 14 juillet est une fête nationale en France pour commémorer la prise de la Bastille* (the 14th July is a national holiday in France to commemorate the storming of the Bastille). The other options translate as 'the renaissance' (*la Renaissance*), 'harvest' (*la moisson*) and 'Lent' (*le carême*).

11.3. D

The true statement in this question is D, *Le jour de la Chandeleur on fait des crêpes* (on the day of Candlemas, one makes pancakes) because the text says *en France c'est aussi une bonne occasion pour faire des crêpes* (In France it is also a good chance to make pancakes). The other statements about the text are false. Firstly, *la Chandeleur se fête en mars* (Candlemas is celebrated in March) is not true as it takes place on the 2nd February (*a lieu le deux février*). Secondly, *un autre nom pour la Chandeleur est « la fête des lumières »* (another name for Candlemas is « the festival of lights ») is false as its other name is *la fête des chandelles* (festival of candles). Thirdly, the statement *ce n'est pas une fête religieuse* (it is not a religious festival) is not true because it is a religious festival (*c'est une fête religieuse*).

11.4. A

The only logical phrase about birthdays is A: *Je fête mon anniversaire en France cet été : c'est le cinq juillet* (I am celebrating my birthday in France this summer: it is the 5th July). The other statements are illogical as the first clause does not match the second: *Cette année mon anniversaire tombe le weekend : c'est le jeudi quinze mai* (This year my birthday falls on the weekend: it is Thursday the 15th May); *Je ne célèbre pas mon anniversaire : j'ai une grande fête chaque année* (I do not celebrate my birthday: I have a big party every year); and, *Mon anniversaire est le même jour que Noël : c'est le vingt-trois janvier* (My birthday is the same day as Christmas: it is the 23rd January).

11.5. A

The most appropriate words to complete the sentence are: *Pâques* (Easter) and *chocolat* (chocolate). The sentence then reads: *En France à Pâques on cache des œufs en chocolat dans le jardin. Quand on les trouve, on peut les manger !* (In France at Easter we hide chocolate eggs in the garden. When we find them we can eat them!). The other options would not have made sense: *jour* (day), *en bois* (wooden), *Nouvel an* (New Year), *liquide* (liquid), *Fête des rois* (Epiphany), and *dur* (hard).

11.6. C

The sentence *Le meilleur cadeau qui mes parents m'ont offert était un roman de mon écrivain préféré* is incorrect, because *qui* should be *que*. The relative pronoun, *qui*, often refers back to the person (who) or the place or thing (which) already mentioned, e.g. *l'homme qui joue au rugby* (the man who plays rugby). The relative pronoun *que* is used to mean 'that' or 'which' in reference to the object of the sentence, e.g. *la fille a vu le film que tu aimes* (the girl saw the film that you like). In this sentence the object is *le film*, and the initial subject of the sentence is *la fille*. See questions 26.10., 27.13. and 31.12., for more practice with relative pronouns. In question 11.6., the corrected version of the sentence is: *Le meilleur cadeau que mes parents m'ont offert était un roman de mon écrivain préféré* (The best present that my parents gave me was a novel by my favourite author). The other sentences use the relative pronoun correctly: *Le premier avril est un jour de plaisanteries et blagues qui font rire* (The 1st April is a day of jokes and pranks that make you laugh); *À Noël j'ai reçu une tablette que je peux utiliser pour tchatter avec mes amis* (At Christmas I received a tablet which I can use to chat with my friends); and, *La première fois que j'ai vu ton frère, c'était à Pâques* (The first time I saw your brother was at Easter).

11.7. D

The short conversation that does not make sense is D, because *aujourd'hui c'est le 14 février* translates as 'today is the 14th February', while the response, *oui, on jeûne pendant le Ramadan* means 'yes, we are fasting during Ramadan'. The 14th February marks Valentine's Day (*la Saint Valentin*) not the start of Ramadan. The other dialogues are more logical: **Personne 1** : *Aujourd'hui c'est le 25 décembre* (Today is the 25th December) **Personne 2** : *Joyeux Noël !* (Happy Christmas!); **Personne 1** : *Bonne fête de Dipavali !* (Happy Diwali!) **Personne 2** : *Et vous aussi !* (You too!); and, **Personne 1** : *C'est le premier jour de l'an* (It is the first day of the year) **Personne 2** : *Bonne année !* (Happy New Year!).

11.8. B

The false phrase with regard to the dialogue between Gilbert, Renault and Dev is B: *Gilbert a l'intention de déclarer son amour à la fille qu'il aime* (Gilbert intends to declare his love to the girl he likes). This is false because Gilbert describes Valentine's Day as a waste of time (*une perte de temps*) and a superficial festival (*une fête superficielle*). The other statements about the dialogue are true. Firstly, *Renault a un cadeau pour sa* compagne (Renault has a gift for his partner) is true as he says, *j'ai acheté des fleurs pour ma petite-amie* (I bought flowers for my girlfriend). Secondly, *Dev envisage d'offrir une carte à la personne qu'il aime* (Dev is planning to give a card to the person he likes) is also true because Dev says *je pense lui donner une carte* (I am thinking of giving them a card). Finally, *Gilbert pense que la fête de la Saint Valentin est un évènement trop commercial* (Gilbert thinks that Valentine's Day is too commercial an event) is true as he says it is a way for businesses to make more money (*afin que les entreprises puissent gagner plus d'argent*).

11.9. C

The only negative opinion expressed about the International Day of Languages is: *À mon avis les différences linguistiques créent des divisions* (in my opinion linguistic differences cause divisions). The other opinions are more positive: *Pour moi, cette journée est une bonne façon de fêter la diversité* (For me this day is a good way to celebrate diversity); *Les langues maternelles font partie de notre identité et nous devons les promouvoir* (Mother tongues are part of our identity and we must promote them); and, *Pouvoir parler plusieurs langues encourage l'intégration* (Speaking different languages encourages integration).

11.10. B

The thing that Sophie most enjoyed about her birthday was the fireworks (*les feux d'artifice*) because she says, *la meilleure partie de la soirée était les feux d'artifice* (the best part of the evening was the fireworks). Nevertheless, she did enjoy various other aspects of the party and describes the evening as 'the best evening of my life' (*la meilleure soirée de ma vie*). There was a magnificent cake (*un gâteau magnifique*) and a DJ (*un DJ*).

11.11. B

The one aspect of her cousin's wedding that Darcie did not mention was her cousin's dress (*la robe de la mariée*). She mentioned the date, *le six mars* (the 6th March), and what they ate, *du confit de canard suivi d'un gâteau au chocolat* (duck followed by a chocolate cake). She also mentioned their honeymoon location (*la destination de leur lune de miel*) when she says: *Le lendemain les jeunes mariés sont partis pour l'Italie pour leur lune de miel* (The following day the young couple left for Italy on their honeymoon).

11.12. A

The phrase that does not use the conditional tense is A: *Si je pars en vacances, je ne finirai pas mon travail scolaire* (if I go on holiday, I will not finish my school work). Instead, it uses the present tense (*je vais* – I go) followed by the future tense (*je ne finirai pas* - I will not finish). The other options all include the imperfect followed by the conditional tense: *Si j'avais plus d'argent, je rendrais visite à mes grands-parents en Inde* (If I had

more money, I would visit my grandparents in India); *S'il était plus généreux, il donnerait plus de cadeaux aux enfants* (If he was more generous, he would give more presents to the children); and, *Si nous allions à l'église, nous verrions nos amis* (If we went to church, we would see our friends).

11.13. B

The most appropriate list of words to complete the text are in list B. The first gap needs to be filled by *catholique* (Catholic) as *La Toussaint* (All Saints) is a Catholic commemoration for those who have died. It is also a national holiday in France, therefore the next gap should be filled with *férié* to make the phrase *un jour férié* (a public holiday). The third gap requires *famille* (family) and the fourth *morts* (dead), as on 'la Toussaint' French people remember members of their family who have died: *les français se souviennent alors des membres de leur famille qui sont morts*. The past participle – *morts* – needs an –s because its auxiliary verb is *être* and the subject of the verb (*membres*) is plural. The most appropriate word for the final gap is *fleurs* (flowers) so that the sentence reads: *certains mettent des fleurs sur les tombes dans les cimetières* (some people put flowers on the graves in the cemeteries).

11.14. C

The information in the text comes in the following order: 1) *la date* (the date) - *le 8 décembre* (the 8th December), 2) *la raison pour la fête* (the reason for the festival) - *un moment particulier pour se souvenir de la Vierge Marie* (a time to remember the Virgin Mary), 3) *la ville* (the town/city) - *cette fête se déroule à Lyon en France* (this festival takes place in Lyon in France), 4) *ce qui se passe* (what happens) - *il y des illuminations splendides et les lyonnais mettent « les lumignons », c'est-à-dire des petites bougies, sur le bord des fenêtres* (there are splendid illuminations and people from Lyon put « les lumignons », which are little candles, in the window sills).

11.15. B

The false statement about Suzanne's text is B: *elle croit que les fêtes ne sont plus importantes* (she thinks that festivals are no longer important). This is false because Suzanne lists many important qualities of festivals and does not agree (*je ne suis pas d'accord*) with those who think that they are unimportant. The other statements about the text are true. Firstly, *Suzanne dit que les fêtes font partie de notre identité* (Suzanne says that festivals are part of our identity) is true as she says *les fêtes nous apportent une identité* (festivals give us an identity). Secondly, *elle estime que les fêtes nous aident à trouver une place dans notre communauté* (she thinks that festivals help us to find a place in our community) is correct as Suzanne discusses a feeling of belonging (*un sentiment d'appartenance*). Thirdly, the statement *nous ne pourrions pas partager notre héritage et nos idées s'il n'y avait pas de fêtes* (we could not share our heritage and our ideas if there were no festivals) is true as she says *sans les fêtes, ce serait impossible d'exprimer nos croyances et notre patrimoine* (without festivals, it would be impossible to express our beliefs and our heritage).

The difficulty rating for each question (Elementary [E], Intermediate [I] or Advanced [A]) can be found in parentheses next to each question.

12.1. Quelles sont les trois couleurs du drapeau français ? (E)

A) Rouge – vert – blanc
B) Blanc – bleu – jaune
C) Noir – rouge – jaune
D) Bleu – blanc – rouge

Extra ! Donne les couleurs de trois autres drapeaux.

12.2. Quelle est le surnom de la France ? (E)

A) Le Triangle
B) Le Cercle
C) L'Hexagone
D) Le Rectangle

Extra ! Pourquoi la France a-t-elle ce surnom ?

12.3. Quelle liste ne contient pas des monuments, bâtiments ou lieux de Paris ? (E)

A) Le Tour Eiffel & le Moulin Rouge
B) La Tapisserie de Bayeux & les Gorges de Verdon
C) Les Galeries Lafayette & le Centre Pompidou
D) Le Louvre & Notre-Dame

Extra ! Décris deux des lieux ci-dessus.

12.4. Quelle liste contient des pays où le français n'est pas une langue officielle ? (E)

A) Le Maroc, les Seychelles, le Tchad
B) Le Canada, le Togo, le Bénin
C) Le Sénégal, la Belgique, le Luxembourg
D) L'Autriche, la Nouvelle-Zélande, la Pologne

Extra ! Donne trois autres exemples de pays où le français est parlé.

12.5. Complète ce texte à trous. (E)

La France …(1)… victorieuse dans la coupe du monde en 2018 …(2)… une performance spectaculaire du jeune …(3)…, Kylian Mbappé, qui a marqué un but dans la finale. Allez les …(4)… !

A) (1) serait, (2) grâce, (3) amateur, (4) Jaunes
B) (1) a été, (2) après, (3) joueur, (4) Bleus
C) (1) sera, (2) avant, (3) arbitre, (4) Rouges
D) (1) étaient, (2) jusqu'à, (3) juge de touche, (4) Verts

Extra ! Décris un autre évènement sportif.

12.6. Lucie parle du Tour de France. (I)

Je suis impatiente de voir la dernière étape du Tour de France qui aura lieu le mois prochain à Paris. C'est la course cycliste la plus populaire du monde et c'est mon évènement sportif préféré parce qu'il faut être vraiment en forme et les cyclistes sont vraiment dédiés. N'importe qui peut gagner à condition de fournir un énorme effort !

Selon le texte, quelle est la phrase correcte ?

A) Lucie n'aime pas le Tour de France.
B) La dernière étape de la course sera à Lyon.
C) Pour gagner il faut beaucoup s'investir.
D) Lucie préfère d'autres évènements sportifs comme la Coupe du Monde.

Extra ! Modifie les autres phrases afin qu'elles deviennent correctes.

12.7. Danielle parle de la langue française. (I)

La langue française est parlée par presque 300 millions de personnes partout dans le monde et est devenue la sixième langue la plus parlée parce qu'il y a beaucoup de pays francophones. Le français joue un rôle très important dans diverses cultures et a une histoire riche et prestigieuse. Je suis très fière de la langue française et j'espère qu'elle va continuer à prospérer.

Le texte donne un point de vue…

A) …positif de la langue française.
B) …négatif de la langue française.
C) …neutre de la langue française.
D) …à la fois positif et négatif de la langue française.

Extra ! Traduis le texte.

12.8. Complète la phrase. (I)

L'hymne national de la France s'appelle ……… .

A) La Marseillaise
B) Le Calais
C) Une Chanson de Fierté
D) La Francophonie

Extra ! Écris une réponse à la question suivante : Penses-tu que les hymnes nationaux représentent des expressions culturelles importantes ?

12.9. Lis le texte au sujet de la journée de la Francophonie. (I)

La journée Internationale de la Francophonie célèbre la diversité des francophones autour du monde. Organisée par l'Organisation Internationale de la Francophonie (OIF), la journée a lieu le 20 mars depuis 1988 et beaucoup d'activités sont organisées dans les écoles et les espaces publics.

Quelle est la phrase correcte ?

A) La journée se déroule le vingt-deux mars.
B) La fête a commencé en 1967.
C) L'évènement est supervisé par l'OIF.
D) Les animations sont seulement pour les adultes.

Extra ! Modifie les autres phrases afin qu'elles deviennent correctes.

12.10. Lis le texte au sujet de la Corse. (I)

La Corse, aussi connue comme « l'île de beauté », se trouve au sud de la France métropolitaine et à l'ouest de l'Italie. Avec le français, on y parle aussi le corse et un peu d'italien. La capitale, Ajaccio, est le lieu de naissance de Napoléon Bonaparte. Porto-Vecchio et Propriano, avec leurs noms italiens, sont aussi des destinations très prisées des touristes sur l'île.

Quelle information n'est-elle pas mentionnée ?

A) La distance entre la France métropolitaine et la Corse
B) Les langues parlées
C) Le surnom de la Corse
D) Les villes majeures

Extra ! Traduis le texte.

12.11. Quelle phrase ne contient pas un comparatif ? (A)

A) Le Mali est plus grand que le Sénégal.
B) Jeanne d'Arc est moins connue que William Shakespeare en Angleterre.
C) Le traité de Versailles a été signé après la Première Guerre Mondiale.
D) Je trouve que la nourriture marocaine est meilleure que celle de la France.

Extra ! Écris trois nouvelles phrases en utilisant un comparatif.

12.12. Lis le texte de Sacha. (A)

J'habite en Suisse. C'est un pays renommé pour la paix et la neutralité. La Suisse se trouve en Europe centrale et on y parle le français, l'allemand et l'italien mais moi je ne parle que le français. Bien que nous n'ayons pas beaucoup de plats traditionnels, nous mangeons souvent de la fondue au fromage et du chocolat suisse – mais jamais en même temps !

Quelle question n'est pas accompagnée par la bonne réponse ?

A) Où habite Sacha ? En Suisse.
B) Pourquoi la Suisse est-elle bien connue ? Pour sa paix et sa neutralité.

C) Quelles langues Sacha peut-il parler ? L'allemand et l'italien.
D) Quelle nourriture mange-t-on régulièrement en Suisse ? Du fromage et du chocolat.

Extra ! Décris ton pays.

12.13. Quelle est la traduction correcte de la phrase suivante ? (A)

The town of Geneva is more international than Paris but citizens of the two cities speak French.

A) La ville de Genève est plus internationaux de Paris, mais les citoyens des villes parlent le français.
B) La ville de Genève est plus internationale que Paris, mais les citoyens des deux villes parlent le français.
C) La ville de Genève a plus internationale que Paris, mais les citoyens des deux villes discutent le français.
D) La ville de Genève était plus international que Paris, mais les habitants des trois villes tchattent en français.

Extra ! Explique pourquoi les autres traductions ne sont pas correctes.

12.14. Quel mot peut être utilisé dans tous les trous des phrases ci-dessous ? (A)

1. Il est plus .... de voyager au Cameroun qu'en Côte d'Ivoire.
2. La voiture est moins .... que l'avion.
3. Mon ami, Fabien, est le plus .... dans notre classe.

A) rapide
B) meilleur
C) pire
D) vite

Extra ! Quels autres mots peut-on mettre dans les trous ?

12.15. Quelle phrase n'est pas conjuguée au bon temps ? (A)

A) Demain nous irons au Luxembourg.
B) La semaine dernière, j'ai reçu une lettre d'un ami en Algérie.
C) Quand j'étais plus petite, j'habiterais en Belgique.
D) Hier, notre vol est arrivé sur l'île de Madagascar.

Extra ! Réécris les phrases ci-dessus en conjuguant les verbes dans un temps différent.

Answers and Detailed Solutions

12.1. D
The colours of the French flag are: *bleu* (blue), *blanc* (white), and *rouge* (red).

12.2. C
France's nickname is *L'Hexagone* (the Hexagon) because of its shape.

12.3. B
The two monuments that are not in Paris are *la Tapisserie de Bayeux* (the Bayeux Tapestry) and *les Gorges de Verdon* (the Verdon Gorge). The Parisian monuments include: *le Tour Eiffel* (the Eiffel tower), *le Moulin Rouge*, which is a famous cabaret, *les Galeries Lafayette*, a department store, *Notre-Dame*, the world-renowned cathedral, *le Louvre*, and *le Centre Pompidou*, which both house famous artwork.

12.4. D
The list that does not contain countries where France is an official language is D: *l'Autriche* (Austria), *la Nouvelle-Zélande* (New Zealand), and *la Pologne* (Poland). The other countries are part of *la francophonie* (the French-speaking world): *le Maroc* (Morocco), *les Seychelles* (Seychelles), *le Tchad* (Chad), *le Canada* (Canada), *le Togo* (Togo), *le Bénin* (Benin), *le Sénégal* (Senegal), *la Belgique* (Belgium), and *le Luxembourg* (Luxembourg). There are many other countries where France is spoken, whether as an official language or not.

12.5. B
The most appropriate list of words to complete the text are in list B. The first gap needs to be filled by the perfect tense of *être*: *La France a été victorieuse dans la coupe du monde* (France were victorious in the World Cup). The other options – *serait* (would be) and *sera* (will be) – were not appropriate. The second gap requires *après*, so that the sentence reads *après une performance spectaculaire* (after a spectacular performance). The third gap needs *joueur* (player) as it is describing Kylian Mbappé, who scored a goal in the final (*qui a marqué un but dans la finale*). The words *amateur* (amateur), *arbitre* (referee), and *juge de touche* (linesman) are not suitable. Finally, the most appropriate word for the fourth gap is *bleus*, as the French football team are known as *Les Bleus* ('the Blues') because of the colour of their kit.

12.6. C
According to the text about the Tour de France, the true statement is C, *Pour gagner il faut beaucoup s'investir* (To win you have to really throw yourself into it) because Lucie says that the riders have to be really dedicated (*les cyclistes sont vraiment dédiés*) and put in an enormous effort (*un énorme effort*). The other statements are not true. *Lucie n'aime pas le Tour de France* (Lucie does not like the Tour de France) is

incorrect as she says it is her favourite sporting event (*c'est mon évènement sportif préféré*). *La dernière étape de la course sera à Lyon* (The last stage will be in Lyon) is also untrue as she says it will take place next month in Paris (*aura lieu le mois prochain à Paris*). Finally, *Lucie préfère d'autres évènements sportifs comme la Coupe du Monde* (Lucie prefers other sporting events like the World Cup) is false because she says the Tour de France is her favourite.

12.7. A
Danielle's text gives an exclusively positive view of the French language, therefore the correct answer is A. Firstly, Danielle gives information about the language, like the fact that it is spoken by nearly 300 million people around the world (*parlée par presque 300 millions de personnes partout dans le monde*) and has become the sixth most spoken language (*est devenue la sixième langue la plus parlée*). She then says that it plays an important role in different cultures and has a rich and prestigious history (*joue un rôle très important dans diverses cultures et a une histoire riche et prestigieuse*). Finally, she says that she is proud of the French language (*je suis très fière de la langue française*) and that she hopes that it will continue to prosper (*j'espère qu'elle va continuer à prospérer*).

12.8. A
The French National Anthem is called *la Marseillaise* and it was written in 1792. The other options are not correct as *Calais* is a city in northern France, *une Chanson de Fierté* translates as 'a song of pride' and *la francophonie* simply means 'the French-speaking world'.

12.9. C
The true statement, according to the text, is *l'évènement est surpervisé par l'OIF* (the event is organised by the International Organisation of the Francophonie). The other statements are false. Firstly, *la journée se déroule le vingt-deux mars* (the day takes place on the 22nd March) is not true as the text notes that it takes place on the 20th March (*le 20 mars*). Secondly, *la fête a commencé en 1967* (the festival started in 1967) is not true as the text says *depuis 1988* (since 1988). Thirdly, the statement *les animations sont seulement pour les adultes* (the activities are only for adults) is incorrect as lots of activities are organised in schools (*beaucoup d'activités sont organisées dans les écoles*), which suggests activities for children.

12.10. A
The information not given in the text is *la distance entre la France métropolitaine et la Corse* (the distance between mainland France and Corsica). The other options are mentioned in the text. Firstly, the text mentions the languages spoken (*les langues parlées*) in Corsica: *avec le français, on y parle aussi le*

corse et un peu d'italien (as well as French, they speak Corsican and a little Italian). Secondly, the text includes Corsica's nickname (*le surnom de la Corse*), which is « *l'île de beauté* » (the island of beauty). Thirdly, the text mentions some of the island's major cities (*les villes majeures*), which include Ajaccio, Porto Vecchio and Propriano.

12.11. C

The sentence that does not contain a comparative is C, *le traité de Versailles a été signé après la Première Guerre Mondiale* (the treaty of Versailles was signed after the First World War). A comparative sentence includes an element of comparison, either comparing two nouns or comparing two different qualities of the same noun. The other sentences in question 12.11. contain comparatives: *Le Mali est plus grand que le Sénégal* (Mali is bigger than Senegal); *Jeanne d'Arc est moins connue que William Shakespeare en Angleterre* (Joan of Arc is less famous than William Shakespeare in England); and, *je trouve que la nourriture marocaine est meilleure que celle de la France* (I find that Moroccan food is better than food in France).

12.12. C

The question and answer pair that does not match the text is C: *Quelles langues Sacha peut-il parler ? L'allemand et l'italien* (Which languages does Sacha speak? German and Italian). This is incorrect because Sacha says that he only speaks French (*je ne parle que le français*). The other answers correspond with the information in the text. Question A asks, *où habite Sacha ?* (where does Sacha live?) and the correct answer is *en Suisse* (in Switzerland). Question B asks *Pourquoi la Suisse est-elle bien connue?* (What is Switzerland well known for?) and the answer is *pour sa paix et sa neutralité* (for its peace and neutrality). Question D asks, *quelle nourriture mange-t-on régulièrement en Suisse ?* (what food do Swiss people regularly eat?) and the answer is *du fromage et du chocolat* (cheese and chocolate), although not at the same time!

12.13. B

The most appropriate translation for the sentence 'The town of Geneva is more international than Paris but citizens of the two cities speak French' is *La ville de Genève est plus internationale que Paris, mais les citoyens des deux villes parlent le français*. Firstly, the verb 'is' is *est* rather than *a* (has) or *était* (was). Secondly, as 'the town' (*la ville*) is being described and is a feminine singular noun, the adjective needed is *internationale* (rather than *international*, which is masculine, and *internationaux*, which is plural). Thirdly, while the other options are synonyms, the literal translations of 'citizens' is *citoyens* and of '[they] speak' is *parlent*.

12.14. A

The most suitable word to fill in each of the blanks is *rapide* (fast). This means that the sentences would read: *il est plus rapide de voyager au Cameroun qu'en Côte d'Ivoire* (it is quicker to travel to Cameroon than to the Ivory Coast); *la voiture est moins rapide que l'avion* (the car is less fast than the plane); and, *mon ami, Fabien, est le plus rapide dans notre classe* (my friend, Fabien, is the quickest in our class). The reason that this word fits and the others do not is because *rapide* is an adjective whereas *meilleur* (better), *pire* (worse) and *vite* (quickly) are all adverbs.

12.15. C

The phrase that is in the wrong tense is C, *quand j'étais plus petite, j'habiterais en Belgique* (when I was younger, I would live in Belgium), because the imperfect is needed rather than the conditional, e.g. *Quand j'étais petite, **j'habitais** en Belgique* (When I was younger, I **used to live** in Belgium). The other sentences use the correct tenses and are translated as follows: *Demain nous irons au Luxembourg* (Tomorrow we will go to Luxembourg); *la semaine dernière, j'ai reçu une lettre d'un ami en Algérie* (last week I received a letter from a friend in Algeria) and, *hier, notre vol est arrivé sur l'île de Madagascar* (yesterday our plane arrived from Madagascar).

The difficulty rating for each question (Elementary [E], Intermediate [I] or Advanced [A]) can be found in parentheses next to each question.

13.1. Quel mot ne veut pas dire « ami » / « amie » ? (E)

A) copain
B) bouche
C) copine
D) pote

Extra ! Écris trois phrases avec le mot « ami » ou un synonyme.

13.2. Lis le texte dans lequel Victor décrit ses amis. (E)

Dans mon cercle d'amis il y a quatre garçons qui sont dans la même classe que moi : Marc, Arin, Mathis et Siddharth. Nous nous appelons « les cinq fantastiques » ! Marc adore la nourriture ; il est très doué dans la cuisine et il voudrait être chef. Puis, il y a Arin qui adore lire, surtout des romans longs et difficiles – moi, je ne comprends pas du tout ! Quant à Mathis, il adore faire du sport et de l'exercice tandis que Siddharth a une passion pour la musique ; il se rend à des concerts toutes les semaines.

Quel ami de Victor aime la lecture ?

A) Marc
B) Arin
C) Mathis
D) Siddharth

Extra ! Traduis le texte.

13.3. Quelle phrase est illogique ? (E)

Un copain idéal…

A) …me critiquerait tout le temps.
B) …me défendrait.
C) …partagerait mes intérêts.
D) …m'écouterait.

Extra ! Donne trois autres exemples de ce qu'un ami idéal ferait pour toi.

13.4. Ava décrit sa meilleure amie, Mila. (E)

Ma meilleure copine s'appelle Mila. Elle est plus grande que moi et ses cheveux sont noirs et bouclés. Moi, je préfère aller au cinéma mais Mila adore jouer aux jeux de société. Elle voudrait faire carrière en médecine.

Quelle est la phrase correcte ?

A) Mila est plus petite qu'Ava.
B) Mila a les cheveux bruns et raides.
C) Mila préfère aller au cinéma.
D) Mila voudrait être docteur.

Extra ! Écris un paragraphe sur ton ami(e).

13.5. Quelle est la seule phrase négative ? (E)

A) On s'amuse beaucoup ensemble.
B) On se dispute tout le temps.
C) On s'entend très bien.
D) On se fie l'un à l'autre.

Extra ! Transforme la phrase négative afin qu'elle devienne positive.

13.6. Lis le texte ci-dessous sur l'amitié. (I)

Pour moi, un bon ami est quelqu'un qui me fait rire et qui croit en moi. Trouver de vrais amis sur qui on peut compter peut être difficile. J'ai toujours pensé avoir beaucoup de chance d'avoir Elisa comme amie, parce qu'elle m'écoute sans me juger et elle prend soin de moi quand j'en ai besoin.

Quelle qualité d'un bon ami n'est pas mentionné ?

A) Quelqu'un qui est amusant.
B) Une personne qui sait écouter les autres.
C) Quelqu'un qui est toujours prêt à aider.
D) Une personne qui pose beaucoup de questions.

Extra ! Traduis le texte.

13.7. Lis le texte de Jayesh. (I)

La semaine dernière, j'ai eu une dispute avec mon meilleur ami parce que notre équipe de basket a perdu un match important et il a dit que c'était ma faute. Depuis le match, on ne se parle pas – je suis encore en colère !

Pourquoi Jayesh s'est-il disputé avec son meilleur ami ?

A) Une défaite sportive
B) Une blague inappropriée
C) L'amour
D) L'argent

Extra ! Écris un paragraphe sur une dispute récente que tu as eu avec un(e) ami(e).

13.8. Lis le texte de Dipti. (I)

Mes amies et moi adorons tout faire ensemble. On a les mêmes goûts, et surtout une passion pour les magasins. Si on avait plus d'argent, on ferait du shopping tous les jours ! Le weekend dernier, par exemple, nous sommes allées au centre commercial et j'ai acheté des bijoux et un nouveau pull. J'adore passer du temps avec mes copines !

Quelle information n'est pas mentionnée dans le texte ?

A) Le passe-temps préféré de Dipti et ses amis
B) Le magasin préféré de Dipti et ses amis
C) Ce qu'elles ont fait récemment
D) Ce que Dipti a acheté

Extra ! Écris une réponse à la question : Qu'aimes-tu faire avec tes amis ?

13.9. Quelle paire de phrases ne va pas ensemble ? (I)

A) Mes amis disent que je suis bavarde : je n'arrête pas de parler.

B) Mon ami est très courageux : il a peur de tout.

C) Mes amis n'hésitent jamais à me dire la vérité ; ils sont très honnêtes.

D) Quand j'étais petite, j'aimais passer du temps avec mes amis : nous allions partout ensemble.

Extra ! Donne trois autres exemples de paires de phrases similaires.

13.10. Quelle est la phrase correcte ? (I)

La plupart de mes amis parlent au moins deux ou trois langues et pour nous c'est vraiment normal d'être polyglotte. En fait, nous croyons que le fait de parler des langues différentes nous a rapproché et a renforcé nos amitiés.

Selon le texte…

A) …parler plusieurs langues améliore les amitiés.

B) …parler plusieurs langues dégrade les amitiés.

C) …les langues ne sont pas utiles.

D) …si on parle plus de langues, on a plus d'amis.

Extra ! Réponds à la question : Les langues sont-elles importantes pour toi ?

13.11. Quelle est la traduction correcte de la phrase suivante ? (A)

Next month I will go to a Chinese restaurant with six friends to celebrate my birthday.

A) Le prochain mois, j'irais au restaurant chinois avec six amis pour fêter mon anniversaire.

B) Le mois prochain, j'allerai au restaurant chinoise avec six amis pour fenêtre mon anniversaire.

C) Le prochain mois, j'irait à un restaurant chinoise avec six amis pour éteindre mon anniversaire.

D) Le mois prochain, j'irai au restaurant chinois avec six amis pour fêter mon anniversaire.

Extra ! Explique pourquoi les autres traductions ne sont pas correctes.

13.12. Complète ce texte à trous. (A)

Pendant le weekend, j'ai passé beaucoup de temps chez mon ami …(1)… jouer aux cartes et aux jeux vidéo. Après ça, nous …(2)… sortis en ville et nous avons …(3)… d'autres camarades de classe. Nous …(4)… sommes tellement amusés !

A) (1) de, (2) avons, (3) souffert, (4) y

B) (1) à, (2) sommes, (3) vu, (4) nous

C) (1) en, (2) allons, (3) regardé, (4) en

D) (1) pendant, (2) faisions, (3) rencontré, (4) se

Extra ! Écris une réponse à la question : Qu'est-ce que tu as fait le weekend dernier ?

13.13. Combien d'erreurs d'accord y a-t-il entre les noms et les adjectifs ? (A)

Ma copine, Anouk, est vraiment à la mode. Elle achète des nouvelles vêtements chaque semaine. Quand nous sortons le weekend, elle porte une chemise verte, une jupe noir, et des bottes marron. En plus elle aime porter des robes bleus.

A) Une

B) Deux

C) Trois

D) Quatre

Extra ! Corrige les erreurs.

13.14. Lis le texte de Sylvie, qui décrit son amie, Sara. (A)

La personne que j'admire plus que tout est mon amie Sara parce qu'elle a surmonté de nombreuses difficultés au cours de sa vie avec dignité. Par-dessus tout, elle a eu un cancer l'année dernière mais elle ne s'est jamais plainte. Elle a même décidé de récolter de l'argent pour une association qui aide les enfants malades. Elle a une joie de vivre ; Sara est courageuse et modeste et elle essaie toujours de faire sourire les gens.

Selon le texte, quelle est la phrase incorrecte ?

A) Sara a éte atteinte d'un cancer l'année passée.

B) Elle se plaignait beaucoup.

C) Elle a collecté des fonds.

D) Elle est pleine de vie.

Extra ! Corrige la phrase incorrecte.

13.15. Lis la lettre de Tanya. (A)

Chère Eléanor,

J'ai été très contente de recevoir ta lettre étant donné que ça fait longtemps que je n'ai pas eu de nouvelles. Alors, comment se passent tes études et comment vont tes amis ? Malheureusement, pour moi, les choses vont mal. Je viens d'intégrer un nouveau lycée et j'ai du mal à me faire des amis. As-tu des conseils ? Je te remercie par avance.

Tanya

Quel est le problème de Tanya ?

A) Se lier d'amitié avec ses camarades de classe

B) Se réconcilier avec sa meilleure amie

C) Parler de ses soucis

D) Conseiller un ami

Extra ! Traduis le texte.

Answers and Detailed Solutions

13.1. B
The word that does not mean or relate to 'friend' is *bouche*, which means 'mouth'. *Copain* means a male friend, *copine* a female friend, and *pote* is a more informal word, which translates as 'mate' in English.

13.2. B
The person who likes reading in the text is Arin. We know this because Victor says *il y a Arin qui adore lire, surtout des romans longs et difficiles* (there is Arin who loves reading, especially long and difficult novels). The other friends have different interests. Marc, for example, loves food and is good at cooking (*Marc adore la nourriture ; il est très doué dans la cuisine*). As for Mathis, he loves doing sport and exercise (*Quant à Mathis, il adore faire du sport et de l'exercice*). Finally, Victor talks about his friend Siddharth, who has a passion for music and goes to concerts every week (*Siddharth a une passion pour la musique ; il se rend à des concerts toutes les semaines*).

13.3. A
The illogical sentence in this question is A, *un copain idéal me critiquerait tout le temps* (an ideal friend would criticise me all the time), because one would not expect an ideal friend to be so critical. The other characteristics of an ideal friend are more likely: *me défendrait* (would defend me); *partagerait mes intérêts* (would share my interests); and, *m'écouterait* (would listen to me).

13.4. D
The correct statement is D, *Mila voudrait être docteur* (Mila would like to be a doctor), because the text says *elle voudrait faire carrière en médecine* (she wants to have a career in medicine). The other statements are false. For example, *Mila est plus petite qu'Ava* (Mila is shorter than Ava) is not true because Ava says *elle est plus grande que moi* (she is taller than me). Then, *ses cheveux sont bruns et raides* (her hair is straight and brown) is untrue because the text notes, *elle a les cheveux noirs et bouclés* (she has curly, black hair). Finally, *Mila préfère aller au cinéma* (Mila prefers to go to the cinema) is untrue because it is Ava who likes the cinema whereas Mila loves playing board games (*Mila adore jouer aux jeux de société*).

13.5. B
The only negative sentence is B: *on se dispute tout le temps* (we argue all the time). The other sentences describe positive relationships: *on s'amuse beaucoup ensemble* (we have a lot of fun together); *on s'entend très bien* (we get on very well); and, *on se fie l'un à l'autre* (we trust one another).

13.6. D
The quality of a friend that is not mentioned in the text is *une personne qui pose beaucoup de questions* (a person who asks

lots of questions). The other qualities are mentioned in the text. Firstly, *quelqu'un qui est amusant* (someone who is funny) is mentioned in the text when it says *quelqu'un qui me fait rire* (someone who makes me laugh). Secondly, *une personne qui sait écouter les autres* (a person who knows how to listen to others) is mentioned when the speaker talks about her friend, Elisa, and says *elle m'écoute sans me juger* (she listens to me without judging me). Thirdly, *quelqu'un qui est toujours prêt à aider* (someone who is always ready to help) is mentioned in the text when the speaker says *elle prend soin de moi quand j'en ai besoin* (she takes care of me when I need it).

13.7. A
Jayesh had an argument with his best friend (*j'ai eu une dispute avec mon meilleur ami*). The reason for the argument was that their basketball team lost an important match and Jayesh's best friend said it was his fault (*notre équipe de basket a perdu un match important et il a dit que c'était ma faute*). The answer is therefore *une défaite sportive* (a sporting defeat) rather than *une blague inappropriée* (an offensive joke), *l'amour* (love) or *l'argent* (money).

13.8. B
The fact that is not mentioned in the text is B: *le magasin préféré de Dipti et ses amis* (Dipti and her friends' favourite shop). The facts that were mentioned include: *le passe-temps préféré de Dipti et ses amis* (Dipti and her friends' favourite hobby), which is *une passion pour les magasins* (a passion for the shops); *ce qu'elles ont fait récemment* (what they did recently), which was *nous sommes allées au centre commercial* (we went to the shopping centre); and, *ce que Dipti a acheté* (what Dipti bought), which was *des bijoux et un nouveau pull* (jewellery and a new jumper).

13.9. B
The phrases that do not work well together are in option B, *mon ami est très courageux : il a peur de tout* (my friend is very brave: he is scared of everything), because the two phrases are contradictory. The other clauses make sense in relation to one another: *mes amis disent que je suis bavarde : je n'arrête pas de parler* (my friends say that I am chatty: I do not stop talking); *mes amis n'hésitent jamais à me dire la vérité ; ils sont très honnêtes* (my friends never hesitate to tell me the truth; they are very honest); and, *quand j'étais petite, j'aimais passer du temps avec mes amis : nous allions partout ensemble* (when I was little, I liked spending time with my friends: we went everywhere together).

13.10. A
According to the text, speaking other languages improves friendships (*parler plusieurs langues améliore les amitiés*). This is mentioned in the text when it says *le fait de parler des langues différentes nous a rapproché et a renforcé nos amitiés* (speaking

different languages makes us closer and strengthens our friendships). This statement is not suggesting that they have more friendships and therefore option D, *si on parle plus de langues, on a plus d'amis* (if we speak more languages, we have more friends), cannot be correct. Equally, option C, *les langues ne sont pas utiles* (languages are not useful) is also incorrect because the usefulness of languages is not referred to explicitly. Finally, option B, *parler plusieurs langues dégrade les amitiés* (speaking other languages worsens friendships), is untrue as it means the opposite of the correct answer.

13.11. D
The most appropriate translation of the sentence 'Next month I will go to a Chinese restaurant with six friends to celebrate my birthday' is *le mois prochain, j'irai au restaurant chinois avec six amis pour fêter mon anniversaire*. Firstly, 'next month' is translated as *le mois prochain*, as the adjective typically goes after the noun in French. Secondly, 'I will go' is *j'irai*, as the verb *aller* (to go) has an irregular future stem, and the future ending for the first-person singular is –*ai*. See question 28.12., for more practice with irregular future stems. 'Chinese restaurant' is *restaurant chinois*, rather than *restaurant chinoise* because *restaurant* is masculine and therefore requires an adjective in its masculine form. Finally, the verb 'to celebrate' in French is either *fêter* or *célébrer*.

13.12. B
The most appropriate list of words to complete the text are in list B. The first gap needs to be filled by *à*, so that the sentence reads: *j'ai passé beaucoup de temps chez mon ami à jouer aux cartes et aux jeux vidéo* (I spent a lot of time at my friend's house playing cards and videogames). The second gap requires the present tense of *être* in the first-person plural, e.g. *sommes*. This is because the verb *sortir* (to go out) takes the auxiliary *être* rather than *avoir*. See question 28.8., for further practice with auxiliary verbs and the perfect tense. A clue in the text is that the participle agrees with the subject, e.g. *sortis*. The third gap requires the past participle of *voir* (to see), which is *vu* (saw/seen) so that the sentence reads, *nous avons vu d'autres camarades de classe* (we saw other

classmates). Finally, the most appropriate word for the fourth gap is *nous*, as the verb *s'amuser* (to have fun) is reflexive, therefore the text should read *nous nous sommes tellement amusés* (we had so much fun).

13.13. C
There are three adjectival errors in the text. Firstly, ***nouvelles vêtements*** is incorrect and should say ***nouveaux*** *vêtements* because *vêtements* is masculine plural not feminine plural. Secondly, *une jupe **noir*** should read *une jupe **noire*** because *jupe* is feminine and requires a feminine adjective. Thirdly, *les robes **bleus*** should be *les robes **bleues*** because *les robes* is a feminine plural noun.

13.14. B
The incorrect statement about the text is B, *elle se plaignait beaucoup* (she complained a lot) because the text says the opposite about Sara: *elle ne s'est jamais plainte* (she never complained). The other statements about the text are true. Firstly, *Sara a été atteinte d'un cancer l'année passée* (Sara had cancer last year) is correct because her friend says *elle a eu un cancer l'année dernière* (she had cancer last year). Secondly, *elle a collecté des fonds* (she raised money) is true as the text says *elle a même décidé de récolter de l'argent pour une association qui aide les enfants malades* (she decided to raise money for a charity that helps sick children). Thirdly, *elle est pleine de vie* (she is full of life) is correct because the speaker says *elle a une joie de vivre* (she has a zest for life).

13.15. A
The problem that Tanya speaks about in her letter to Eléanor is A, *se lier d'amitié avec ses camarades de classe* (making friends with her classmates). We know this because Tanya says, *je viens d'intégrer un nouveau lycée et j'ai du mal à me faire des amis* (I have just started at a new college and I am having trouble making friends). The other options, which include *se réconcilier avec sa meilleure amie* (making up with her best friend), *parler de ses soucis* (talking about her worries), and *conseiller un ami* (advising a friend), are not the problem to which Tanya is referring in the text.

The difficulty rating for each question (Elementary [E], Intermediate [I] or Advanced [A]) can be found in parentheses next to each question.

14.1. Lequel des mots suivants n'est pas associé aux examens du système scolaire en France ? (E)

A) Le baccalauréat
B) Le permis de conduire
C) Le brevet des collèges
D) Le bac blanc

Extra ! Écris une réponse à la question : À quel âge passe-t-on les examens mentionnés ci-dessus ?

14.2. Quel est le bon ordre des écoles en France (en commençant par les élèves les plus jeunes jusqu'aux plus âgés) ? (E)

A) école primaire, collège, lycée, école maternelle
B) école primaire, école maternelle, collège, lycée
C) école maternelle, école primaire, collège, lycée
D) école maternelle, collège, lycée, école primaire

Extra ! Écris un paragraphe sur tes souvenirs de l'école primaire.

14.3. Quelle paire de phrases est synonyme ? (E)

A) réussir un examen ⇔ rater un examen
B) assister à un cours ⇔ sauter un cours
C) étudier ⇔ faire des études
D) terminer le lycée ⇔ commencer le lycée

Extra ! Trouve un synonyme et un antonyme pour chaque phrase.

14.4. Quelle phrase n'est pas logique ? (E)

A) Je me considère comme une personne très créative donc je voudrais être une artiste.
B) J'adore la technologie donc j'aimerais faire mes études dans un IUT.
C) La musique est ma passion ; je rêve d'étudier au conservatoire de Paris.
D) Je ne suis pas très doué à l'école. J'obtiendrai sans doute les meilleures notes dans ma classe.

Extra ! Transforme la phrase illogique.

14.5. Lis le texte de Pascale. (E)

L'année prochaine j'étudierai l'informatique à la fac parce que je veux travailler dans le secteur technologique. Si j'ai de la chance, je ferai un stage après ma première année, mais tout dépendra de mes notes. Quelquefois je pense que les autres étudiants dans mon lycée sont meilleurs que moi, mais je sais que je peux réussir si je fournis de gros efforts.

Combien de verbes y a-t-il dans le paragraphe ?

A) Neuf
B) Dix
C) Onze
D) Douze

Extra ! Combien d'adjectifs y a-t-il dans le paragraphe ?

14.6. Quelle phrase décrit un désavantage d'aller à l'université ? (I)

A) Les frais d'inscription coûtent très chers.
B) Il y a plein d'occasions pour se faire des amis.
C) On peut se spécialiser dans une matière qui nous intéresse.
D) La vie universitaire nous donne plus de liberté.

Extra ! Écris un paragraphe au sujet des avantages et inconvénients d'aller à l'université.

14.7. Qui ne veut pas continuer les études après le bac ? (I)

A) Après le bac, j'obtiendrai ma licence d'anglais.
B) Une fois le bac en poche, j'irai à la fac.
C) Si je réussis mes examens, je ferai un stage dans une entreprise de maquillage.
D) Mon rêve est d'étudier la physique ou les maths.

Extra ! Écris une réponse à la question : Veux-tu aller à l'université ?

14.8. Quelle personne n'a pas de boulot ? (I)

A) Je cherche un poste qui me donne suffisamment de flexibilité pour pouvoir continuer avec mes études.
B) Il y a peu de débouchés mais heureusement j'ai trouvé un petit boulot dans le milieu artistique.
C) J'ai signé un contrat dans les médias – c'est super !
D) Bien que je sois en terminale, j'ai aussi un emploi à mi-temps dans une petite entreprise.

Extra ! Écris une réponse à la question : As-tu un petit boulot ?

14.9. Lis le texte de Sandra au sujet de son voyage scolaire. (I)

La plupart de mes amis ont beaucoup aimé notre voyage scolaire en Chine. Malheureusement je n'ai pas partagé leur sentiment. Nous sommes en terminale et notre lycée nous a donné l'occasion d'y aller pour pratiquer le chinois avant nos examens. Pour moi, c'était un vrai désastre. Je ne comprenais rien et j'ai perdu toute confiance en moi. Maintenant j'ai vraiment peur de passer mon contrôle de chinois !

Selon le texte, quelle est la phrase incorrecte ?

A) Sandra n'a pas beaucoup aimé son voyage scolaire.
B) Sandra va passer son examen de chinois.
C) Pendant son séjour, Sandra a eu du mal à comprendre la langue.
D) Maintenant, Sandra se sent plus à l'aise pour parler et comprendre le chinois.

Extra ! Traduis le texte.

14.10. Deux des phrases ci-dessous sont fausses. Quels sont les deux mots ou expressions indiqués **en gras** qu'il faut échanger afin que toutes les phrases deviennent correctes ? (I)

1. Après le lycée, les jeunes peuvent aller à **l'université**.
2. En France **la seconde** est pour les enfants âgés de 11 à 15 ans.
3. Si tu as 6 ans, tu vas à **l'école primaire**.
4. La première année du lycée s'appelle **le collège**.

A) l'université & la seconde
B) la seconde & le collège
C) l'université & l'école primaire
D) l'école primaire & le collège

Extra ! Explique le système scolaire dans ton pays.

14.11. Quelle phrase n'utilise pas le futur antérieur ? (A)

A) Lorsque j'aurai obtenu mon bac, j'irai à l'université aux Etats-Unis.
B) Quand nous aurons fini nos devoirs, nous pourrons nous détendre un peu.
C) Aussitôt que je serai arrivé à la formation, j'oublierai toutes mes questions.
D) Quand j'ai fini le concours des écoles supérieures, j'ai décidé de partir en vacances.

Extra ! Traduis les quatre phrases.

14.12. Quelles formes nominales ne correspondent pas aux verbes ? (A)

A) Partir ⇒ une partie, consommer ⇒ consomment
B) Acheter ⇒ un achat, découvrir ⇒ une découverte
C) Sortir ⇒ une sortie, arriver ⇒ une arrivée
D) Décider ⇒ une décision, réussir ⇒ une réussite

Extra ! Donne trois autres exemples.

14.13. Lis le texte de Charles au sujet de l'argent à l'université. (A)

J'avais peur que la vie universitaire soit trop chère et que je n'aie pas les moyens de payer pour mon logement et mes frais. En fait, c'était plus facile ce que j'avais anticipé parce que j'ai reçu une bourse du gouvernement et j'ai commencé un petit boulot pour gagner de l'argent les samedis. D'ailleurs, je ne dépense pas beaucoup sur la nourriture parce que je partage tout avec mes colocataires et nous avons découvert des plats à la fois délicieux et sains.

Quelle est la phrase correcte ?

A) Avant d'aller à la fac Charles n'était pas inquiet à propos de l'argent.
B) Charles a gagné tout l'argent pour payer ses frais universitaires.
C) Charles et ses colocataires achètent leur nourriture ensemble.
D) Charles mange mal à l'université.

Extra ! Corrige les phrases incorrectes.

14.14. Quel élève est le plus jeune ? (A)

A) Je viens de passer mes examens du Brevet – je suis en troisième.
B) Je suis en sixième.
C) Cette année j'entre au C.E.2, c'est le cours élémentaire de deuxième année.
D) Cette année je passerai mon bac, je suis en terminale.

Extra ! Traduis les quatre phrases.

14.15. Lis le dialogue entre trois amis au sujet des projets pour l'avenir. (A)

Didier : Je suis impatient de quitter le lycée et partir faire un tour du monde. Et toi, Lalana ?

Lalana : Moi j'ai hâte d'aller à la fac afin de pouvoir habiter avec mes amis au lieu de mes parents ! Qu'en penses-tu, Fleur ?

Fleur : J'ai l'intention de rester chez moi et trouver un stage d'apprentissage. Après ça je voudrais créer ma propre entreprise.

Selon le dialogue, quelle réponse aux questions suivantes n'est pas correcte ?

A) Qui veut habiter ailleurs ? Fleur
B) Qui va voyager ? Didier
C) Qui veut monter un business ? Fleur
D) Qui va aller à la fac ? Lalana

Extra ! En suivant le format de 'question-réponse' ci-dessus, écris trois phrases similaires au sujet de Didier, Fleur et Lalana.

Answers and Detailed Solutions

14.1. B

The phrase that is not associated with examinations in France is *permis de conduire*, which translates as 'driving licence'. *Le baccalauréat* is an exam taken by French students at the end of high school; it is equivalent to Class XII in India, A Levels in the UK and a high school diploma in the US. *Le brevet des collèges* is a qualification taken at the end of junior school (the end of *le troisième*) in France. Finally, *le bac blanc* is a mock examination (or practice run) for the *baccalauréat*.

14.2. C

The correct order of schooling in France is: *école maternelle* (preschool/nursery – age 2-6), *école primaire* (primary/junior school – age 6-11), *collège* (secondary/middle school – age 11-15), and *lycée* (sixth-form/high school - age 15-18).

14.3. C

The pair of phrases that contains synonyms rather than antonyms is *étudier* ⇔ *faire des études*, as both mean 'to study'. The other pairs contain phrases with opposite meanings. *Réussir un examen* translates as 'to pass an exam', while *rater un examen* means 'to fail an exam'. *Assister à un cours* means 'to attend a course/class', whereas *sauter un cours* translates as 'to miss/skip a course/class'. Finally, *terminer le lycée* and *commencer le lycée* are opposites because the former means 'to finish high school', while the latter means 'to start high school'.

14.4. D

The illogical phrase in this question is D, *je ne suis pas très doué à l'école. J'obtiendrai sans doute les meilleures notes dans ma classe*, because it translates as 'I am not very academic. Without doubt I will get the best grades in my class'. You would expect a more academic person to get the highest grades. The other options are more logical: *je me considère comme une personne très créative donc je voudrais être une artiste* (I consider myself to be a creative person therefore I would like to be an artist); *j'adore la technologie donc j'aimerais faire mes études dans un IUT* (I love technology therefore I would like to study in a University Institute of Technology); and, *la musique est ma passion ; je rêve d'étudier au conservatoire de Paris* (music is my passion; I dream of studying in the Paris conservatoire).

14.5. D

There are 12 verbs in the text. These are highlighted in **bold** in the following text with their English translations in brackets:

*L'année prochaine **j'étudierai** (I will study) l'informatique à la fac parce que **je veux** (I want) **travailler** (to work) dans le secteur technologique. Si **j'ai** (I have) de la chance, **je ferai** (I*

will do) *un stage après ma première année, mais tout **dépendra** (it will depend) de mes notes. Quelquefois **je pense** (I think) que les autres étudiants dans mon lycée **sont** (are) meilleurs que moi, mais **je sais** (I know) que **je peux** (I can) **réussir** (succeed) si **je fournis** (I make/do) de gros efforts.*

14.6. A

The statement that contains a disadvantage of going to university is A, *les frais d'inscription coûtent très chers* (the tuition fees are very expensive). The other statements provide advantages of going to university, these include: *il y a plein d'occasions pour se faire des amis* (there are opportunities to make friends); *on peut se spécialiser dans une matière qui nous intéresse* (we can specialise in a subject that interests us); and, *la vie universitaire nous donne plus de liberté* (university life gives us more freedom).

14.7. C

The person who does not want to continue studying after the *bac* is person C, who says *si je réussis mes examens, je ferai un stage dans une entreprise de maquillage* (if I pass my exams, I will do an apprenticeship at a make-up company). The other speakers express a desire to continue studying: *après le bac, j'obtiendrai ma licence d'anglais* (after the bac, I will get my English degree); *une fois le bac en poche, j'irai à la fac* (once I've got the bac, I will go to university); and, *mon rêve est d'étudier la physique ou les maths* (my dream is to study physics or maths).

14.8. A

The speaker who does not have a job is A, as they are looking for a job: *je cherche un poste qui me donne suffisamment de flexibilité pour pouvoir continuer mes études* (I am looking for a job that gives me the flexibility to continue studying). The other speakers mention a job that they are already doing: *il y a peu de débouchés mais heureusement j'ai trouvé un petit boulot dans le milieu artistique* (there are few jobs but fortunately I found a small job in the arts sector); *j'ai signé un contrat dans les médias – c'est super !* (I signed a contract [for a job] in the media – it is great!); and, *bien que je sois en terminale, j'ai aussi un emploi à mi-temps dans une petite entreprise* (although I am in my final year, I also have a part-time job in a small business).

14.9. D

The false statement about the text is D, *maintenant, Sandra se sent plus à l'aise pour parler et comprendre le chinois* (now, Sandra feels more at ease speaking and understanding Chinese), because Sandra says *je ne comprenais rien et j'ai perdu toute confiance en moi* (I did not understand anything and I lost all my confidence). The other statements about the text are true. *Sandra n'a pas beaucoup aimé son voyage scolaire*

(Sandra did not like her school trip) is mentioned when she says *la plupart de mes amis ont beaucoup aimé notre voyage scolaire en Chine. Malheureusement je n'ai pas partagé leur sentiment* (most of my friends enjoyed our school trip to China. Unfortunately, I did not share their sentiment). *Sandra va passer son examen de chinois* (Sandra is going to take an exam in Chinese) is also true because she comments that *notre lycée nous a donné l'occasion d'y aller pour pratiquer le chinois avant nos examens* (our high school gave us the opportunity to go there to practise Chinese before our exams). Finally, *pendant son séjour, Sandra a eu du mal à comprendre la langue* (during her trip, Sandra had difficulty understanding the language) is true because Sandra says *je ne comprenais rien* (I did not understand anything). Let's hope her next trip to China is better!

14.10. B

The two expressions that need to be swapped are *la seconde* and *le collège* so that the sentences read: *En France **le collège** est pour les enfants âgés de 11 à 15 ans* (In France 'le collège' is for children from 11 to 15 years old) and *la première année du lycée s'appelle **la seconde*** (the first year of high school is called 'la seconde'). The other two sentences can be translated as follows: *après le lycée, les jeunes peuvent aller à **l'université*** (after high school, young people can go to university) and *si tu as 6 ans, tu vas à **l'école primaire*** (if you are 6 years old, you go to primary school).

14.11. D

The sentence that does not contain the *futur antérieur* (future perfect) is D: *quand j'ai fini le concours des écoles supérieures, j'ai décidé de partir en vacances* (when I finished the exams for the 'écoles supérieurs', I decided to go on holiday). The *futur antérieur* is used to describe an action in the future that will be completed before another action, e.g. I **will have seen** the film when you visit). Often in English the present tense is used instead of the future perfect. The following three sentences contain the future perfect: *lorsque **j'aurai obtenu** mon bac, j'irai à l'université aux Etats-Unis* (once I get my 'bac', I will go to university in the United States); *quand **nous aurons fini** nos devoirs, nous pourrons nous détendre un peu* (when we have finished our homework, we will be able to relax a little); and, *aussitôt que **je serai arrivé** à la formation, j'oublierai toutes mes questions* (as soon as I arrive at the training, I will forget all my questions). As you can see from the above examples, the future perfect is conjugated by using the auxiliary (*avoir* or *être*) in the future tense followed by the past participle.

14.12. A

In this question there are two nouns that do not correspond to the verbs: the nominal form of *partir* (to leave) is *départ* (departure) rather than *une partie* (a part), while the nominal form of *consommer* (to consume) is *consommation* (consumption) rather than *consomment*, which is the third-person plural present form of the verb, e.g. *ils/elles consomment* (they

consume). The other examples are correct: *acheter* (to buy) ⇒ *un achat* (a purchase), *découvrir* (to discover) ⇒ *une découverte* (a discovery), *sortir* (to exit/go out) ⇒ *une sortie* (an exit/outing), *arriver* (to arrive) ⇒ *une arrivée* (an arrival), *décider* (to decide) ⇒ *une décision* (a decision), and, *réussir* (to succeed) ⇒ *une réussite* (a success).

14.13. C

The true statement regarding Charles' text is C: *Charles et ses colocataires achètent leur nouriture ensemble* (Charles and his housemates buy their food together). The first false statement is *avant d'aller à la fac Charles n'était pas inquiet à propos de l'argent* (before going to university Charles was not worried about money) because he says he was worried that university life would be too expensive (*j'avais peur que la vie universitaire soit trop chère*). *Charles a gagné tout l'argent pour payer ses frais universitaires* (Charles earned all the money to pay for his university fees) is not true as he received a bursary from the government (*j'ai reçu une bourse du gouvernement*). Finally, *Charles mange mal à l'université* (Charles eats badly at university) is not true because he says that he and his housemates have discovered dishes that are both delicious and healthy (*nous avons découvert des plats à la fois délicieux et sains*).

14.14. C

The youngest person is speaker C, who says, *cette année j'entre au C.E.2, c'est le cours élémentaire deuxième année* (this year I am going into C.E.2, it is the second level of elementary class). This person is therefore still in primary school (*école primaire/élémentaire*). The second youngest person is speaker B because they say *je suis en sixième*, which means that they are in the first year of middle school (*collège*). Next, there is speaker A who says *je viens de passer mes examens du Brevet – je suis en troisième* (I have just taken my 'Brevet' exams – I am in the last year of middle school). Finally, the oldest person is in the final year of high school: *cette année je passerai mon bac, je suis en terminale* (this year I will take the *bac*, I am in the final year).

14.15. A

The incorrect answer to a question is found in A, because the answer to the question *qui veut habiter ailleurs ?* (who wants to live elsewhere?) should be Lalana, not Fleur. Lalana says *j'ai hâte d'aller à la fac afin de pouvoir habiter avec mes amis au lieu de mes parents* (I cannot wait to go to university so that I can live with my friends instead of my parents). Therefore, Lalana is also the correct answer to the question *qui va aller à la fac ?* (who is going to university?). Didier is the correct answer to the question *qui va voyager ?* (who is going to travel?) as he says, *je suis impatient de quitter le lycée et partir faire un tour du monde* (I cannot wait to leave high school and go on a tour of the world). Finally, Fleur is the correct answer to the question *qui veut monter un business ?* (who wants to start a business?) because she says, *je voudrais créer ma propre entreprise* (I want to start my own business).

The difficulty rating for each question (Elementary [E], Intermediate [I] or Advanced [A]) can be found in parentheses next to each question.

15.1. Quelle description n'est pas liée au bon métier ? (E)

A) J'aide les enfants à apprendre et à se développer ⇔ Je suis institutrice

B) Je trouve et j'organise des vacances pour mes clients ⇔ Je suis agent de voyage

C) Je coupe les cheveux de mes clients ⇔ Je suis coiffeuse

D) J'écris des articles pour le journal ⇔ Je suis guide touristique

Extra ! Donne trois autres exemples de métiers accompagnés par leur description.

15.2. Quelle phrase n'est pas associée au processus de recherche d'emploi ? (E)

A) faire une demande
B) aller à un entretien
C) embaucher
D) se faire bronzer

Extra ! Utilise les mots de la liste ci-dessus pour créer quatre phrases.

15.3. Quel mot n'est pas associé à un travail de bureau ? (E)

A) une imprimante
B) la lessive
C) des dossiers
D) une agrafeuse

Extra ! Utilise les mots de la liste ci-dessus pour créer quatre phrases.

15.4. Quel métier n'est pas accompagné par la bonne description ? (E)

A) Je suis infirmière : je m'occupe des patients qui viennent d'être opérés.

B) Je suis serveuse : je travaille dans un restaurant japonais et je sers les tables.

C) Je suis policier : je répare les voitures.

D) Je suis jardinier : je fais du jardinage.

Extra ! Donne trois autres exemples similaires.

15.5. Le tableau ci-dessous décrit des métiers et leur lieux associés. (E)

L'emploi	Le lieu
un professeur	le collège
un acteur/une actrice	le théâtre
un/e secrétaire	l'hôpital
un/e pilote	l'avion
un/e médecin	le bureau
un avocat/une avocate	le tribunal
un prêtre	l'église

Quels deux lieux ne sont pas correctement associés aux métiers ?

A) le bureau & l'hôpital
B) un/e pilote & un professeur/une professeure
C) l'avion & le tribunal
D) un avocat/une avocate & le théâtre

Extra ! Donne trois autres exemples d'un emploi avec le lieu dans lequel il s'y passe.

15.6. Lis le texte d'un stagière. (I)

La semaine dernière j'ai fait un stage dans un restaurant grec près de chez moi et c'était un vrai cauchemar. Je devais arriver à six heures le matin et je ne pouvais pas partir avant six heures le soir. Certaines journées, je devais faire la vaisselle pendant cinq heures de suite, sans pause! Par dessus tout, le patron n'arrêtait pas de me critiquer.

Le stage était...

A) ...plus positif que négatif.
B) ...plus négatif que positif.
C) ...seulement positif.
D) ...seulement négatif.

Extra ! Traduis le texte.

15.7. Lis le texte de Vineeta. (I)

Le mois dernier ma cousine a été licenciée sans préavis et maintenant elle est au chômage. Elle ne sait pas quoi elle voudrait faire comme travail et elle n'a pas encore réussi à trouver un autre emploi.

Quelle phrase est correcte ?

A) Sa cousine a un bon travail.
B) Perdre son emploi n'était pas une surprise.
C) Maintenant elle n'a pas de travail.
D) Elle est certaine de ce qu'elle veut faire.

Extra ! Transforme les phrases incorrectes afin qu'elles deviennent correctes.

15.8. Lis le texte de Lisa au sujet de son travail idéal. (I)

Je cherche un travail où je peux travailler en équipe parce que je suis extravertie. De ce fait, l'environnement de travail dans lequel je pourrais m'épanouir serait sociable et accueillant. Quant au travail, je préférerais travailler dans le commerce avec des opportunités de voyager. Ce serait mon métier de rêve.

Quelle phrase ne correspond pas au travail idéal de Lisa ?

A) Une ambiance amicale
B) Un travail dans une entreprise
C) La possibilité de faire des voyages d'affaires
D) Travailler depuis chez elle

Extra ! Décrit ton travail idéal.

15.9. Lis le texte de Sylvie. (I)

Les personnes avec qui je travaille sont gentilles et dédiées donc mon travail me plaît. Toutefois, je dois travailler douze heures de suite, c'est beaucoup trop ! C'est un gros inconvénient car je suis constamment épuisée. En plus on ne reçoit pas assez de vacances.

Qu'est-ce que Sylvie ne mentionne pas dans le texte ?

A) Les heures de travail
B) Ses collègues
C) Ses projets pour l'avenir
D) Les congés

Extra ! Traduis le texte.

15.10. Trois amis parlent de métiers. (I)

Nisha : Je voudrais être vétérinaire parce que j'ai toujours aimé les animaux. Et toi, Anik ?

Anik : C'est pas mon truc – je préfère les êtres humains ! Mais moi j'aimerais devenir comptable parce que c'est bien payé et j'aime les maths. Et toi, Rose ?

Rose : Comme vous le savez, j'adore suivre les actualités, donc mon rêve est de devenir journaliste.

Quelle est la phrase incorrecte ?

A) Anik préfère les humains aux animaux.
B) Rose se tient au courant des actualités.
C) Dans le passé Nisha n'aimait pas les animaux.
D) Pour Anik, gagner un bon salaire est important.

Extra ! Écris trois nouvelles phrases au sujet du dialogue ci-dessus.

15.11. Quelle est la phrase logique ? (A)

A) Jean-Claude est maître-nageur parce qu'il aime la natation.
B) Rochelle a un travail à temps plein: elle travaille six heures par semaine.
C) Thierry aime rencontrer d'autres personnes donc il est écrivain chez lui.
D) Caroline est graphiste car elle déteste dessiner.

Extra ! Transforme les phrases illogiques afin qu'elles deviennent logiques.

15.12. Stéphanie s'exprime sur son petit boulot. (A)

J'ai un petit boulot au supermarché. J'y travaille chaque samedi de neuf heures à six heures le soir. D'habitude je travaille à la caisse; cela ne me dérange pas car j'aime parler avec les clients. Malgré les longues journées, le temps passe vite. Mon petit boulot est mal payé mais le supermarché est près de chez moi donc je peux y aller à pied. Je pense que c'est bénéfique pour les ados de trouver un travail car cela permet d'économiser un peu d'argent tout en apprenant les attentes du monde du travail.

Quelle phrase résume le texte de Stéphanie ?

A) Il y a quelques inconvénients, mais dans l'ensemble elle est contente au travail.
B) Elle pense qu'il faut être adulte avant de commencer à travailler.
C) Elle trouve que travailler au supermarché est le pire petit boulot.
D) Elle déteste son travail et elle a hâte de partir.

Extra ! Traduis le texte.

15.13. Lis le texte de Nathalie et complète ce texte à trous. (A)

Si j'avais le choix, je serais …(1)… car la musique est ma passion et le …(2)… serait très élevé. Je travaillerais à temps partiel pour pouvoir passer le reste de mon temps aux meilleures fêtes. J'ai l'impression que je serais une …(3)… chanteuse parce que je suis vraiment sociable et …(4)… . D'ailleurs, pour moi, dépenser l'argent est la chose la plus facile au …(5)… !

A) (1) chanteur, (2) argent, (3) bon, (4) timide, (5) univers
B) (1) chanteuse, (2) salaire, (3) bonne, (4) créative, (5) monde
C) (1) pompier, (2) éducation, (3) génial, (4) cool, (5) pays
D) (1) comptable, (2) sport, (3) formidable, (4) fidèle, (5) maison

Extra ! Complète ce texte à trous avec d'autres exemples.

15.14. Regarde ce curriculum vitae (CV). (A)

Nom : Emanuel BRUN
Date de Naissance : 15 mars 1997
Éducation : Diplôme de Licence en langues étrangères
Stage : Deux stages linguistiques en Chine
Compétences : Flexible, travaille bien en équipe, compétent en plusieurs langues
Ambitions : Travailler pour l'ONU
Langues : français, mandarin, bengali, anglais

Quel travail serait le plus approprié pour Emanuel ?

A) interprète
B) ingénieur
C) pharmacien
D) chef de cuisine

Extra ! Crée ton propre curriculum vitae.

15.15. Quelle phrase n'utilise pas correctement « dont » ? (A)

A) C'est le travail dont j'ai besoin.
B) Ils font le travail dont je voudrais faire.
C) Elle a lu le livre dont il est l'écrivain.
D) Je voudrais un emploi dont je peux être fière.

Extra ! Transforme la phrase incorrecte.

Answers and Detailed Solutions

15.1. D

J'écris des articles pour le journal translates as 'I write articles for the newspaper' and therefore should be *un journaliste* (a journalist) rather than *un guide touristique* (a tour guide). The other descriptions match the job they describe: *j'aide les enfants à apprendre et à se développer* (I help children to learn and develop) ⇔ *je suis institutrice* (I am a teacher); *je trouve et j'organise des vacances pour mes clients* (I find and organise holidays for my clients) ⇔ *je suis agent de voyage* (I am a travel agent); and, *je coupe les cheveux de mes clients* (I cut my clients' hair) ⇔ *je suis coiffeuse* (I am a hairdresser/barber).

15.2. D

The phrase that is not associated with the interview process in this question is *se faire bronzer*, because it means 'to get a tan'. The other phrases mean the following: *faire une demande* (to apply), *aller à un entretien* (to go to an interview), and *embaucher* (to hire).

15.3. B

The word that is not associated with a desk/office (*un bureau*) is *la lessive*, which means 'washing powder'. The other words are more likely to be found on a desk or in an office: *une imprimante* (a printer), *des dossiers* (files), and *une agrafeuse* (a stapler).

15.4. C

The description that does not match the job is *je répare les voitures* (I repair cars), which should be *mécanicien/mécanicienne* (a mechanic) rather than *policier* (a police officer). The other descriptions match the jobs that they describe: *je suis infirmière : je m'occupe des patients qui viennent d'être opérés* (I am a nurse: I look after patients who have just had operations); *je suis serveuse : je travaille dans un restaurant japonais et je sers les tables* (I am a waitress: I work in a Japanese restaurant and serve tables); and, *je suis jardinier: je fais du jardinage* (I am a gardener: I do the gardening).

15.5. A

The two words that need to swap are *le bureau* (the office) and *l'hôpital* (the hospital). The table should therefore look as follows:

L'emploi (job)	*Le lieu* (place)
un professeur (a teacher)	*le collège* (school)
un acteur/une actrice (an actor/actress)	*le théâtre* (theatre)
un/e secrétaire (a secretary)	**le bureau (office)**
un/e pilote (a pilot)	*l'avion* (plane)
un/une médecin (a doctor)	**l'hôpital (hospital)**
un avocat/une avocate (a lawyer)	*le tribunal* (court)
un prêtre (a priest)	*l'église* (church)

15.6. D

In the text the speaker describes a work experience placement. The description is entirely negative and so the correct answer is D. Firstly, the speaker describes the experience as *un vrai cauchemar* (a real nightmare). Secondly, they had to work very long hours: *je devais arriver à six heures le matin et je ne pouvais pas partir avant six heures le soir* (I had to arrive at 6am and I could not leave before 6pm). Finally, they had to wash up for five hours in a row without a break (*je devais faire la vaisselle pendant cinq heures de suite, sans pause*) and the boss did not stop criticising them (*le patron n'arrêtait pas de me critiquer*).

15.7. C

The true statement about Vineeta's cousin is C, *maintenant elle n'a pas de travail* (now she does not have a job), because Vineeta says *elle est au chômage* (she is unemployed). The other options are false. Firstly, *sa cousine a un bon travail* (her cousin has a good job) cannot be true because she is unemployed. Secondly, *perdre son emploi n'était pas une surprise* (losing her job was not a surprise) is false because Vineeta says that she was fired without any notice (*ma cousine a été licenciée sans préavis*). Finally, *elle est certaine de ce qu'elle veut faire* (she is certain of what she wants to do) is false because Vineeta says, *elle ne sait pas quoi elle voudrait faire comme travail* (she does not know what she would like to do as a job).

15.8. D

According to the text, Lisa is not looking to work from home (*travailler depuis chez elle*). We know this because she says *l'environnement de travail dans lequel je pourrais m'épanouir serait sociable et accueillant* (the working environment in which I could be happy would be social and welcoming). Therefore, she is looking for a friendly atmosphere (*une ambiance amicale*). She is also looking for opportunities for business trips (*la possibilité de faire des voyages d'affaires*) and a job in a business (*un travail dans une entreprise*) as she says *je préférerais travailler dans le commerce avec des opportunités de voyager* (I would prefer to work in a business with travel opportunities).

15.9. C

Sylvie does not mention her plans for the future (*ses projets pour l'avenir*) when she discusses work. However, she does mention her hours of work (*les heures de travail*) when she notes *je dois travailler douze heures de suite* (I have to work twelve hours in a row). She also mentions her colleagues: *les personnes avec qui je travaille sont gentilles et dédiées* (the people with whom I work are kind and dedicated). Finally, she mentions her holiday allowance (*les congés*) when she says, *on ne reçoit pas assez de vacances* (we do not receive enough annual leave).

15.10. C

According to the dialogue, the false statement is C, *dans le passé Nisha n'aimait pas les animaux* (in the past, Nisha did not like animals) as she says that she has always liked animals (*j'ai toujours aimé les animaux*). The other statements about the dialogue are true. Firstly, *Anik préfère les humains aux animaux* (Anik prefers humans to animals) is true because he replies to Nisha's comments by saying *c'est pas mon truc – je préfère les êtres humains* (it is not my thing – I prefer human beings). Secondly, *Rose se tient au courant des actualités* (Rose keeps up to date with the news) is true because she *says j'adore suivre les actualités* (I love to follow the news). Finally, the statement *pour Anik, gagner un bon salaire est important* (for Anik, a good salary is important) is true as he describes being an accountant as *bien payé* (well paid).

15.11. A

The only logical statement is A: *Jean-Claude est maître-nageur parce qu'il aime la natation* (Jean-Claude is a swimming instructor because he likes swimming). The other statements make less sense: *Rochelle a un travail à temps plein: elle travaille six heures par semaine* (Rochelle has a full-time job: she works 6 hours a week); *Thierry aime rencontrer d'autres personnes donc il est écrivain chez lui* (Thierry likes to meet other people therefore he is a writer at home); and, *Caroline est graphiste car elle déteste dessiner* (Caroline is a graphic designer because she hates drawing).

15.12. A

The phrase that best summarises Stéphanie's paragraph is A, *il y a quelques inconvénients, mais dans l'ensemble elle est contente au travail* (there are some disadvantages, but on the whole she is happy at work). The disadvantages that Stéphanie mentions are the long days (*les longues journées*) and that the job is badly paid (*mal payé*). However, she also mentions the advantages of working at the supermarket. Firstly, she likes talking with the customers (*j'aime parler avec les clients*). Secondly, the time passes quickly (*le temps passe vite*). Thirdly, the supermarket is close to her house, and so she can get there on foot (*le supermarché est près de chez moi donc je peux y aller à pied*). The other advantages include saving some money (*d'économiser un peu d'argent*) while learning new skills related to the world of work (*tout en apprenant les attentes du monde du travail*).

15.13. B

The most appropriate list of words to complete the text are in list B. The first gap needs to be filled by *chanteuse* (singer) because it is describing a job that Nathalie, a female, would like to do (so *chanteur* could not work) and works in the context as she says that music is her passion (*la musique est ma passion*). The second gap requires the word *salaire* (salary) as it is described as *élevé* (high), and this adjective would not work with the other options: *argent* (money), *éducation* (education) and *sport* (sport). The third gap requires *bonne* because the context requires a feminine adjective to describe *chanteuse*. The word *formidable* (great) could also be used here. As Nathalie is describing the traits of a good singer, the most appropriate word for the fourth gap is *créative* (creative), although *cool* (cool) and, to a lesser extent, *fidèle* (loyal) could also work. Finally, the fifth gap requires *monde* (world), as it needs to be masculine singular given that it is preceded by *au*. Although *pays* (country) would make grammatical sense, it does not fit with the context as Nathalie says, 'the easiest thing in the world' (*la chose la plus facile au monde*).

15.14. A

The most suitable job for Emanuel would be an interpreter (*interprète*) because he has done two linguistic internships in China (*deux stages linguistiques en Chine*), has a degree in foreign languages (*diplôme de Licence en langues étrangères*) and speaks four languages: *français* (French), *mandarin* (Mandarin), *bengali* (Bengali) and *anglais* (English).

15.15. B

The sentence that incorrectly uses *dont* is B, 'ils font le travail dont je voudrais faire'. Instead, this sentence should read: *ils font le travail que je voudrais faire* (they do the work that I would like to do). *Dont* is a relative pronoun, and could be translated as 'whose', 'of whom', or 'of which', depending on the context. It is used when the verb in the second clause of a sentence is followed by *de*. The other examples in the question correctly use *dont*. Firstly, *c'est le travail dont j'ai besoin* (it is the job of which I have need) uses *dont* because the verbal phrase *avoir besoin* (to need) is followed by *de*. Secondly, *elle a lu le livre dont il est l'écrivain* (she read the book of which he is the writer) uses *dont* due to the need for the possessive, e.g. *il est l'écrivain du livre* (he is the writer of the book). Finally, the sentence *je voudrais un emploi dont je peux être fière* (I would like a job of which I am proud) includes the verbal phrase *être fière de* (to be proud of).

The difficulty rating for each question (Elementary [E], Intermediate [I] or Advanced [A]) can be found in parentheses next to each question.

16.1. Quel mot n'est pas associé à la lecture ? (E)

A) un livre
B) un roman
C) un magasin
D) une B.D.

Extra ! Utilise les mots de la liste ci-dessus pour créer quatre phrases.

16.2. Regarde le tableau ci-dessous listant deux types de livres : les ouvrages de fiction et les ouvrages documentaires. (E)

Les ouvrages de fiction	Les ouvrages documentaires
les romans d'amour	les livres de cuisine
les polars	les B.D.
les romans fantastiques	les livres d'histoire
les livres de science-fiction	les manuels
les romans policiers	les autobiographies
les livres d'épouvante	les livres de science
les biographies	les livres de musique
les comptes de fée	les guides touristiques

A) les romans fantastiques & les guides touristiques
B) les polars & les livres d'histoire
C) les livres d'épouvante & les livres de cuisine
D) les biographies & les B.D.

Extra ! Écris une réponse à la question : Qu'aimes-tu lire ?

16.3. Quelle phrase exprime une opinion négative sur la lecture ? (E)

A) Lire stimule l'esprit.
B) Les livres semblent démodés.
C) La lecture étend notre vocabulaire.
D) Quand je lis, je me sens plus détendu.

Extra ! Réponds à la question : Aimes-tu lire ? Pourquoi/ Pourquoi pas ?

16.4. Quelle question n'est pas accompagnée par la bonne réponse ? (E)

A) Est-ce que tu t'es enfin inscrit à la bibliothèque ? Non, pas encore.
B) As-tu reçu ta nouvelle carte de lecteur ? Oui, je l'ai reçue.
C) Fais-tu partie d'un club de lecture ? Oui, je préférerais lire le soir plutôt que le matin.
D) Est-ce que les parents lisent avec leur fille ? Non, elle lit indépendamment.

Extra ! Donne trois autres exemples de questions-réponses au sujet de la lecture.

16.5. Quelle est la phrase qui n'a pas de sens ? (E)

A) Je vais à la bibliothèque afin d'emprunter un livre.
B) Je vais au musée afin de voir des vieux livres.
C) Je vais au cinéma pour regarder une pièce.
D) Je vais à la librairie afin d'acheter un livre.

Extra ! Transforme la phrase qui n'a pas de sens.

16.6. Quelle définition n'est pas correcte ? (I)

A) Les personnages : les gens introduits dans le roman
B) L'auteur : la personne qui lit le livre
C) L'histoire : les évènements du roman
D) Le dénouement : la fin d'une intrigue

Extra ! Donne trois autres exemples de mots associés à la lecture avec leurs définitions.

16.7. Quelle est la traduction correcte de la phrase suivante ? (I)

The story took place during the French revolution and is inspired by true events.

A) L'intrigue a lieu dans la révolution français et s'inspire des faits réels.
B) L'histoire a eu lieu pendant la révolution française et est inspirée de faits réels.
C) L'intrigue prend lieu en révolution française et est inspirée par des évènements vraies.
D) L'histoire avait lieu pendant la révolution français et s'inspire des faits vraies.

Extra ! Raconte ton histoire préférée.

16.8. Qui a envie de lire ? (I)

A) Je crois que la lecture nourrit l'âme et en vaut la peine.
B) Je ne lis que par obligation scolaire.
C) Mes parents me forcent à lire.
D) Je sais bien que la lecture est importante mais cela ne m'intéresse pas du tout.

Extra ! Traduis les quatre phrases.

16.9. Quelle phrase n'utilise pas le plus-que-parfait ? (I)

A) J'ai oublié que j'avais emprunté le livre donc j'ai dû payer une amende.
B) Lorsque je suis arrivé au restaurant, ils étaient en train de manger.
C) Avant les classes de littérature, je n'avais jamais lu les livres d'Albert Camus.
D) Si nous avions lu son premier roman, nous aurions compris les autres.

Extra ! Donne trois autres exemples du plus-que-parfait.

16.10. Dans ce paragraphe Luc raconte ce qu'il lisait quand il était petit. (I)

Lorsque j'étais petit, j'adorais lire les livres illustrés parce qu'ils m'aidaient à imaginer les mondes magiques et les histoires fantastiques. La lecture était une activité que je pouvais partager avec mes frères et nous lisions toujours des bandes dessinées – elles étaient à la fois amusantes et éducatives. Maintenant j'ai encore envie de lire puisque cela m'aide à m'évader du quotidien, cependant la lecture n'a pas la même magie que pendant mon enfance.

Quelle est la phrase correcte ?

A) Luc préférait les livres sans images.
B) Il lisait des bandes dessinées tout seul.
C) Maintenant lire lui permet de s'évader.
D) Luc préfère lire maintenant qu'il est plus grand.

Extra ! Traduis le texte.

16.11. Jacques donne son avis sur la lecture. (A)

Il va de soi que la lecture aide le cerveau mais pour moi c'est une perte de temps. Je trouve que c'est une activité à la fois ennuyeuse et exigeante. Pour moi, lire est très fatigant et laborieux. Souvent les mots se mélangent sur la page et finalement j'abandonne mes efforts.

Quels sont les synonymes des phrases ou mots suivants dans le texte ?

(1) inutile de dire
(2) ça ne sert à rien
(3) épuisant

A) (1) à la fois, (2) souvent, (3) laborieux
B) (1) il va de soi, (2) c'est une perte de temps, (3) fatigant
C) (1) par conséquent, (2) aide le cerveau, (3) ennuyeuse
D) (1) finalement, (2) j'abandonne mes efforts, (3) se mélangent

Extra ! Trouve les antonymes des expressions (1), (2) et (3).

16.12. Lis le texte de Keya au sujet de l'influence de la technologie sur la lecture. (A)

Sans doute, la technologie a complètement transformé la façon dont je lis. Avant je ne lisais pas beaucoup parce que je trouvais que les livres n'étaient pas accessibles et les bibliothèques m'intimidaient. Cependant maintenant j'adore lire sur ma tablette – c'est très pratique. En plus, j'aime lire les blogs de voyage sur mon portable, et je lis toujours les revues avant de commencer à lire un nouveau livre.

Quelle est la phrase incorrecte ?

A) Dans le passé, Keya lisait rarement.
B) Elle préfère lire un livre physique plutôt qu'un livre numérique.

C) Maintenant elle lit souvent des blogs et des revues.
D) Elle trouvait les bibliothèques menaçantes.

Extra ! Transforme la phrase incorrecte afin qu'elle devienne correcte.

16.13. Complète ce texte à trous. (A)

La lecture n'est pas aussi populaire qu'avant et de moins … (1)… moins de jeunes lisent. Aujourd'hui les jeunes …(2)… beaucoup trop de temps devant les …(3)… en lisant des tweets et en jouant aux jeux vidéo au lieu de lire les grands classiques. …(4)… disent que les écrans ont tué la joie de lire mais les jeunes s'en fichent de la lecture.

A) (1) en, (2) passent, (3) écrans, (4) Certains
B) (1) et, (2) passaient, (3) technologie, (4) Les personnes
C) (1) de, (2) passeront, (3) téléviseurs, (4) On
D) (1) à, (2) passe, (3) écrivain, (4) Les gens

Extra ! Traduis le texte.

16.14. Lis cette critique littéraire. (A)

La semaine dernière j'ai lu le nouveau polar de mon écrivain préféré et je n'ai pas été déçu. Son travail est toujours plein de suspense et j'aime beaucoup la caractérisation dans ses livres. L'histoire de son nouveau polar se déroule à Londres il y a vingt ans et tourne autour du meurtre d'un policier. L'intrigue était passionnante et m'a beaucoup fait réfléchir. Cela dit, pour être honnête, la fin était trop prévisible.

La critique est…

A) …seulement positive.
B) …seulement négative.
C) …plus positive que négative.
D) …plus négative que positive.

Extra ! Écris un paragraphe sur le dernier livre que tu as lu.

16.15. Les jeunes discutent des avis de leurs amis sur la lecture. (A)

Emma : Mes amis s'en fichent de la lecture.
Victoire : Mes potes ne lisent que des textos.
Nicolas : Mes amis considèrent que la lecture élargit leurs horizons.
Mehdi : Mes copains lisent seulement s'ils révisent pour un examen.

Qui a des amis ayant une attitude positive sur la lecture ?

A) Emma
B) Victoire
C) Nicolas
D) Mehdi

Extra ! Écris une réponse à la question : Quelles sont les opinions de tes amis sur la lecture ?

Answers and Detailed Solutions

16.1. C
The word that is not associated with reading in this question is *un magasin* (a shop), which is not to be confused with *un magazine* (a magazine). The reading-related words include: *un livre* (a book), *un roman* (a novel) and *une B.D.*, which stands for *une bande dessinée* (a comic strip).

16.2. D
The two types of book in the wrong category are: *les biographies* (biographies) and *les B.D.* (comic strips).

The following table is correct:

Les ouvrages de fiction (works of fiction)	Les ouvrages documentaires (works of non-fiction)
les romans d'amour (romance novels)	les livres de cuisine (cookery books)
les polars (detective novels)	**les biographies** (biographies)
les romans fantastiques (fantasy novels)	les livres d'histoire (history books)
les livres de science-fiction (science fiction books)	les manuels (manuals)
les romans policiers (crime novels)	les autobiographies (autobiographies)
les livres d'épouvante (horror books)	les livres de science (science books)
les B.D. (comic strips)	les livres de musique (music books)
les comptes de fée (fairy tales)	les guides touristiques (guide books)

16.3. B
The negative opinion expressed about reading in this question is B, *les livres semblent démodés* (books seem outdated). The other opinions are positive: *lire stimule l'esprit* (reading stimulates the mind), *la lecture étend notre vocabulaire* (reading extends our vocabulary), and *quand je lis, je me sens plus détendu* (when I read, I feel more relaxed).

16.4. C
The answer that does not match the question is C, because the question 'do you belong to a reading club?' (*fais-tu partie d'un club de lecture ?*) is answered with 'yes, I would prefer to read in the evening rather than in the morning' (*oui, je préférerais lire le soir plutôt que le matin*). The other question and answer combinations match: *est-ce que tu t'es enfin inscrit à la bibliothèque ? Non, pas encore* (did you get around to registering at the library? No, not yet) ; *as-tu reçu ta nouvelle carte de lecteur ? Oui, je l'ai reçue* (did you receive your new library card? Yes, I received it); and, *est-ce que les parents lisent avec leur fille ? Non, elle lit indépendamment* (are the parents reading with their daughter? No, she reads independently).

16.5. C
The statement *je vais au cinéma pour regarder une pièce* (I go to the cinema to watch a play) is illogical as we would expect the sentence to read as either *je vais au cinéma pour regarder un film* (I go to the cinema to watch a film) or *je vais au théâtre pour regarder une pièce* (I go to the theatre to watch a play). The other sentences make more sense: *je vais à la bibliothèque afin d'emprunter un livre* (I go to the library in order to borrow a book); *je vais au musée afin de voir des vieux livres* (I go to the museum in order to see old books); and, *je vais à la librairie afin d'acheter un livre* (I go to the book shop in order to buy a book).

16.6. B
The incorrect definition in this question is *la personne qui lit le livre* (the person who reads the book) for *l'auteur* (the author). Instead, this definition should go with *le lecteur* (the reader), while *la personne qui écrit le livre* (the person who writes the book) is *l'auteur* (the author). The other terms and definitions correspond with one another: *les personnages : les gens introduits dans le roman* (the characters: the people in a novel); *l'histoire : les évènements du roman* (the story: the events in a novel); and, *le dénouement : la fin d'une intrigue* (the conclusion: the end of the plot).

16.7. B
The most appropriate translation of the sentence 'the story took place during the French Revolution and is inspired by true events' is *l'histoire a eu lieu pendant la révolution française et est inspirée de faits réels*. Firstly, 'the story' is *l'histoire*, whereas 'the plot' is *l'intrigue*. Secondly, 'took place' is *a eu lieu*. Next, 'the French Revolution' is *la révolution française* – as *révolution* is feminine, the adjective ('French') needs to be feminine too. The verb *s'inspirer* is reflexive and is used in this translation to mean 'is inspired by'. Although *vrai* means 'true' and *évènements* are 'events', it is more idiomatic to translate 'true events' as *faits réels*.

16.8. A
The person who expresses a desire to read is speaker A, who says *je crois que la lecture nourrit l'âme et en vaut la peine* (I believe that reading nourishes the soul and is worth the trouble). The other speakers mention their reading habits, however, they read primarily out of obligation than for pleasure: *je ne lis que par obligation scolaire* (I only read out of obligation from school); *mes parents me forcent à lire* (my parents force me to read); and, *je sais bien que la lecture est importante mais cela ne m'intéresse pas du tout* (I know that reading is important but it does not interest me at all).

16.9. B

The sentence that does not use the pluperfect tense is B, *lorsque je suis arrivé au restaurant, ils étaient en train de manger* (when I arrived at the restaurant, they were eating). Using the phrase *être en train de* (to be in the process of) is a good alternative to using the gerund, e.g. *je suis en train de regarder la télé* (I am watching the TV). The other sentences use the pluperfect, which describes an action in the past that happened before another action, e.g. we **had returned** when it started to rain. In French, the pluperfect is formed by using the auxiliary verb (*avoir* or *être*) in the imperfect tense followed by the past participle. The following examples of the pluperfect tense have been translated into English: *j'ai oublié que j'avais emprunté le livre donc j'ai dû payer une amende* (I forgot that **I had borrowed** the book therefore I had to pay a fine); *avant les classes de littérature, je n'avais jamais lu les livres d'Albert Camus* (before the literature classes, I **had never read** Albert Camus' books); and, *si nous avions lu son premier roman, nous aurions compris les autres* (if **we had read** his/her first novel, we would have understood the rest). See questions 16.9. and 28.13., for further practice with the pluperfect tense.

16.10. C

The true statement regarding Luc's text is C, *maintenant lire lui permet de s'évader* (now reading allows him to escape). This is true because Luc says *cela m'aide à m'évader du quotidien* (it helps me to escape daily life). The other statements are false. Firstly, *Luc préférait les livres sans images* (Luc used to prefer books without images) is not true as he loved reading illustrated books (*j'adorais lire les livres illustrés*). Secondly, the statement *il lisait des bandes dessinées tout seul* (he used to read comics alone) is false as he used to read them with his brothers (*la lecture était une activité que je pouvais partager avec mes frères et nous lisions toujours des B.D*). Finally, *Luc préfère lire maintenant qu'il est plus grand* (Luc prefers to read now that he is older) is untrue as he says that reading does not have the same magic that it had during his childhood (*la lecture n'a pas la même magie que pendant mon enfance*).

16.11. B

The synonyms of the three phrases are found in list B. Firstly, both *inutile de dire* and *il va de soi* could be translated as 'needless to say' or 'it goes without saying'. Secondly, *ça ne sert à rien* could be translated in English as 'it is pointless', which is similar to *c'est une perte de temps* (it is a waste of time). Thirdly, *épuisant* means 'exhausting', which is similar to *fatigant* (tiring).

16.12. B

According to Keya's text, the false statement is B, *elle préfère lire un livre physique plutôt qu'un livre numérique* (she would rather read a physical book than an e-book) as she says that she loves reading on her tablet - it is very practical (*j'adore lire sur ma tablette – c'est très pratique*). The other statements about the dialogue are true. Firstly, *dans le passé, Keya lisait rarement* (in the past, Keya rarely read) is true because she says that before she did not read much (*avant je ne lisais pas beaucoup*). Secondly, *maintenant elle lit souvent des blogs et des revues* (now she often reads blogs and reviews) is also true because Keya says that she likes reading travel blogs on her mobile and that she always reads the reviews before she starts reading a new book (*j'aime lire les blogs de voyage sur mon portable, et je lis toujours les revues avant de commencer à lire un nouveau livre*). Finally, the statement *elle trouvait les bibliothèques menaçantes* (she found libraries intimidating) is true as she says *les bibliothèques m'intimidaient* (libraries intimidated me).

16.13. A

The most appropriate list of words to complete the text are in list A. The first gap needs to be filled by *en* so that the phrase reads *de moins en moins*, which can mean both 'less and less' and 'fewer and fewer'. The second gap requires the third-person plural of *passer* (to spend) in the present, which is *passent*. The third gap requires *écrans* (screens) because of the context (*devant les écrans* – in front of screens) and because a plural noun was needed, indicated by *les*. Finally, the most appropriate infinitive for the fourth gap is *certains*, which in this context means 'some people'. The sentence therefore reads 'some people say that screens have killed the joy of reading but young people do not care about reading' (*certains disent que les écrans ont tué la joie de lire mais les jeunes s'en fichent de la lecture*).

16.14. C

The book review is more positive than negative, as it includes mainly advantages of the book with just one disadvantage. The positive points include: I was not disappointed (*je n'ai pas été déçu*); the author's work is always full of suspense (*son travail est toujours plein de suspense*); I really like the characterisation (*j'aime beaucoup la caractérisation*); and, the plot was exciting and made me think a lot (*l'intrigue était passionnante et m'a beaucoup fait réfléchir*). The one disadvantage, however, is that the ending was too predictable (*la fin était trop prévisible*).

16.15. C

Nicolas' friends have the most positive attitudes towards reading as they believe that it broadens their horizons (*mes amis considèrent que la lecture élargit leurs horizons*). The other speakers' friends have less positive opinions about reading: *mes amis s'en fichent de la lecture* (my friends do not care about reading); *mes potes ne lisent que des textos* (my mates only read text messages); and, *mes copains lisent seulement s'ils révisent pour un examen* (my friends only read if they are revising for an exam).

The difficulty rating for each question (Elementary [E], Intermediate [I] or Advanced [A]) can be found in parentheses next to each question.

17.1. Quel mot n'est pas associé à la télévision ? (E)

A) les émissions
B) la télécommande
C) les chaînes
D) les courses

Extra ! Utilise les mots de la liste ci-dessus pour créer quatre phrases.

17.2. Quelle option n'est pas un journal français ? (E)

A) Le Monde
B) La Liberté
C) L'Equipe
D) Le Figaro

Extra ! Écris une réponse à la question : Aimes-tu lire le journal ?

17.3. Qui passe le plus de temps devant la télé ? (E)

A) Je ne regarde jamais les actualités parce qu'elles sont trop déprimantes et, en général, je regarde rarement la télévision.
B) Je suis devenu accro aux feuilletons ; je les regarde tous les soirs.
C) Je préfère lire un roman plutôt que de regarder la télé.
D) J'aime les jeux télévisés mais je ne les regarde que de temps en temps.

Extra ! Quelles sont les expressions du temps dans le texte ?

17.4. Regarde le tableau ci-dessous au sujet de la presse écrite et de la radio. (E)

La presse écrite	La radio
les lecteurs	les auditeurs
les gros titres	la station
à la une	un journal plein format
une revue	le présentateur
en direct	numérique
la couverture	les émissions
les images	l'indice d'écoute

Quels deux mots ou expressions devraient changer de colonne ?

A) en direct & un journal plein format
B) les gros titres & les auditeurs
C) une revue & numérique
D) les images et le présentateur

Extra ! Choisis trois mots dans le tableau et utilise-les dans une phrase.

17.5. Quelle phrase fait référence à un avantage de la télé ? (E)

A) Certaines émissions peuvent être trop violentes.
B) Les enfants grossissent à cause de la télévision.
C) On ne peut pas nier que les documentaires sont éducatifs.
D) La télé nous lave le cerveau.

Extra ! Donne trois autres avantages de la télé.

17.6. Quelle définition n'est pas correcte ? (I)

A) Un hebdomadaire – un journal qui est publié chaque jour
B) Le lectorat – le public qui lit une publication
C) Un mensuel – un journal qui est publié chaque mois
D) Un abonné – quelqu'un qui reçoit régulièrement une publication (journal, magazine, etc.) en échange des frais d'adhésion

Extra ! Donne une définition en français des expressions suivantes : les gros titres, les auditeurs, le marchand de journaux.

17.7. Complète la phrase à trou. (I)

De nos jours la publicité est ...... de plus en plus importante dans notre société.

A) devenu
B) devient
C) deviennent
D) devenue

Extra ! Écris un paragraphe en donnant ton avis pour ou contre la phrase ci-dessus.

17.8. Complète ce texte à trous. (I)

Comme des milliers d'...(1)... j'ai une passion pour ...(2)... des blogs. Ce que j'adore avec les blogs, c'est qu'ils sont très faciles à créer et que tout le monde peut les ...(3)... . Moi j'adore voyager donc j'écris souvent des blogs au sujet de mes ...(4)... à l'étranger.

A) (1) jeunes, (2) découvrir, (3) écouter, (4) auditeurs
B) (1) internautes, (2) écrire, (3) accéder, (4) aventures
C) (1) amis, (2) lire, (3) repasser, (4) désastres
D) (1) facteurs, (2) supprimer, (3) chercher, (4) jardinage

Extra ! Traduis le texte.

17.9. Lis la critique de film de Denis. (I)

La dernière fois que je suis allé au cinéma j'ai regardé un film de science-fiction. À vrai dire c'était vraiment décevant. J'ai trouvé que le film était trop commercial et ne correspondait pas bien à la bande-annonce. D'ailleurs, les effets spéciaux et les acteurs étaient irréalistes. La seule chose que j'ai appréciée a été le dénouement, parce que je ne m'y attendais pas du tout !

Quel aspect du film Denis a-t-il aimé ?

A) les effets spéciaux
B) les acteurs
C) la bande-annonce
D) la fin

Extra ! Décris le dernier film que tu as vu.

17.10. Quelle phrase décrit un inconvénient des réseaux sociaux ? (I)

A) Nous pouvons partager nos photos avec nos amis.
B) On peut rester en contact avec nos vieux amis.
C) Nous avons tendance à nous comparer avec les autres.
D) Ils vous permettent de vous tenir au courant des dernières informations et modes.

Extra ! Écris une réponse à la question : Que penses-tu des réseaux sociaux ?

17.11. Lis le texte au sujet du journal français *Le Parisien*. (A)

Lu par environ 200 000 personnes chaque jour, *Le Parisien* est un journal quotidien. Le journal est diffusé principalement dans la capitale française et s'intéresse aux actualités et aux évènements à Paris. En tant que journal régional, *Le Parisien* n'affiche pas de forte affiliation politique comparé à d'autres journaux nationaux. Cependant au moment de sa fondation en 1944, le journal était connu sous le nom de « journal de la résistance ».

Quelle information n'est pas mentionnée dans le texte ?

A) l'année de fondation
B) le lectorat
C) le prix
D) ses intérêts

Extra ! Écris un paragraphe sur un journal ou une émission.

17.12. Lis le texte dans lequel Ali donne son avis sur la télévision. (A)

En général, je pense que la télévision est nuisible. Elle entraîne une augmentation de l'obésité chez les jeunes ; il vaut mieux éteindre la télé et prendre l'air. En plus, j'ai toujours trouvé les dessins animés trop puérils et les jeux télévisés trop ennuyeux. Quoi qu'il en soit, je dois avouer que la télévision est utile pour se tenir informé de ce qui se passe dans le monde, ce qui est très important pour moi !

Quelle serait le meilleur genre d'émission pour Ali ?

A) les actualités
B) les dessins animés
C) les jeux télévisés
D) les émissions de télé-réalité

Extra ! Traduis le texte.

17.13. Quel titre d'article ne correspond pas à la rubrique ? (A)

A) Le sport – Les athlètes prêts à manifester contre les nouvelles règles !
B) L'éducation – Les écoles interdisent les portables !
C) La finance - La Bourse court le risque de s'effondrer encore une fois !
D) La politique – Un remède pour la maladie d'Alzheimer plus proche que jamais !

Extra ! Donne un autre exemple de titre d'article pour chaque rubrique.

17.14. Qui donne une opinion négative sur les médias ? (A)

A) Ceux qui disent que les médias nous contrôlent ont tort ; ils nous informent.
B) J'apprécie qu'aujourd'hui il y a une plus grande gamme de chaînes.
C) Le contenu des médias est vide de sens ; ce n'est rien qu'une publicité sans fin.
D) Les médias donnent une voix à ceux qui n'en ont pas ; ils sont donc très utiles.

Extra ! Traduis les quatre phrases.

17.15. Lis le texte au sujet de l'influence des médias. (A)

Il n'y a aucun doute sur le fait que les médias nous influencent mais les moyens d'interaction utilisés ont énormément changé cette dernière décennie. Par exemple, nous avons moins besoin de la télé et de la radio parce que nous utilisons nos ordinateurs pour tout. En plus, la presse écrite se sent énormément menacée par internet et malheureusement il y a de plus en plus de fake news.

Selon le texte, quelle est la phrase incorrecte ?

A) Les médias continuent d'avoir un effet sur nous, mais en utilisant des moyens différents.
B) Avoir une télévision est moins utile aujourd'hui.
C) La presse écrite est en danger à cause d'internet.
D) Les fausses informations n'existent pas dans les médias.

Extra ! Réponds à la question : Penses-tu que les médias ont une place importante dans la société ?

Answers and Detailed Solutions

17.1. D

The word that is not associated with television in this question is *les courses*, which can mean 'races' or in the singular, 'running'. The other words are directly associated with television: *les émissions* (programmes), *la télécommande* (TV remote), and *les chaînes* (channels).

17.2. B

The only newspaper that is not a mainstream national paper in France is *La Liberté*, although it sounds very similar to *Libération*, which is a mainstream national newspaper. *L'Equipe* is a national sports newspaper and *Le Monde* and *Le Figaro* are daily national papers.

17.3. B

The person who watches the most television is speaker B: *Je suis devenu accro aux feuilletons ; je les regarde tous les soirs* (I have become addicted to soaps; I watch them every evening). The person who watches the most TV after speaker B is speaker D: *J'aime les jeux télévisés mais je ne les regarde que de temps en temps* (I like TV game shows but I only watch them from time to time). Next, speaker A says, *Je ne regarde jamais les actualités parce qu'elles sont trop déprimantes et, en général, je regarde rarement la télévision* (I never watch the news because it is too depressing and, in general, I rarely watch TV). Finally, speaker C says, *Je préfère lire un roman plutôt que de regarder la télé* (I prefer to read a book than watch the TV).

17.4. A

The two words/expressions that need to be swapped are: *en direct* (live) and *un journal plein format* (broadsheet). The table should therefore read as follows:

La presse écrite (the written press)	La radio (the radio)
les lecteurs (readers)	*les auditeurs* (listeners)
les gros titres (headlines)	*la station* (station)
à la une (front page)	**en direct (live)**
une revue (magazine)	*le présentateur* (presenter)
un journal plein format (broadsheet newspaper)	*numérique* (digital)
la couverture (cover)	*les émissions* (programmes)
les images (images/ pictures)	*l'indice d'écoute* (ratings)

17.5. C

The sentence that outlines an advantage of television is C: *on ne peut pas nier que les documentaires sont éducatifs* (one cannot deny that documentaries are educational). The other sentences outline some disadvantages of TV, for example: *certaines émissions peuvent être trop violentes* (some programmes can be too violent); *les enfants grossissent à cause de la télévision* (children put on weight because of TV); and, *la télé nous lave le cerveau* (TV brainwashes us).

17.6. A

The term that does not match the definition in this question is *un hebdomadaire*, which means 'a weekly publication' and so does not correspond with the definition of 'a newspaper published every day' (*un journal qui est publié chaque jour*). To correct the definition, one could change the term to *un quotidien* (a daily) or the definition to *un journal qui est publié chaque semaine* (a newspaper published every week). The other definitions match their terms: *le lectorat – le public qui lit une publication* (the readership – the audience who reads a publication); *un mensuel – un journal qui est publié chaque mois* (a monthly – a newspaper that is published every month); and, *un abonné – quelqu'un qui reçoit régulièrement une publication (journal, magazine, etc.) en échange des frais d'adhésion* (a subscriber – someone who regularly receives a publication [a newspaper, a magazine, etc.] in exchange for subscription fees).

17.7. D

The gap should be filled by the word *devenue* (became), because the subject of the verb is *la publicité* (advertising), which is feminine. When a sentence uses *être* as its auxiliary verb the past participle must agree with the subject. In this case *devenu* becomes *devenue*. The sentence therefore reads, *de nos jours la publicité est devenue de plus en plus importante dans notre société* (these days advertising has become more and more important in our society).

17.8. B

The most appropriate list of words to complete the text are in list B. The first gap needs to be filled by a plural noun beginning with a vowel or h, because it is preceded by *milliers d'* (thousands of). Accordingly, the only two options are *internautes* (internet users) and *amis* (friends), and given the context *internautes* is the best fit. Many of the infinitives are potentially suitable for the second gap, however, *écrire* (to write) is the correct option because the speaker goes on to talk about creating a blog. The sentence therefore reads *j'ai une passion pour écrire des blogs* (I have a passion for writing blogs). The third gap requires *accéder* (to access) so that the sentence reads, *tout le monde peut les accéder* (everyone can access them). Finally, as the speaker is talking about writing travel blogs, the most logical answer to fill the gap is *aventures* (adventures). The sentence then reads, *j'adore voyager donc j'écris souvent des blogs au sujet de mes aventures à l'étranger* (I love travelling therefore I often write blogs about my adventures abroad).

17.9. D

According to Denis' film review, the aspect of the film that he enjoyed was the end (*la fin*) because he says *la seule chose que j'ai appréciée a été le dénouement, parce que je ne m'y attendais pas du tout* (the only thing that I liked was the conclusion because I did not expect it at all). He did not like much else about the film and consequently describes it as disappointing (*décevant*). For example, he says that the film was too commercial and did not match the trailer (*le film était trop commercial et ne correspondait pas bien à la bande-annonce*). He also says that the special effects and the actors were unrealistic (*les effets spéciaux et les acteurs étaient irréalistes*).

17.10. C

The sentence that describes a disadvantage of social networks is C, *nous avons tendance à nous comparer avec les autres* (we have a tendency to compare ourselves to others). The other sentences give some advantages of social networks: *nous pouvons partager nos photos avec nos amis* (we can share our photos with our friends); *on peut rester en contact avec nos vieux amis* (we can stay in touch with old friends); and, *ils vous permettent de vous tenir au courant des dernières informations et modes* (they let you stay up to date with the latest news and trends).

17.11. C

The information that is not mentioned in the text about the newspaper *Le Parisien* is the price (*le prix*). The other information is included. Firstly, the date it was founded (*l'année de fondation*) is mentioned when it says *sa fondation en 1944* (its formation in 1944). The readership of *Le Parisien* is also mentioned; the text says, *lu par environ 200 000 personnes chaque jour* (read by around 200,000 people every day). Finally, the newspaper's focus is mentioned when the text says it is interested in news and events in Paris (*s'intéresse aux actualités et aux évènements à Paris*).

17.12. A

The best type of television programme for Ali would be the news (*les actualités*) because he says *la télévision est utile pour se tenir informé de ce qui se passe dans le monde, ce qui est très important pour moi* (TV is useful for keeping you informed about what is happening in the world, which is very important to me). Ali would not like to watch cartoons because he says that they are childish (*j'ai toujours trouvé les dessins animés trop puérils*). Equally, he would not like watching *les jeux télévisés* (gameshows), as he finds them boring (*ennuyeux*).

17.13. D

The headline that does not match to the section of the newspaper is *un remède pour la maladie d'Alzheimer plus proche que jamais !* (a cure for Alzheimer's disease closer than ever!), which should not go in the politics (*la politique*) section of a newspaper, but rather in the medicine or health (*la santé*) sections. The other headlines seem to fit well in their given sections: *Le sport – Les athlètes prêts à manifester contre les nouvelles règles!* (Sport – Athletes ready to protest against the new rules!); *L'éducation – Les écoles interdisent les portables !* (Education – Schools ban mobile phones!); and, *La finance - La Bourse court le risque de s'effondrer encore une fois !* (Finance – The Stock Exchange runs the risk of collapsing again!).

17.14. C

The negative opinion about the media is C, *le contenu des médias est vide de sens – ce n'est rien qu'une publicité sans fin* (the content of the media is meaningless; it is nothing but endless advertising). The other opinions are more positive: *ceux qui disent que les médias nous contrôlent ont tort ; ils nous informent* (those who say that the media controls us are wrong; it informs us); *j'apprécie qu'aujourd'hui il y a une plus grande gamme de chaînes* (I appreciate that today there is a bigger range of channels); and, *les médias donnent une voix à ceux qui n'en ont pas ; ils sont donc très utiles* (the media gives a voice to those who do not have one; they are therefore very useful).

17.15. D

According to the text, the false sentence is D, *les fausses informations n'existent pas dans les médias* (false information does not exist in the media), as the text says that unfortunately there is more and more fake news (*malheureusement il y a de plus en plus de fake news*). Notice that in French the phrase 'fake news' is borrowed from English. The other three phrases are true. *Les médias continuent d'avoir un effet sur nous, mais en utilisant des moyens différents* (the media continues to have an effect on us, but using different ways) is true because the text says that the ways in which the media interacts with us have changed a lot (*ont énormément changé*). Secondly, the statement *avoir une télévision est moins utile aujourd'hui* (having a television is less useful today) is also true because the text argues that *nous avons moins besoin de la télé* (we have less need for TV). Finally, *la presse écrite est en danger à cause d'internet* (the written press is threatened because of the internet) is true because as the text says *la presse écrite se sent énormément menacée par internet* (the written press is threatened by the internet).

The difficulty rating for each question (Elementary [E], Intermediate [I] or Advanced [A]) can be found in parentheses next to each question.

18.1. Combien d'adjectifs sont présents dans la phrase ? (E)

On n'est jamais trop vieux pour essayer de nouvelles choses.

A) Un
B) Deux
C) Trois
D) Quatre

Extra ! Traduis la phrase.

18.2. Qui ne décrit pas un passe-temps préféré ? (E)

A) Je suis passionné de théâtre.
B) Voyager à l'étranger m'intéresse tellement.
C) Sortir avec mes amis me plaît beaucoup.
D) La mode n'est pas mon truc.

Extra ! Écris une réponse à la question : Qu'est-ce que tu aimes faire pendant ton temps libre ?

18.3. Quel cadeau achèterais-tu pour cette personne ? (E)

J'adore les romans de mon écrivain préféré ; il est Britannique et s'appelle C.S. Lewis.

A) des instruments
B) des livres
C) des vêtements
D) des gadgets technologiques

Extra ! Décris le dernier cadeau que tu as acheté.

18.4. Lis le texte de Laboni. (E)

J'ai hâte d'assister au spectacle du collège ce soir avec mes amis, surtout parce que ma sœur joue un rôle important. Elle sera formidable !

Quelle question n'est pas accompagnée par la bonne réponse ?

A) Où va Laboni ce soir ? Au collège.
B) De qui sera-t-elle accompagnée ? Sa sœur.
C) Qu'est-ce qu'elle va voir ? Un spectacle.
D) Pourquoi est-elle aussi enthousiaste ? Sa sœur va jouer dans le spectacle.

Extra ! Écris une réponse à la question : Que feras-tu ce soir ?

18.5. Quelle phrase ne fait pas référence à une tâche ménagère ? (E)

A) Je fais la fête.
B) Je fais la cuisine.
C) Je fais la vaisselle.
D) Je fais la lessive.

Extra ! Donne trois autres exemples de tâches ménagères.

18.6. Quelle conjugaison du verbe « peindre » n'est pas correcte ? (I)

A) Je peins
B) Elle peint
C) Nous peinons
D) Ils peignent

Extra ! Conjugue le verbe « peindre » au passé composé, à l'imparfait et au futur.

18.7. Lis et complète ce texte à trous. (I)

D'habitude je ne sors pas parce que je dois réviser pour mes examens. Hier soir ma …(1)… amie et moi sommes allées à un concert de musique pop. C'était son choix parce que normalement je n'aime pas trop ce …(2)… de musique mais je dois avouer que c'était formidable. Après le concert nous avons mangé dans …(3)… restaurant préféré et nous nous …(4)… des blagues pendant toute la soirée.

A) (1) meilleur, (2) genre, (3) notre, (4) racontions
B) (1) meilleure, (2) sorte, (3) nos, (4) avons raconté
C) (1) meilleure, (2) style, (3) notre, (4) sommes racontées
D) (1) meilleur, (2) type, (3) nos, (4) avions raconté

Extra ! Réponds à la question : Qu'est-ce que tu as fait hier soir ?

18.8. Quelle phrase n'est pas logique ? (I)

A) La musique est ma grande passion : je préférerais passer tout mon temps en silence.
B) Mon passe-temps favori est le jardinage parce que j'aime être dehors.
C) Ce peintre est une personne très créative.
D) L'architecte s'intéresse à la conception des bâtiments.

Extra ! Écris une réponse à la question : Aimes-tu la musique ?

18.9. Quelles phrases n'ont pas le même sens ? (I)

A) J'ai envie d'aller au cinéma ⇔ Je voudrais aller au cinéma
B) Ça te dit d'aller au musée ? ⇔ Tu veux aller au musée ?
C) Ce soir je suis libre ⇔ Ce soir je suis disponible
D) On va voir ce comédien ⇔ On va éviter ce comédien

Extra ! Conjugue trois des phrases ci-dessus au passé composé.

18.10. Lis le texte de Pierre et sa famille. (I)

Depuis que je suis tout petit, j'adore les jeux vidéo et je passe plus de temps en ligne qu'avec ma famille. Mon père dit que les jeux vidéo sont une vraie perte de temps mais il me laisse jouer si j'ai fini tous mes devoirs. Par contre mon frère préfère faire du sport ; il adore les sports d'équipe comme le hockey ou le cricket. Selon lui le sport est bon pour se relaxer, mais moi, je ne les supporte pas !

Selon le texte, quelle est la phrase correcte ?

A) Pierre a un nouvel intérêt pour les jeux vidéo.
B) Son père aussi adore les jeux vidéo.
C) Pierre doit faire ses devoirs avant de pouvoir jouer en ligne.
D) Son frère dit que faire du sport ne l'aide pas à se détendre.

Extra ! Traduis le texte.

18.11. Quelle phrase n'est pas un proverbe français ? (A)

A) Qui n'avance pas, recule.
B) Qui se ressemble, s'assemble.
C) Mieux vaut prévenir que guérir.
D) Mieux vaut faire une promenade ce soir.

Extra ! Donne trois autres exemples de proverbes français.

18.12. Quel genre de film aime la personne suivante ? (A)

Moi, je vais au cinéma pour voir quelque chose d'extraordinaire ou polémique. J'aime les films qui m'invitent à réfléchir, même après avoir quitté le cinéma.

A) les films qui font rire
B) les films qui inspirent
C) les films qui font penser
D) les films qui font peur

Extra ! Écris une réponse à la question : Quel genre de film aimes-tu ?

18.13. Quelle phrase ne contient pas de pronom démonstratif ? (A)

A) Ton numéro et celui de Jacques sont écrits dans le cahier.
B) Ceux qui ratent l'examen, ne rentreront pas.

C) Aimes-tu ces bottes ? Non, celles-ci sont meilleures.
D) Notre mère vient de rentrer du théâtre.

Extra ! Écris trois nouvelles phrases en utilisant un pronom démonstratif.

18.14. Quels sont les synonymes des mots suivants ? (A)

(1) se divertir
(2) célèbre
(3) volontiers
(4) mondial

A) (1) s'amuser, (2) bien connu, (3) avec plaisir, (4) international
B) (1) permettre, (2) inconnu, (3) pas vraiment, (4) du coin
C) (1) se doucher, (2) malade, (3) pas grand-chose, (4) lointain
D) (1) s'entendre, (2) libre, (3) au début, (4) proche

Extra ! Donne les antonymes de (1), (2), (3) et (4) ci-dessus.

18.15. Lis le texte de Sahil. (A)

Ce samedi je resterai à la maison toute la journée pour pouvoir suivre la finale du monde de Cricket : c'est l'Inde contre l'Australie ! Quand j'essaie d'en parler avec mon père il n'arrive même pas à s'exprimer tellement il est impatient ! Ce sera un moment sportif incroyable et j'espère bien que l'Inde va gagner.

Quelle est la phrase correcte ?

A) Il y a quatre verbes dans le paragraphe.
B) Il y a quatre adjectifs dans le paragraphe.
C) Il y a quatre adverbes dans le paragraphe.
D) Il y a quatre noms dans le paragraphe.

Extra ! Modifie les phrases incorrectes afin qu'elles deviennent correctes.

Answers and Detailed Solutions

18.1. B
There are two adjectives in the given sentence: *vieux* (old) and *nouvelles* (new). The sentence translates as 'we are never too old to try new things' (*on n'est jamais trop vieux pour essayer de nouvelles choses*).

18.2. D
The person in this question not describing a past-time that they like is speaker D, *la mode n'est pas mon truc* (fashion is not my thing). The other people describe hobbies that they like: *je suis passionné de théâtre* (I am passionate about the theatre); *voyager à l'étranger m'intéresse tellement* (travelling abroad interests me so much); and, *sortir avec mes amis me plaît beaucoup* (I really like going out with my friends).

18.3. B
The most appropriate gift for the person who says, 'I love the novels of my favourite author; he is British and is called C.S. Lewis' (*J'adore les romans de mon écrivain préféré ; il est Britannique et il s'appelle C.S. Lewis*), is books (*des livres*). *Des instruments* (instruments), *des vêtements* (clothes), and *des gadgets technologiques* (technological gadgets) would not be as appropriate.

18.4. B
The incorrect answer about Laboni's text is *sa sœur* (her sister) in response to the question *de qui sera-t-elle accompagnée ?* (with whom is she going?) because Laboni says that she is going to watch the show in school this evening with her friends (*assister au spectacle du collège ce soir avec mes amis*). The other answers are correct. Firstly, the question *où va Laboni ce soir ?* (where is Laboni going this evening?) should be answered with *au collège* (to school). Secondly, the question *qu'est-ce qu'elle va voir ?* (what is she going to see?) requires the answer *un spectacle* (a show). Thirdly, the question *pourquoi est-elle aussi enthousiaste ?* (why is she so enthusiastic?) is answered by the fact that her sister is acting in the show (*sa sœur va jouer dans le spectacle*); Laboni tells us that her sister is playing an important role (*ma sœur joue un rôle important*).

18.5. A
The phrase that is not related to doing household chores is A, *je fais la fête* (I am having a party). The other options refer to household tasks and all use the verb *faire* (to do): *je fais la cuisine* (I do the cooking); *je fais la vaisselle* (I do the dishes); and, *je fais la lessive* (I do the washing).

18.6. C
The incorrect conjugation of the verb *peindre* (to paint) is 'nous peinons', which should be *nous peignons* (we paint). In the present tense, the verb is conjugated as follows: *je peins, tu peins, il/elle/on peint, nous peignons, vous peignez, ils/elles peignent.*

18.7. C
The most appropriate list of words to complete the text are in list C. The first gap needs *meilleure* as the speaker is referring to a female friend (*amie*). The second gap requires a masculine noun, therefore the possible options would be *genre, style* and *type*. The third gap requires *notre* (our), so that the sentence reads 'after the concert we ate at our favourite restaurant' (*après le concert nous avons mangé dans notre restaurant préféré*). Finally, the most appropriate verb for the fourth gap is *sommes racontées*, because the verb is reflexive and therefore takes *être* as the auxiliary. The sentence reads: *nous nous sommes racontées des blagues pendant toute la soirée* (we told jokes all evening).

18.8. A
The sentence that is illogical is A, *la musique est ma grande passion : je préférerais passer tout mon temps en silence*, because if someone's passion is music, it is unlikely that they would prefer to spend all their time in silence. The other three sentences are more logical: *mon passe-temps favori est le jardinage parce que j'aime être dehors* (my favourite hobby is gardening because I love being outdoors); *ce peintre est une personne très créative* (this painter is a very creative person); and, *l'architecte s'intéresse à la conception des bâtiments* (the architect is interested in the design of buildings).

18.9. D
The two phrases that do not have similar meanings are: *on va voir ce comédien* (we are going to see this comedian) ⇔ *on va éviter ce comédien* (we are going to avoid this comedian). The other pairs have similar meanings, which translate as follows: *j'ai envie d'aller au cinéma* (I feel like going to the cinema) ⇔ *je voudrais aller au cinéma* (I would like to go to the cinema); *ça te dit d'aller au musée ?* (do you want to visit the museum?) ⇔ *tu veux aller au musée ?* (do you want to visit the museum?); and, *ce soir je suis libre* (this evening I am free) ⇔ *ce soir je suis disponible* (this evening I am available).

18.10. C
According to Pierre's text, the true statement is C, *Pierre doit faire ses devoirs avant de pouvoir jouer en ligne* (Pierre must do his homework before he can play online), as Pierre says that his father lets him play if he has finished all his homework (*il me laisse jouer si j'ai fini tous mes devoirs*). The other statements about the text are false. Firstly, *Pierre a un nouvel intérêt pour les jeux vidéo* (Pierre has a new interest in videogames) is not true because he says that he has loved videogames since he was very small (*depuis que je suis tout petit, j'adore les jeux vidéo*). Secondly, *son père aussi adore les jeux vidéo* (his dad

also loves videogames) is false because Pierre says *mon père dit que les jeux vidéo sont une vraie perte de temps* (my dad says that videogames are a real waste of time). Finally, the statement *son frère dit que faire du sport ne l'aide pas à se détendre* (his brother says that doing sport does not help him to relax) is untrue as when talking about his brother and sport, Pierre says, *le sport est bon pour se relaxer* (sport is good for relaxing).

18.11. D
The sentence that is not a French proverb is *mieux vaut faire une promenade ce soir*, which literally translates as 'it is better to go for a walk this evening'. The other sentences are proverbs, which translate idiomatically as follows: *qui n'avance pas, recule* (if you are not moving forwards, you are moving backwards); *qui se ressemble, s'assemble* (birds of a feather flock togther); and, *mieux vaut prévenir que guérir* (prevention is better than cure).

18.12. C
The speaker would prefer to watch films that make them think (*les films qui font penser*) because they say 'I go to the cinema to watch something extraordinary or controversial. I like films that make me reflect, even after having left the cinema' (*je vais au cinéma pour voir quelque chose d'extraordinaire ou polémique. J'aime les films qui m'invitent à réfléchir, même après avoir quitté le cinéma*). The other types of film may be less appealing to this speaker: *les films qui font rire* (films that make you laugh); *les films qui inspirent* (inspiring films); and, *les films qui font peur* (scary films).

18.13. D
The sentence that does not include a demonstrative pronoun is D, *notre mère vient de rentrer du théâtre* (our mum just got back from the theatre). Demonstrative pronouns emphasise the particular noun to which you are referring, e.g. this one, that one. The following sentences use demonstrative pronouns: *ton numéro et **celui** de Jacques sont écrits dans le cahier* (your number and **Jack's** are written in the notebook); ***ceux** qui ratent l'examen, ne rentreront pas* (**those** who fail the exam will not return); and, *aimes-tu ces bottes ? Non, **celles-ci** sont meilleures* (do you like these boots? No, **these ones** are better).

18.14. A
The synonyms are in list A. Firstly, *se divertir* has a similar meaning to *s'amuser* (to have fun). Secondly, *célèbre* means 'famous', which is similar to *bien connu* (well known). Thirdly, *volontiers* means 'voluntarily', and is used to agree to a question; in this sense, it is similar to *avec plaisir* (with pleasure). Fourthly, *mondial* means 'global', and so has a similar meaning to *international*.

18.15. B
The true statement about the given paragraph is B: *il y a quatre adjectifs dans le paragraphe* (there are four adjectives in the paragraph). The four adjectives are: *toute* (all), *impatient* (impatient), *sportif* (sporting), and *incroyable* (incredible). The other statements are false. There are more than three verbs in the text (*resterai, est, pouvoir, suivre, essaie, parler, arrive, s'exprimer, est, sera, espère, va, gagner*). There are three adverbs: *même* (even), *tellement* (so much), and *bien* (well). Finally, there are far more than three nouns, e.g. *samedi* (Saturday), *maison* (house), *journée* (day), *finale* (final), *cricket* (cricket), *Inde* (India), *Australie* (Australia) etc.

The difficulty rating for each question (Elementary [E], Intermediate [I] or Advanced [A]) can be found in parentheses next to each question.

19.1. Quelle personne est en bonne santé ? (E)

A) Je suis en pleine forme.
B) En ce moment je suis très stressé.
C) Je suis toujours fatigué.
D) Je ne mange ni fruits ni légumes.

Extra ! Écris une réponse à la question : Es-tu en bonne santé ?

19.2. Parmi les phrases suivantes, laquelle n'est pas bonne pour la santé ? (E)

A) Il faut manger moins de matières grasses.
B) Il est nécessaire de faire plus d'activités physiques.
C) On doit manger plus de sucreries.
D) On devrait suivre un régime plus équilibré.

Extra ! Donne trois autres exemples d'activités qui sont bonnes pour la santé.

19.3. Lis les problèmes médicaux et les conseils ci-dessous. Quelle paire n'est pas logique ? (E)

A) **Problème** : J'ai la grippe. **Conseil** : Tu dois rester au lit et boire beaucoup d'eau.
B) **Problème** : J'ai mal au ventre. **Conseil** : Tu dois prendre des analgésiques.
C) **Problème** : J'ai une douleur à la poitrine. **Conseil** : Tu dois aller voir le médecin tout de suite.
D) **Problème** : Je me suis cassé le bras. **Conseil** : Tu dois utiliser ton bras plus que d'habitude.

Extra! Propose deux autres problèmes de santé accompagnés de conseils.

19.4. Lis le texte sur la visite récente de Marie chez le médecin. (E)

La semaine dernière je suis allée chez le médecin parce que j'avais la grippe depuis trois semaines et je ne guérissais pas. Il m'a dit que j'avais une fièvre et que je devais prendre des médicaments tout de suite. Donc je suis allée à la pharmacie pour les acheter. Maintenant je me sens vraiment mieux.

Quelle question est suivie d'une réponse correcte ?

A) **Question** : Pourquoi Marie est-elle allée chez le médecin ? **Réponse** : Elle a un cancer.
B) **Question** : Depuis combien de temps était-elle malade ? **Réponse** : Trois mois.
C) **Question** : Selon le médecin, que doit-elle faire pour guérir ? **Réponse** : Prendre des médicaments.
D) **Question** : Où est-elle allée après sa visite chez le médecin ? **Réponse** : Chez le dentiste.

Extra ! Réécris les autres réponses afin qu'elles deviennent correctes.

19.5. Parmi les expressions soulignées **en gras**, lesquelles devrient échanger ? (E)

- Une vie très sédentaire peut causer **de l'obésité.**
- La pollution peut causer **du stress.**
- Trop de travail peut causer **des problèmes respiratoires.**
- L'incapacité de dormir peut s'appeler **l'insomnie.**

A) de l'obésité & l'insomnie
B) du stress & de l'obésité
C) des problèmes respiratoires & l'insomnie
D) du stress & des problèmes respiratoires

Extra ! Traduis les quatre phrases.

19.6. Quelle paire de phrases a le même sens ? (I)

A) Je ne veux pas gagner du poids ⇔ Je me couche trop tard.
B) Je garde la forme ⇔ Je suis en bonne santé.
C) Il n'utilise pas les écrans ⇔ Il passe beaucoup de temps devant la télé.
D) Elle évite le stress ⇔ Elle est souvent très stressée.

Extra ! Conjugue les verbes au futur.

19.7. Parmi les problèmes de santé de Pauline, quel est celui qui la dérange le plus ? (I)

Je m'appelle Pauline. J'ai un tas de problèmes de santé et franchement je ne me sens pas bien dans ma peau. Déjà, je mange trop de sucrerie, surtout pendant les moments de stress. Encore pire je bois de l'alcool trop souvent. Cependant, ce qui m'inquiète plus que tout, c'est que je n'arrive jamais à dormir.

A) Le manque de sommeil
B) La mauvaise alimentation
C) Le stress
D) Le manque de confiance en soi

Extra ! Écris un paragraphe sur ce que tu fais pour rester en forme.

19.8. Lis le texte de Tamanna. (I)

Pour rester en forme j'essaie d'avoir une alimentation variée pour faire le plein de vitamines, et je bois beaucoup d'eau parce que c'est riche en minéraux. Le seul problème c'est que je ne prends jamais l'escalier au boulot: nous sommes au dixième étage donc je prends toujours l'ascenseur ! Toutefois, je fais beaucoup d'activités physiques, y compris jouer au tennis et faire du kick-boxing à la salle de sport. À l'avenir pour garder la forme, je voudrais faire de l'escalade ou des sports extrêmes.

Quelle est la phrase incorrecte ?

- A) Pour Tamanna, il est important de boire beaucoup d'eau.
- B) Elle est une personne assez active.
- C) Elle ne prend jamais l'ascenseur.
- D) Elle a l'intention de s'essayer aux sports extrêmes.

Extra ! Traduis le texte.

19.9. Quelle phrase n'est pas un inconvénient du tabagisme ? (I)

- A) Le tabagisme cause des problèmes respiratoires.
- B) Fumer te détend.
- C) On peut devenir rapidement dépendant.
- D) L'odeur des cigarettes est répugnante.

Extra ! Écris une réponse à la question : Pourquoi est-ce que les gens fument ?

19.10. Quelle phrase ne contient pas de pronom possessif ? (I)

- A) Ton alimentation est très saine mais la mienne est vraiment malsaine !
- B) Nous avons pris leurs manteaux mais nous avons oublié les nôtres !
- C) Je garderai ses bonbons mais je te rendrai les tiens.
- D) Votre alimentation n'est pas bonne donc vous prenez du poids.

Extra ! Invente quatre phrases qui utilisent un pronom possessif.

19.11. Quelle est la phrase qui n'est pas logique ? (A)

- A) Si vous avez besoin de médicaments, vous devriez aller à la pharmacie.
- B) Si vous avez peur de la hauteur, vous passeriez une nuit blanche.
- C) Si vous êtes malade, vous devriez aller chez le médecin.
- D) Si vous avez une douleur à la poitrine, vous risquez d'avoir une crise cardiaque.

Extra ! Invente trois autres phrases qui utilisent « si ».

19.12. Combien de phrases apparaissent dans la mauvaise colonne ? (A)

Une vie saine	Une vie malsaine
se lever de bonne heure dormir trois heures par nuit marcher beaucoup respirer de l'air de bonne qualité	s'asseoir toute la journée ne pas bouger souvent boire beaucoup d'eau fumer

- A) Zéro
- B) Un
- C) Deux
- D) Trois

Extra ! Ajoute deux autres exemples dans chaque colonne.

19.13. Quelle est la seule phrase positive ? (A)

- A) Mon oncle est enfin guéri de sa grippe.
- B) Sa cousine a attrapé une maladie incurable.
- C) Ils ne suivront jamais un régime équilibré.
- D) Le facteur a eu une crise cardiaque hier soir.

Extra ! Traduis les phrases.

19.14. Lis le texte sur les avantages du sport. (A)

Selon moi il n'y a rien de plus important pour notre santé que le sport. Faire du sport nous permet de perdre du poids et c'est bon pour le bien-être mental. Moi, je me sens beaucoup plus libre et détendu quand je fais de l'exercice. En plus les sports d'équipe sont une bonne façon de se faire des nouveaux amis. Faire du sport n'est pas toujours facile mais c'est absolument impératif !

Quel avantage du sport n'est pas mentionné ?

- A) les effets physiques
- B) les effets économiques
- C) les effets psychologiques
- D) les effets sociaux

Extra ! Écris une réponse à la question : Penses-tu que le sport est important ?

19.15. Quelle phrase n'est pas la promesse de mener une vie plus saine à l'avenir ? (A)

- A) A partir du premier janvier j'essayerai de courir de longues distances.
- B) J'ai décidé de me coucher plus tôt.
- C) Désormais j'ai l'intention de dormir au moins huit heures par nuit.
- D) Pour mener une vie plus saine je ferai la grasse matinée tous les jours.

Extra ! Écris trois autres phrases indiquant ce que tu pourrais faire pour mener une vie plus saine.

Answers and Detailed Solutions

19.1. A

The healthiest person is speaker A, who says, *je suis en pleine forme* (I am in good shape). The other speakers demonstrate attributes that are less healthy: *en ce moment je suis très stressé* (at the moment I am very stressed); *je suis toujours fatigué* (I am always tired); and, *je ne mange ni fruits ni légumes* (I eat neither fruit nor vegetables).

19.2. C

The sentence that describes something that is unhealthy is C, *on doit manger plus de sucreries* (one must eat more sugary things). The other advice given is much more healthy: *il faut manger moins de matières grasses* (you must eat less fatty food); *il est nécessaire de faire plus d'activités physiques* (it is necessary to do more exercise); and, *on devrait suivre un régime plus équilibré* (one should follow a more balanced diet).

19.3. D

The unhelpful advice is D: *tu dois utiliser ton bras plus que d'habitude* (you must use your arm more than usual). Given that the problem was that the person had broken their arm (*je me suis cassé le bras*), it may not be a good idea to move it a lot! The other advice is more appropriate given the problems presented: **Problème** : *J'ai la grippe.* **Conseil** : *Tu dois rester au lit et boire beaucoup d'eau* (**Problem**: I have the flu. **Advice**: You must stay in bed and drink a lot of water); **Problème** : *J'ai mal au ventre.* **Conseil** : *Tu dois prendre des analgésiques* (**Problem**: I have a stomach ache. **Advice**: You must take painkillers); and, **Problème** : *J'ai une douleur à la poitrine.* **Conseil** : *Tu dois aller voir le médecin tout de suite* (**Problem**: I have chest pain. **Advice**: You must go to see the doctor straight away).

19.4. C

The correct question-answer pairing is C. The question posed, 'according to the doctor, what must she do to get better?' (*Selon le médecin, que doit-elle faire pour guérir ?*), is answered with *prendre des médicaments* (take medicine), which is consistent with the text: Marie says *il m'a dit que j'avais une fièvre et que je devais prendre des médicaments tout de suite* (he told me that I had a fever and that I had to take medication straight away). The other question-answer pairings are incorrect. Firstly, *pourquoi Marie est-elle allée chez le médecin ?* (why did Marie go to the doctor?) is not because she has cancer (*elle a un cancer*), but because she had the flu for three weeks and was not getting any better (*j'avais la grippe depuis trois semaines et je ne guérissais pas*). Therefore, the question *depuis combien de temps était-elle malade ?* (how long had she been ill?) should not be answered with *trois mois* (three months) but *trois semaines* (three weeks). Finally, the question *où est-elle allée après sa visite chez le médecin ?* (Where did she go after the doctor's?) needs to be answered with *la pharmacie* (the pharmacy) rather than *chez le dentiste* (to the dentist's).

19.5. D

The two expressions that need to be swapped are *du stress* (stress) and *des problèmes respiratoires* (breathing problems). As such, the sentences should read: *trop de travail peut causer du stress* (too much work can cause stress) and *la pollution peut causer des problèmes respiratoires* (pollution can cause breathing problems). The other sentences can stay as they are: *une vie très sédentaire peut causer de l'obésité* (a sedentary life can cause obesity) and *l'incapacité de dormir peut s'appeler l'insomnie* (the inability to sleep can be called insomnia).

19.6. B

The sentences with similar meanings are in option B: *je garde la forme* and *je suis en bonne santé* both translate as 'I keep in shape'. The other pairs contain sentences with very different meanings: *je ne veux pas gagner du poids* (I do not want to gain weight) ⇔ *je me couche trop tard* (I go to bed too late); *il n'utilise pas les écrans* (he does not use screens) ⇔ *il passe beaucoup de temps devant la télé* (he spends a lot of time in front of the television); and, *elle évite le stress* (she avoids stress) ⇔ *elle est souvent très stressée* (she is often very stressed).

19.7. A

According to Pauline, the most serious health issue in her life is the lack of sleep (*le manque de sommeil*) as she says 'what worries me the most is that I can never sleep' (*ce qui m'inquiète plus que tout, c'est que je n'arrive jamais à dormir*). Other health issues include her poor diet (*la mauvaise alimentation*) as she says 'I eat too many sugary things, particularly in stressful times' (*je mange trop de sucrerie, surtout pendant les moments de stress*). She also mentions a lack of self-confidence (*le manque de confiance en soi*) when she says, 'I do not feel comfortable in my own skin' (*je ne me sens pas bien dans ma peau*).

19.8. C

The false statement about Tamanna's text is C, *elle ne prend jamais l'ascenseur* (she never takes the lift), as she says that she never uses the stairs and always takes the lift because her office is on the 10th floor (*je ne prends jamais l'escalier au boulot: nous sommes au dixième étage donc je prends toujours l'ascenseur*). The other statements about the text are true. Firstly, *pour Tamanna, il est important de boire beaucoup d'eau* (for Tamanna, it is important to drink a lot of water) is true as she says *je bois beaucoup d'eau* (I drink a lot of water). Secondly, *elle est une personne assez active* (she is an active person) is correct as she lists the many activities that she does (*je fais beaucoup d'activités physiques, y compris jouer au tennis et faire du kick-boxing à la salle de sport*). Thirdly, *elle a l'intention de s'essayer aux sports extrêmes* (she intends to try some extreme sports) is true as she says, 'I would like to go climbing or do some extreme sports' (*je voudrais faire de l'escalade ou des sports extrêmes*).

19.9. B

The only sentence that is not a disadvantage of smoking is B, *fumer te détend* (smoking relaxes you). The other sentences express some of the downsides of smoking, these include: *le tabagisme cause des problèmes respiratoires* (smoking causes breathing problems); *on peut devenir rapidement dépendant* (one can quickly become addicted); and, *l'odeur des cigarettes est répugnante* (the smell of cigarettes is disgusting).

19.10. D

The sentence that does not include a possessive pronoun is D, *votre alimentation n'est pas bonne donc vous prenez du poids* (your diet is not good therefore you are gaining weight). Here, the possessive adjective (*votre* – 'your') is used, rather than the possessive pronoun (*le votre* – 'yours'). Possessive pronouns replace the noun that would have used a possessive adjective, e.g. our train = **ours**. The following sentences contain possessive pronouns: *ton alimentation est très saine mais **la mienne** est vraiment malsaine !* (your diet is very healthy but **mine** is very unhealthy); *nous avons pris leurs manteaux mais nous avons oublié **les nôtres** !* (we took their coats but we forgot **ours**); and, *je garderai ses bonbons mais je te rendrai **les tiens*** (I will keep his sweets but I will give you **yours**). See question 26.9., for further practice with possessive pronouns.

19.11. B

The two clauses that do not make sense together are *si vous avez peur de la hauteur, vous passeriez une nuit blanche* (if you had a fear of heights, you would have a sleepless night). The other options are more logical: *si vous avez besoin de médicaments, vous devriez aller à la pharmacie* (if you needed medicine, you should go to the pharmacy); *si vous êtes malade, vous devriez aller chez le médecin* (if you were ill, you should go to the doctor's); and, *si vous avez une douleur à la poitrine, vous risquez d'avoir une crise cardiaque* (if you had chest pain, you are at risk of a heart attack).

19.12. C

There are two phrases that are not in the correct columns: *boire beaucoup d'eau* (drink lots of water), which should go in *La vie saine* (healthy life) and *dormir trois heures par nuit* (sleep three hours a night), which should go in *La vie malsaine* (unhealthy life). The table should look as follows:

Une vie saine (healthy life)	Une vie malsaine (unhealthy life)
se lever de bonne heure (get up at a good time) **boire beaucoup d'eau** (drink lots of water) marcher beaucoup (walk a lot) respirer de l'air de bonne qualité (breathe good quality air)	s'asseoir toute la journée (sit down all day) ne pas bouger souvent (not move very often) **dormir trois heures par nuit** (sleep three hours a night) fumer (smoke)

19.13. A

The only positive sentence in this question is A, *mon oncle est enfin guéri de sa grippe* (my uncle has finally recovered from the flu). The other sentences contain more negative content: *sa cousine a attrapé une maladie incurable* (his/her cousin caught an incurable disease); *ils ne suivront jamais un régime équilibré* (they do not follow a healthy diet); and, *le facteur a eu une crise cardiaque hier soir* (the postman had a heart attack last night).

19.14. B

The economic advantages of sport are not mentioned in the text. The physical effects (*les effets physiques*) are mentioned when the speaker says 'doing sport allows us to lose weight' (*faire du sport nous permet de perdre du poids*). The psychological effects (*les effets psychologiques*) are also considered when the speaker notes that 'it is good for mental well-being' (*c'est bon pour le bien-être mental*). Finally, the social effects (*les effets sociaux*) are highlighted in the text: *les sports d'équipe sont une bonne façon de se faire des nouveaux amis* (team sports are a good way to make new friends).

19.15. D

The person who has not made a sensible resolution for the future is speaker D: *pour mener une vie plus saine je ferai la grasse matinée tous les jours* (to lead a healthier life I will have a lie-in every day). Although this sounds nice, it may not lead to a healthier lifestyle! The other resolutions are more sensible: *à partir du premier janvier j'essayerai de courir de longues distances* (from the 1st January I will try to run long distances); *j'ai décidé de me coucher plus tôt* (I decided to go to bed earlier); and, *désormais j'ai l'intention de dormir au moins huit heures par nuit* (from now on I intend to sleep at least 8 hours a night).

The difficulty rating for each question (Elementary [E], Intermediate [I] or Advanced [A]) can be found in parentheses next to each question.

20.1. Quel mot ou expression n'est pas un problème environnemental ? (E)

A) le réchauffement climatique
B) l'énergie renouvelable
C) le déboisement
D) la pollution de l'eau

Extra ! Explique les trois problèmes environnementaux dans trois phrases séparées.

20.2. Quelle paire de mots a le même sens ? (E)

A) protéger ⇔ défendre
B) gaspiller ⇔ recycler
C) nettoyer ⇔ salir
D) réduire ⇔ augmenter

Extra ! Donne trois autres paires de mots antonymes sur l'environnement.

20.3. Lis le texte de Sameera. (E)

Malheureusement il y a de nombreux problèmes environnementaux dans ma ville. D'abord, il y a trop de pollution à cause de la circulation et des usines. Tout le monde utilise trop d'électricité et gaspille l'eau. D'ailleurs il n'y a aucun système de recyclage donc il y a énormément de déchets.

Selon Sameera, quelle est la phrase correcte ?

A) Il y a très peu de problèmes environnementaux dans la ville de Sameera.
B) Les véhicules et les usines polluent l'atmosphère.
C) Peu d'habitants gaspillent les ressources.
D) On peut facilement recycler dans sa ville.

Extra ! Corrige les phrases fausses.

20.4. Quelle solution ne cible pas le problème des déchets ? (E)

A) Augmenter le nombre de poubelles et de centres de recyclage.
B) Donner des amendes à ceux qui jettent des détritus par terre.
C) Créer un système efficace de recyclage.
D) Ajouter des voies cyclistes sur chaque rue.

Extra ! Écris une réponse à la question : Recycles-tu beaucoup ?

20.5. Regarde le tableau ci-dessous dans lequel des problèmes environnementaux sont accompagnés de solutions. (E)

Problème	Solution
On consomme trop	Il faut recycler autant que possible
Les voitures polluent l'atmosphère	On doit planter plus d'arbres
On gaspille l'électricité	Il vaut mieux utiliser des ampoules écologiques
On utilise trop de gaz à effet de serre	Il faut utiliser des énergies renouvelables
La déforestation s'empire	On doit développer les transports en commun
On gaspille beaucoup de nourriture	Nous devrions cultiver nos propres légumes

Quelles sont les deux solutions qui doivent changer de place ?

A) On doit planter plus d'arbres & On doit developper les transports en commun
B) Il faut recycler autant que possible & Nous devrions cultiver nos propres légumes
C) Il faut utiliser des énergies renouvelables & Il faut recycler autant que possible
D) On doit developper les transports en commun & Il vaut mieux utiliser des ampoules écologiques

Extra ! Ajoute deux autres exemples pour chaque colonne.

20.6. Quelle phrase n'utilise pas le subjonctif ? (I)

A) On doit changer d'habitudes afin qu'on puisse protéger la planète.
B) Je n'utilise que les produits écologiques parce qu'ils sont meilleurs pour l'environnement.
C) Il faut qu'on diminue la pollution qu'on produit.
D) Je veux qu'ils fassent plus pour aider l'environnement.

Extra ! Invente trois autres phrases au sujet de l'environnement en utilisant le subjonctif.

20.7. Complète ce texte à trous. (I)

Dans ma ville on a beaucoup de problèmes environnementaux. Tout d'abord, l'air est …(1)… puisqu'il y a des chantiers partout. Par ailleurs, les transports en commun ne sont pas …(2)… donc …(3)… ne les utilisent pas. En plus il y a trop de voitures et on reste dans les …(4)… pendant des heures.

A) (1) irrespirable, (2) fiables, (3) les habitants, (4) embouteillages
B) (1) sain, (2) efficaces, (3) tout le monde, (4) moyen
C) (1) délicat, (2) fidèle, (3) tous le monde, (4) fermes
D) (1) lourde, (2) utile, (3) gens, (4) circulation

Extra ! Complète ce texte à trous avec tes propres mots.

20.8. Lis le texte au sujet de l'environnement. (I)

Nos problèmes environnementaux continueront de s'empirer à moins que nous changions notre comportement. Il faut que les individus et les sociétés soient beaucoup plus responsables. S'il y avait plus d'informations dans les médias, les citoyens seraient plus au courant des solutions pour améliorer la situation. Selon les experts, le plus grand défi environnemental qui nous attend est le réchauffement climatique car cela peut causer des inondations, des dérèglements climatiques extrêmes et la disparation de plusieurs espèces. Nous devons sauver notre planète !

Selon le texte, quelle est la phrase correcte ?

A) Ce n'est pas notre comportement mais nos paroles qui doivent changer.
B) Nous avons trop d'informations en ce qui concerne l'environnement.
C) La croissance urbaine est la menace la plus importante pour notre planète.
D) L'une des conséquences du réchauffement de la planète est l'extinction de nombreux animaux.

Extra ! Corrige les phrases fausses.

20.9. Pour aider l'environnement, qu'est-ce qu'on ne devrait pas faire ? (I)

A) On devrait utiliser les transports en commun.
B) On devrait prendre la voiture.
C) On devrait se déplacer à pied.
D) On devrait protéger les espaces verts.

Extra ! Donne trois exemples de ce qu'on devrait faire pour protéger l'environnement.

20.10. Qui aide l'environnement ? (I)

A) Je ne trouve jamais le temps pour recycler.
B) Planter des arbres est une perte d'énergie.
C) Chez moi nous ne trions pas les déchets.
D) D'habitude j'achète des produits bio.

Extra ! Écris une réponse à la question : Qu'est-ce que tu fais pour aider l'environnement ?

20.11. Quelle est la phrase illogique ? (A)

A) Si on avait plus de voitures électriques, la ville serait moins polluée.
B) Si les gens avaient plus de respect pour l'environnement, ils arrêteraient de gaspiller autant d'essence.
C) S'il y avait plus d'usines dans ma région, l'air serait plus propre.
D) S'il y avait plus de pistes cyclables, il y aurait moins d'embouteillages.

Extra ! Modifie la phrase illogique afin qu'elle devienne logique.

20.12. Lis le dialogue entre trois amis qui parlent de l'environnement. (A)

Léon : Je suis membre d'une association locale de protection de l'environnement. Chaque semaine nous ramassons les déchets trouvés dans les rues et les parcs près de chez nous. En plus, récemment nous sommes allés à une manifestation nationale contre la pollution. Et vous, qu'est-ce que vous faites pour aider l'environnement ?

Rohan : Moi, je réutilise mes sacs en plastique et je me déplace soit à pied soit en transport en commun. Et toi, Raphael ?

Raphael : Je vérifie toujours que j'ai bien fermé le robinet quand je sors de la salle de bain, mais je sais que je ne fais pas assez.

Quelle est la phrase incorrecte ?

A) Léon fait plus pour protéger l'environnement que Raphael.
B) Rohan n'utilise pas les transports en commun.
C) Léon a manifesté contre les problèmes environnementaux.
D) Raphael admet ne pas faire assez pour protéger l'environnement.

Extra ! Écris trois nouvelles phrases correctes sur le dialogue.

20.13. Quelle est la traduction correcte de la phrase suivante ? (A)

When we recycle, we sort the rubbish into different bins, and we separate the cardboard, glass and plastic.

A) Quand nous recyclons, nous mettons les déchets dans des différentes poubelles, et nous séparons le verre, le carton et le plastique.
B) Lorsque nous avons recyclé, nous trions les ordures dans les boîtes différentes, en séparant le carton, le verre et le plastique.
C) Quand nous recyclons, nous trions les déchets dans des poubelles différentes, et nous séparons le carton, le verre et le plastique.
D) Lorsque nous faisons du recyclage, nous décidons toujours que le carton, le verre et la plastique doivent aller dans les boîtes différentes.

Extra ! Explique pourquoi les autres traductions ne sont pas correctes.

20.14. Qui n'a pas peur des conséquences du dérèglement climatique ? (A)

A) De nombreux problèmes environnementaux m'inquiètent, surtout le trou dans la couche d'ozone.
B) Il est possible que le réchauffement de la planète ne soit pas aussi mauvais que nous ayons pensé.
C) Les conséquences de la pollution de l'air pour notre santé me font du souci.
D) La mauvaise gestion des déchets est une grande préoccupation pour ma génération.

Extra ! Traduis les phrases.

20.15. Lis le texte de Deeba. (A)

La protection de la planète nous concerne tous et nous tenons l'avenir de l'humanité entre nos mains. Personnellement, je fais des petits gestes pour aider. Par exemple, j'économise de l'eau en prenant des douches plutôt que des bains. Aussi je n'achète pas de produits avec beaucoup d'emballage et je porte un autre pull quand j'ai froid, au lieu d'utiliser le chauffage central.

Quel aspect de la vie de Deeba n'est pas mentionné ?

A) quand elle se lave
B) quand elle fait les courses
C) quand elle a froid
D) quand elle va au lycée

Extra ! Conjugue le texte de Deeba au conditionnel.

Answers and Detailed Solutions

20.1. B

The expression that is not an environmental problem is *l'énergie renouvelable*, which means 'renewable energy'. The environmental problems outlined include: *le réchauffement climatique* (global warming), *le déboisement* (deforestation), and *la pollution de l'eau* (water pollution).

20.2. A

The pair of words that are not opposites are *protéger* (to protect) and *défendre* (to defend), which have similar meanings. The other pairs are opposites: *gaspiller* (to waste) and *recycler* (to recycle); *nettoyer* (to clean) and *salir* (to make dirty); and, *réduire* (to reduce) and *augmenter* (to increase).

20.3. B

The true statement according to Sameera's text is B, *les véhicules et les usines polluent l'atmosphère* (vehicles and factories pollute the atmosphere), because Sameera notes that there is too much pollution due to the traffic and factories (*il y a trop de pollution à cause de la circulation et des usines*). The other statements are false. Firstly, *il y a très peu de problèmes environnementaux dans la ville de Sameera* (there are very few environmental problems in Sameera's town) is not true because Sameera comments that there are numerous environmental problems in her town (*il y a de nombreux problèmes environnementaux dans ma ville*). Secondly, *peu d'habitants gaspillent les ressources* (few residents waste the resources) is also incorrect because she says that all of them do (*Tout le monde utilise trop d'électricité et gaspille l'eau*). Finally, *on peut facilement recycler dans sa ville* (one can easily recycle in her town) is false because Sameera comments that there is no recycling system (*il n'y a aucun système de recyclage*).

20.4. D

The solution that does not relate to the problem of waste disposal is D, *ajouter des voies cyclistes sur chaque rue* (add cycle lanes to every road). The solutions suggested to improve the problem of waste disposal include: *augmenter le nombre de poubelles et de centres de recyclage* (to increase the number of bins and recycling centres); *donner des amendes à ceux qui jettent des détritus par terre* (give fines to those who throw rubbish on the ground); and, *créer un système efficace de recyclage* (create an effective recycling system).

20.5. A

The two solutions that need to be swapped are *on doit planter plus d'arbres* (we must plant more trees) and *on doit developper les transports en commun* (we must develop public transport). The correct version of the table is as follows, with translations in English.

Problème (Problem)	Solution (Solution)
On consomme trop (we consume too much)	Il faut recycler autant que possible (we must recycle as much as possible)
Les voitures polluent l'atmosphère (cars pollute the atmosphere)	**On doit developper les transports en commun** (we need to develop public transport)
On gaspille l'électricité (we waste electricity)	Il vaut mieux utiliser des ampoules écologiques (it would be better to use eco-friendly lightbulbs)
On utilise trop de gaz à effet de serre (we use too many greenhouse gases)	Il faut utiliser des énergies renouvelables (we must use renewable energy)
La déforestation s'empire (deforestation is getting worse)	**On doit planter plus d'arbres** (we must plant more trees)
On gaspille beaucoup de nourriture (we waste a lot of food)	Nous devrions cultiver nos propres légumes (we should grow our own vegetables)

20.6. B

The only sentence that does not contain the subjunctive is *je n'utilise que les produits écologiques parce qu'ils sont meilleurs pour l'environnement* (I only use ecological products because they are better for the environment). The subjunctive is a mood that expresses feelings of doubt, fear, hope, uncertainty, and other attitudes. It is also used after many set expressions such as, *bien que* (although), *au moins que* (unless), *pourvu que* (provided that) etc. For more information about when and how to use the subjunctive, see question and answer 28.15. Examples of the subjunctive can be found in the following phrases: *on doit changer d'habitudes **afin qu'on puisse** protéger la planète* (we must change our habits **so that we can** protect the environment); *il faut qu'on diminue la pollution qu'on produit* (**it is necessary that we decrease** the pollution that we produce); and, *je veux qu'ils fassent plus pour aider l'environnement* (**I want them to do** more to help the environment).

20.7. A

The most appropriate list of words to complete the text are in list A. The first gap needs an adjective to describe the air (*l'air*), which is masculine, and so rules out *lourde* (heavy). Given the preceding sentence about how unhealthy the environment is, the word 'healthy' (*sain*) is unlikely to be used here. This leaves either *irrespirable* (unbreathable) or *délicat* (delicate). The second gap requires a plural adjective to describe *les transport en commun* (public transport); as it needs to be plural *utile* (useful) and *fidèle* (loyal) can be ruled out, which leaves either *fiables* (reliable) or *éfficaces* (efficient) as possible options. The third gap requires a plural subject, as it is followed by a verb in the third-person plural; *ne les utilisent pas* (do not use them). Therefore, the most appropriate choice is *les habitants* (the inhabitants). Finally, the most suitable noun for the fourth gap is *embouteillages* (traffic jams) as it needs to be a plural noun given that it is preceded by *les*. The sentence therefore reads, 'one sits in traffic jams for hours' (*on reste dans les embouteillages pendant des heures*).

20.8. D
According to the text, the true statement is D, *l'une des conséquences du réchauffement de la planète est l'extinction de nombreux animaux* (one of the consequences of global warming is the extinction of numerous species), because the speaker says that *le plus grand défi environnemental qui nous attend est le réchauffement de la planète car cela peut causer des inondations, des dérèglements climatiques extrêmes et la disparation de plusieurs espèces* (the biggest environmental challenge that we face is global warming because it can cause floods, extreme weather and the extinction of several species). The other statements are false. Firstly, *ce n'est pas notre comportement mais nos paroles qui doivent changer* (it is not our behaviour but our words that must change) is untrue because the text notes, *nos problèmes environnementaux continueront de s'empirer à moins que nous changions notre comportement* (our environmental problems will continue to get worse unless we change our behaviour). Secondly, *nous avons trop d'informations en ce qui concerne l'environnement* (we have too much information regarding the environment) is also incorrect because the text says, *s'il y avait plus d'informations dans les médias, les citoyens seraient plus au courant des solutions pour améliorer la situation* (if there was more information in the media, citizens would be more informed of solutions to improve the situation). Finally, *la croissance urbaine est la menace la plus importante pour notre planète* (urban sprawl is the most serious threat to our planet) is false because the text names global warming (*le réchauffement climatique*) as the main problem, as noted above.

20.9. B
In order to help the environment, we should not use cars and therefore the answer to the question of what we should **not** do is 'we should take the car' (*on devrait prendre la voiture*). By contrast, we should do the following: *utiliser les transports en commun* (use public transport), *se déplacer à pied* (move around on foot), and *protéger les espaces verts* (protect green spaces).

20.10. D
The person who helps the environment in this question is speaker D, who says *d'habitude j'achète des produits bio* (usually I buy 'green' products). The other people are less helpful when it comes to the environment: *je ne trouve jamais le temps pour recycler* (I never find the time to recycle); *planter des arbres est une perte d'énergie* (planting trees is a waste of energy); and, *chez moi nous ne trions pas les déchets* (at my house we do not sort the rubbish).

20.11. C
The illogical sentence is C, *s'il y avait plus d'usines dans ma région, l'air serait plus propre* (if there were more factories in my region, the air would be cleaner), because the opposite is true, the air would be dirtier (*l'air serait plus sale*). The other options are more logical: *si on avait plus de voitures électriques, la ville serait moins polluée* (if there were more electric cars, the town would be less polluted); *si les gens avaient plus de respect pour l'environnement, ils arrêteraient de gaspiller autant d'essence* (if people had more respect for the environment, they would stop using so much petrol); and, *s'il y avait plus de pistes cyclables, il y aurait moins d'embouteillages* (if there were more cycle paths, there would be fewer traffic jams).

20.12. B
The false statement according to the dialogue is B, *Rohan n'utilise pas les transports en commun* (Rohan does not take public transport), because Rohan says that he goes everywhere either on foot or on public transport (*je me déplace soit à pied soit en transport en commun*). The other statements are true. Firstly, *Léon fait plus pour protéger l'environnement que Raphael* (Léon does more to protect the environment than Raphael) is true as Léon lists many actions that he does to help the environment, while Raphael comments that what he does is not sufficient (*je sais que je ne fais pas assez*). Secondly, *Léon a manifesté contre les problèmes environnementaux* (Léon protested against the environmental problems) is also correct because he says that he recently went to a national protest against pollution (*nous sommes allés à une manifestation nationale contre la pollution*). Finally, *Raphael admet ne pas faire assez pour protéger l'environnement* (Raphael admits that he does not do enough for the environment) is true as he says, 'I know that I do not do enough' (*je sais que je ne fais pas assez*).

20.13. C
The most appropriate translation of the sentence 'When we recycle, we sort the rubbish into different bins, and we separate the cardboard, glass and plastic' is *quand nous recyclons, nous trions les déchets dans des poubelles différentes, et nous séparons le carton, le verre et le plastique*. Firstly, 'we recycle' can be translated as *nous recyclons*, not *nous avons recyclé*, which is in the past tense and means 'we recycled'. The verb 'to sort' is *trier*, and therefore 'we sort' is *nous trions*. 'Different bins' is best translated as *des poubelles différentes*, because the adjective generally goes after the noun in French; *les boîtes différentes* means 'different boxes'. Finally, 'the cardboard, glass and plastic' is *le carton, le verre et le plastique*.

20.14. B
The person not worried about the future of the planet in this question is speaker B: *il est possible que le réchauffement de la planète ne soit pas aussi mauvais que nous ayons pensé* (it is possible that global warming is not as bad as we thought). The other speakers express concern about the future of the environment: *de nombreux problèmes environnementaux m'inquiètent, surtout le trou dans la couche d'ozone* (several environmental problems worry me, especially the hole in the ozone layer); *les conséquences de la pollution de l'air pour notre santé me font du souci* (the consequences of air pollution for our health worry me); and, *la mauvaise gestion des déchets est une grande préoccupation pour ma génération* (the poor management of rubbish is a big worry for my generation).

20.15. D
The aspect of her life that Deeba does not mention in relation to the environment is when she goes to school (*quand elle va au lycée*). She mentions that she is trying to save water by taking showers rather than baths (*j'économise de l'eau en prenant des douches plutôt que des bains*), which answers what she does when she washes (*quand elle se lave*). She also mentions that she does not buy products with a lot of packaging (*je n'achète pas de produits avec beaucoup d'emballage*), which best reflects the answer *quand elle fait les courses* (when she does the shopping). Finally, she puts on a jumper when she is cold (*quand elle a froid*) rather than using the central heating (*je porte un autre pull quand j'ai froid, au lieu d'utiliser le chauffage central*).

The difficulty rating for each question (Elementary [E], Intermediate [I] or Advanced [A]) can be found in parentheses next to each question.

21.1. Quel mot n'est pas un moyen de transport ? (E)

A) le tram
B) le billet
C) le métro
D) le bateau

Extra ! Écris une réponse à la question : Quel moyen de transport utilises-tu le plus souvent ?

21.2. Qui se couche le plus tard ? (E)

A) Moi, je vais au lit à minuit.
B) D'habitude je me couche vers huit heures et demie.
C) Je préfère aller au lit à dix heures.
D) Normalement je suis couché dès onze heures du soir.

Extra ! Réponds à la question : À quelle heure te couches-tu ?

21.3. Lis le texte de Béatrice qui parle de son trajet pour aller à l'école. (E)

Ce matin je suis arrivée en retard à l'école parce qu'il y avait beaucoup de circulation. Donc il était 9h15 quand je suis arrivée – mon professeur n'était pas content ! Encore pire, en rentrant chez moi le bus est tombé en panne et il a fallu attendre trente minutes pour trouver un autre bus. Je vais bien dormir ce soir après ces deux mésaventures !

Selon le texte, quelle réponse est incorrecte ?

A) Pourquoi est-ce que Béatrice est arrivée en retard ? Il y avait du trafic.
B) A quelle heure est-elle arrivée ? À neuf heures et quart.
C) Combien de temps a-t-elle dû attendre pour un autre bus ? 40 minutes.
D) Qu'est-ce qui s'est passé après que le bus soit tombé en panne ? Ils ont trouvé un remplacement.

Extra ! Traduis le texte.

21.4. Quelle question n'a pas le même sens que les autres ? (E)

A) Voulez-vous aller au cinéma ?
B) Est-ce que vous voulez aller au cinéma ?
C) Vous voulez aller au cinéma ?
D) Allez-vous parfois au cinéma ?

Extra ! Donne un autre exemple d'une question formulée de trois façons différentes.

21.5. Quelles expressions ont le même sens ? (E)

A) Je suis très occupé ⇔ Mes journées sont super chargées
B) Je ne travaille pas beaucoup ⇔ Je bosse tout le temps

C) Ils mènent une vie très stressante ⇔ Ils ont un mode de vie très décontracté
D) Je m'ennuie ⇔ Je m'amuse

Extra ! Écris un paragraphe sur ta vie quotidienne.

21.6. Lis le texte de Rathi. (I)

La semaine dernière j'ai eu une réunion importante au travail mais beaucoup de mes collègues n'ont pas pu y assister. Robert a dû vite rentrer chez lui parce que son fils est tombé malade. Puis François a oublié et Thomas a dû aller à une autre réunion qui avait lieu en même temps. Au final, il y avait seulement Danielle et moi.

Qui a assisté à la réunion avec Rathi ?

A) Thomas
B) Robert
C) François
D) Danielle

Extra ! Conjugue le texte au futur.

21.7. Complète ces phrases à trous. (I)

(1) Les ...... et les camions roulent sur la route.
(2) Les chemins de fer sont pour les ....
(3) Le ...... est souvent sous terre.
(4) Il y a cinq ...... dans cette gare.

A) (1) métro, (2) voitures, (3) trains, (4) quais
B) (1) trains, (2) quais, (3) voitures, (4) métro
C) (1) quais, (2) voitures, (3) métro, (4) trains
D) (1) voitures, (2) trains, (3) métro, (4) quais

Extra ! Écris une réponse à la question : Quels sont les avantages de voyager en train ?

21.8. Quelle phrase exprime un conseil (et non pas un ordre) ? (I)

A) Défense de nager.
B) Nous suggérons que vous goûtiez ce vin.
C) Il faut absolument rester assis.
D) Il est interdit de fumer.

Extra ! Transforme les ordres ci-dessus en conseils.

21.9. Lis le texte de Georges. (I)

Hier j'ai eu une journée très chargée. Je me suis levé à six heures pour prendre le bus pour aller au boulot. Après trois réunions avec des clients importants, je n'ai pas eu le temps de déjeuner parce que je suis responsable de la conférence annuelle de notre entreprise et il y a beaucoup de travail à faire pour l'organisation de cet évènement. Le soir j'ai accompagné un ami chez le médecin et puis j'ai fait les courses. Du coup, aujourd'hui j'ai envie de me détendre un peu !

Quelle est la phrase correcte ?

A) Hier Georges a eu une journée assez calme.
B) Il a mangé un déjeuner copieux.
C) Il a la charge d'organiser une conférence pour son entreprise.
D) Il est tombé malade donc il est allé chez le médecin.

Extra ! Transforme les autres phrases afin qu'elles soient correctes.

21.10. Regarde le tableau listant des expressions du temps au passé, au présent et au futur. (I)

Le passé	Le présent	Le futur
il y a deux semaines	en ce moment	le weekend prochain
la semaine dernière	hier	l'année prochaine
avant-hier	aujourd'hui	lundi prochain
actuellement	maintenant	demain

Quelles sont les deux expressions qui apparaissent dans la mauvaise colonne ?

A) actuellement & hier
B) avant-hier & demain
C) la semaine dernière & maintenant
D) il y a deux semaines & en ce moment

Extra ! Écris trois phrases en utilisant une expression du temps de chaque colonne (passé, présent, futur).

21.11. Quelle est la traduction correcte de la phrase suivante ? (A)

If I had known that he would be there, I would not have gone to the party.

A) Si je savais qu'il serait là, je n'avais pas allé à la fête.
B) Si j'avais su qu'il serait là, je ne serais pas allé à la fête.
C) Si j'ai su qu'il serait là, je ne serait pas allé à la fête.
D) Si j'aurais su qu'il serait là, je n'aurais pas allé à la fête.

Extra ! Identifie les temps auxquels les verbes sont conjugués dans les phrases ci-dessus.

21.12. Quelle phrase n'est pas grammaticalement correcte ? (A)

A) Si j'ai le temps, je ferai mes devoirs.
B) S'il avait de l'argent, il achèterait un nouveau pull.
C) Si nous avions vu Pierre, nous aurions dit « bonjour ».
D) Si vous allez vite, vous pouviez prendre le train.

Extra ! Complète la phrase : *Si j'avais plus d'argent…*

21.13. Lis ce dialogue entre trois amis. (A)

Hugo : Je mène une vie assez calme mais cela m'est égal. Mieux vaut avoir des amis auxquels on peut faire confiance, plutôt que de faire la fête et sortir tous les soirs mais sans vrais amis. Qu'en penses-tu, Christophe ? Crois-tu que ton mode de vie soit semblable à celui des jeunes de nos jours ?

Christophe : Je dirais que non. Pour quelqu'un de mon âge je ne m'amuse pas assez. En fait je passe trop de temps soit à travailler soit dans les transports pour me rendre au boulot. Et toi, Manu, aimes-tu ton style de vie ?

Manu : Pas trop. Pour moi, c'est métro, boulot, dodo. J'en ai marre !

Quelle est la phrase incorrecte ?

A) Manu en a assez de son rythme de vie.
B) Pour Hugo, avoir de bons amis est très important.
C) La mode de vie d'Hugo est très intensif.
D) Christophe pense que sa vie est différente de celle de beaucoup de jeunes.

Extra ! Écris trois autres phrases vraies sur le dialogue.

21.14. Quel est l'inconvénient de travailler chez soi ? (A)

A) Il n'y a pas de camaraderie entre collègues.
B) On peut se lever quand on veut.
C) On ne doit pas faire la navette.
D) On dépense moins sur le déjeuner.

Extra ! Écris une réponse à la question : Préfères-tu étudier à la maison ou à l'école ?

21.15. Combien y a-t-il de verbes dans ce paragraphe ? (A)

Si j'avais le choix, j'habiterais dans un petit village au milieu de nulle part. Je préfère la tranquillité de la nature et la campagne plutôt que la pollution et les foules des grandes villes. Toutefois je sais que ma famille adore l'animation de la ville et ils ne quitteraient jamais notre quartier urbain – quel dommage !

A) Quatre
B) Cinq
C) Six
D) Sept

Extra ! Identifie les temps auxquels sont conjugués les verbes du paragraphe.

Answers and Detailed Solutions

21.1. B
The only option that is not a mode of transport is *le billet*, which means 'ticket'. The other options are types of transport, including: *le tram* (tram), *le métro* (underground), and *le bateau* (boat).

21.2. A
The person who goes to bed the latest is speaker A, who says that they go to sleep at midnight (*je vais au lit à minuit*). The next latest person to go to bed is speaker D, as they are normally in bed by 11 o'clock in the evening (*normalement je suis couché dès onze heures du soir*). Then it is speaker C, who prefers going to bed at 10 o'clock (*je préfère aller au lit à dix heures*). The person who goes to bed the earliest is speaker B, who says that they usually go to bed around 8:30 (*d'habitude je me couche vers huit heures et demie*).

21.3. C
Response C does not match the question posed. The answer to the question, *combien de temps a-t-elle dû attendre pour un autre bus ?* (for how long did she have to wait for another bus?) should be *trente minutes* (30 minutes) not *quarante minutes* (40 minutes). The other questions and answers correspond with the text. The question *pourquoi est-ce que Béatrice est arrivée en retard ?* (why was Béatrice late?) is correctly answered with *il y avait du trafic* (there was traffic), because Béatrice says *il y avait beaucoup de circulation* (there was a lot of traffic). Question B is also correctly answered as Béatrice arrived at school at 9:15 (*il était 9h15 quand je suis arrivée*). The response given to question D, which was *ils ont trouvé un remplacement* (they found a replacement), is correct because Béatrice says that they had to wait 30 minutes to find another bus (*il a fallu attendre trente minutes pour trouver un autre bus*).

21.4. D
The question that has a different meaning to the rest is D, *allez-vous parfois au cinéma ?*, because it means 'do you sometimes go to the cinema?'. The other questions translate as 'do you want to go to the cinema?': *voulez-vous aller au cinéma ?*; *est-ce que vous voulez aller au cinéma ?*; and, *vous voulez aller au cinéma ?*.

21.5. A
The two expressions that do not have opposite meanings are: *je suis très occupé* (I am very busy) and *mes journées sont super chargées* (my days are very full). These two phrases have very similar meanings, while the other pairs of expressions in this question have opposing meanings: *je ne travaille pas beaucoup* (I do not work a lot) and *je bosse tout le temps* (I always work); *ils mènent une vie très stressante* (they lead a very stressful life) and *ils ont un mode de vie très décontracté* (they have a very relaxed lifestyle); and, *je m'ennuie* (I get bored) and *je m'amuse* (I have fun).

21.6. D
The only person who attended the meeting, apart from Rathi, was Danielle, as Rathi says *au final, il y avait seulement Danielle et moi* (in the end there was only Danielle and I). Fellow colleagues could not attend the meeting for various reasons: Thomas had to go to another meeting at the same time (*Thomas a dû aller à une autre réunion qui avait lieu en meme temps*), François forgot (*François a oublié*), and Robert had to go home quickly because his son was ill (*Robert a dû vite rentrer chez lui parce que son fils est tombé malade*).

21.7. D
The first gap should be filled with the word *voitures* (cars), so that the phrase reads, 'cars and lorries are on the road' (*les voitures et les camions roulent sur la route*). The second gap should be filled with the word *trains*, so that the phrase reads, 'the railways are for the trains' (*les chemins de fer sont pour les trains*). The third gap should be filled with the word *métro*, so that the phrase reads, 'the metro is often underground' (*le métro est souvent sous terre*). Finally, the fourth gap should be filled with the word *quais* (platforms), so that the phrase reads, 'there are five platforms in this station' (*il y a cinq quais dans cette gare*).

21.8. B
The phrase that gives advice rather than an order is B, *nous suggérons que vous goûtiez ce vin* (we suggest that you try this wine). The other phrases are orders rather than advice: *défense de nager* (swimming is banned); *il faut absolument rester assis* (you must remain seated); and, *il est interdit de fumer* (smoking is prohibited).

21.9. C
According to Georges' text, the true statement is C, *il a la charge d'organiser une conférence pour son entreprise* (he is responsible for organising a conference for his company), because Georges says that he is in charge of his company's annual conference (*je suis responsable de la conférence annuelle de notre entreprise*). The other statements are false. Firstly, *hier Georges a eu une journée assez calme* (yesterday Georges had quite a relaxed day) is untrue because he comments that yesterday was a very busy day (*hier j'ai eu une journée très chargée*). Secondly, *il a mangé un déjeuner copieux* (he ate a big lunch) is also incorrect because Georges says that he did not have time for lunch (*je n'ai pas eu le temps de déjeuner*). Finally, *il est tombé malade donc il est allé chez le médecin* (he was ill so he went to the doctor's) is false because Georges accompanied a friend to the doctor's (*j'ai accompagné un ami chez le médecin*).

21.10. A

The two words that should be changed are *hier* (yesterday) and *actuellement* (currently). The table should therefore look as follows:

Le passé (the past)	Le présent (the present)	Le futur (the future)
il y a deux semaines (two weeks ago)	en ce moment (at the moment)	le weekend prochain (next weekend)
la semaine dernière (last week)	**actuellement** (currently)	l'année prochaine (next year)
avant-hier (the day before yesterday)	aujourd'hui (today)	lundi prochain (next Monday)
hier (yesterday)	maintenant (now)	demain (tomorrow)

21.11. B

The best translation of the sentence 'If I had known that he would be there, I would not have gone to the party' is *si j'avais su qu'il serait là, je ne serais pas allé à la fête*. This translation requires the pluperfect, *si j'avais su* (if I had known), the conditional present, *il serait là* (he would be there), and the conditional perfect, *je ne serais pas allé* (I would not have gone). For further practice with the pluperfect tense, see questions 16.9. and 28.13., and for more practice with the conditional perfect, see question 28.14.

21.12. D

The sentence that is grammatically incorrect is sentence D. *Si vous allez vite, vous pouviez prendre le train* should instead read, *si vous allez vite, vous **pourrez** prendre le train* (if you go quickly you will be able to get the train). This is because phrases with *si* (if) follow these three patterns: *si* + present + future, such as *si j'ai le temps, je ferai mes devoirs* (if I have time, I will do my homework) or *si* + imperfect + conditional, such as *s'il avait de l'argent, il achèterait un nouveau pull* (if he had the money, he would buy a new jumper) or *si* + pluperfect + conditional perfect, e.g. *si nous avions vu Pierre, nous aurions dit « bonjour »* (if we had seen Pierre, we would have said hello).

21.13. C

The false statement in relation to the dialogue is C, *le mode de vie d'Hugo est très intensif* (Hugo's lifestyle is very fast), because Hugo says that he leads a slow lifestyle (*Je mène une vie assez calme*). The other statements are true. Firstly, *Manu en a assez de son rythme de vie* (Manu has had enough of his lifestyle) is true because Manu says *c'est métro, boulot, dodo* (all work and no play) and *j'en ai marre* (I'm fed up). Secondly, *pour Hugo, avoir de bons amis est très important* (for Hugo, having good friends is very important) is also correct because he says *mieux vaut avoir des amis auxquels on peut faire confiance, plutôt que de faire la fête et sortir tous les soirs mais sans vrais amis* (it is better to have some friends who you can trust than to always go to parties and to go out every night without real friends). Finally, *Christophe pense que sa vie est différente de celle de beaucoup de jeunes* (Christophe thinks that his life is different to many young people's) is true because he acknowledges that for someone of his age he does not have enough fun (*pour quelqu'un de mon âge je ne m'amuse pas assez*).

21.14. A

The disadvantage of working at home given is that there is not the camaraderie of colleagues (*il n'y a pas de camaraderie entre collègues*). The other options are potential advantages of working from home: *on peut se lever quand on veut* (you can get up when you want); *on ne doit pas faire la navette* (you do not have to commute); and, *on dépense moins sur le déjeuner* (you spend less on lunch).

21.15. C

There are six verbs in the paragraph: *j'avais* (I had), *j'habiterais* (I would live), *je préfère* (I prefer), *je sais* (I know), *ma famille adore* (my family loves), and *ils ne quitteraient jamais* (they would never leave).

The difficulty rating for each question (Elementary [E], Intermediate [I] or Advanced [A]) can be found in parentheses next to each question.

22.1. Quel mot n'est pas associé au parlement ? (E)

A) le gouvernement
B) les députés
C) la législation
D) les élèves

Extra ! Utilise les mots de la liste ci-dessus pour créer quatre phrases.

22.2. Quelle est la devise de la République française ? (E)

A) Liberté, égalité, fraternité
B) Communauté, paix, espoir
C) Liberté, égalité, communauté
D) Paix, égalité, souveraineté

Extra ! Traduis tous les mots.

22.3. En quelle année a eu lieu la Révolution française ? (E)

A) 1989
B) 1789
C) 1879
D) 1659

Extra ! Écris trois phrases sur la Révolution française (Par ex. où ? qui ? qu'est-ce qui s'est passé ?).

22.4. Lis le texte. (E)

Des manifestations ont eu lieu la semaine dernière en France dans le cadre des élections présidentielles. Les gens deviennent de plus en plus démoralisés et leur choix semble de plus en plus compliqué.

Combien d'adjectifs sont présents dans le paragraphe ?

A) Deux
B) Trois
C) Quatre
D) Cinq

Extra ! Traduis le texte.

22.5. Quelle est la traduction correcte de la phrase suivante ? (E)

The purpose of the *Académie française* is to protect and nurture the French language.

A) L'objet de l'Académie français est de protéger et défendre la langue français.
B) Le but de l'Académie française est de protéger et d'encourager la langue française.
C) La ligne de l'Académie française est de tomber et préserver langue française.
D) Le message de l'Académie française est préserver et soutenir le langue français.

Extra ! Explique pourquoi les autres traductions ne sont pas correctes.

22.6. Regarde le tableau. (I)

Les gens	Les lieux
Le citoyen	L'hôtel de ville
La mairie	L'ambassade
L'électeur	Le Palais de Justice
Le peuple	L'Assemblée Nationale
Le députés	Le Premier Ministre
L'ambassadeur	Le siège du parti
Le/la fonctionnaire	Le ministère de l'intérieur

Quels sont les deux mots ou expressions qui apparaissent dans la mauvaise colonne ?

A) la mairie & le Premier Ministre
B) le peuple & l'hôtel de ville
C) l'ambassadeur & le ministère de l'intérieur
D) le/la fonctionnaire & le siège du parti

Extra ! Utilise les mots de la liste du tableau pour former trois phrases.

22.7. Un processus électoral typique se déroule dans quel ordre ? (I)

A) (1) Une élection est annoncée. (2) Les votes sont comptés. (3) Le parti ou la personne qui gagne la majorité des votes prend le pouvoir. (4) Les gens votent pour un parti politique ou un candidat.
B) (1) Une élection est annoncée. (2) Les gens votent pour un parti politique ou un candidat. (3) Les votes sont comptés. (4) Le parti ou la personne qui gagne la majorité des votes prend le pouvoir.
C) (1) Les gens votent pour un parti politique ou un candidat. (2) Les votes sont comptés. (3) Une élection est annoncée. (4) Le parti ou la personne qui gagne la majorité des votes prend le pouvoir.
D) (1) Le parti ou la personne qui gagne la majorité des votes prend le pouvoir. (2) Les gens votent pour un parti politique ou un candidat. (3) Les votes sont comptés. (4) Une élection est annoncée.

Extra ! Écris une réponse à la question : Quel est le système électoral établi dans ton pays ?

22.8. Complète ces phrases à trous. (I)

Le Président de la France habite dans le ......(1)......
Le siège de l'Assemblée Nationale se trouve dans le ......(2)......
Les sénateurs travaillent dans le ......(3)......

A) (1) Palais de l'Elysée, (2) Palais Bourbon, (3) Palais du Luxembourg
B) (1) Palais Bourbon, (2) Palais de l'Elysée, (3) Palais du Luxembourg
C) (1) Palais du Luxembourg, (2) Palais de l'Elysée, (3) Palais Bourbon
D) (1) Palais Bourbon, (2) Palais du Luxembourg, (3) Palais de l'Elysée

Extra ! Conjugue ces phrases au futur.

22.9. Quelle définition ne correspond pas au mot ? (I)

A) TGV : un train français qui permet de voyager à grande vitesse
B) Le tricolore : le drapeau bleu, blanc, rouge de la France
C) La Manche : la frontière entre la France et l'Espagne
D) Les Alpes : les plus hautes montagnes de la France

Extra ! Traduis les quatre phrases.

22.10. Quelle expression n'est pas un acte politique ? (I)

A) assister à une manifestation
B) faire grève
C) signer une pétition
D) passer un coup de fil

Extra ! Écris une réponse à la question : Es-tu politiquement engagé(e) ?

22.11. Quelle réponse ne correspond pas à la question ? (A)

A) Pensez-vous que les manifestations sont efficaces ? Cela dépend – elles pourraient être utiles si elles sont bien organisées et bien promues.
B) La politique nationale est plus importante que la politique locale ? Je suis membre d'une organisation non gouvernementale.
C) Quelles sont les qualités d'un bon politicien/une bonne politicienne ? Il faut qu'ils soient savants, honnêtes et qu'ils sachent parfaitement s'exprimer.
D) Pourquoi est-ce que la politique divise les gens ? Parce que tout le monde a des vues politiques et des priorités différentes.

Extra ! Écris tes propres réponses aux questions ci-dessus.

22.12. Quelle personne pense que la politique est importante ? (A)

A) Je n'ai aucune confiance en notre système politique à cause des mensonges des politiciens.
B) Les politiciens ne nous écoutent pas.
C) Afin de trouver des solutions à nos problèmes sociaux nous avons besoin de la politique.
D) Les manifestations ne servent à rien parce que les politiciens n'ont pas les mêmes préoccupations que nous, le peuple.

Extra ! Écris une réponse à la question : Penses-tu que la politique est importante ?

22.13. Regarde le tableau listant des phrases au style direct et au style indirect. (A)

	Style Direct	Style indirect
1	« Qu'est-ce que tu fais ? »	Il me demande ce que je fais
2	« Adore-t-il le chocolat ? »	Je lui demande s'il adore le chocolat
3	« Qui voudrait y aller ? »	Elle leur demande qui voudrait y aller
4	« Qu'est-ce qu'elle lit ? »	Vous me demandez qu'elle lit

Quelle phrase (au style indirect) n'est pas grammaticalement correcte ?

A) Un
B) Deux
C) Trois
D) Quatre

Extra ! Donne trois exemples de paires d'expressions : l'une au style direct et l'autre au style indirect.

22.14. Choisis les verbes qui conviennent. (A)

1) Les radios françaises sont obligées de ...... un certain nombre de chansons françaises.
2) Les députés sont ...... pour représenter leurs électeurs.
3) Si elle gagne l'élection, elle ...... le gouvernement.

A) (1) diffusent, (2) élu, (3) dirigerait
B) (1) diffuser, (2) élus, (3) dirigera
C) (1) diffuseront, (2) élues, (3) dirigerai
D) (1) diffuse, (2) élue, (3) dirigeras

Extra ! Conjugue les verbes ci-dessus à un temps différent.

22.15. Lis ce dialogue sur l'âge de vote. (A)

Émile : À mon avis on doit baisser l'âge légal pour pouvoir voter afin que les jeunes de 16 ans et 17 ans puissent aussi s'exprimer parce qu'en ce moment ce n'est pas possible.

Fabienne : Je suis d'accord ! J'estime que les jeunes de seize ans, comme moi, devraient avoir le droit de voter. Ce n'est pas juste que nous n'ayons pas notre mot à dire quand les décisions politiques d'aujourd'hui vont nous affecter demain. Qu'en penses-tu, Jérôme ?

Jérôme : Aucun de mes amis s'intéressent à la politique et je dirais que la plupart des ados ne sont pas politiquement engagés donc il n'est pas nécessaire de changer l'âge de vote ; cela ne changerait rien.

Selon le dialogue, quelle est la phrase incorrecte ?

A) Émile pense que les jeunes devraient avoir la capacité de voter.
B) Fabienne a 16 ans.
C) Jérôme est d'accord avec Fabienne.
D) Jérôme ne pense pas que ses amis voteraient même s'ils en avaient le droit.

Extra ! Écris une réponse à la question : Les jeunes devraient-ils avoir le droit de voter ?

Answers and Detailed Solutions

22.1. D

The word that is not associated with parliament is *les élèves*, which means 'students'. The other words have some association with parliament, including: *le gouvernement* (government), *les députés* (Members of Parliament), and *la législation* (legislation).

22.2. A

The motto of the French Republic is *Liberté, égalité, fraternité*, which means 'Liberty, equality, fraternity'.

22.3. B

The French Revolution began in 1789, therefore the correct answer is B.

22.4. C

There are four adjectives in the text: *dernière* (last), *présidentielles* (presidential), *démoralisés* (demoralised), and, *compliqué* (complicated). The first sentence, *des manifestations ont eu lieu la semaine dernière en France dans le cadre des élections présidentielles*, translates as 'protests took place last week in France in the context of the presidential elections'. The second sentence, *les gens deviennent de plus en plus démoralisés et leur choix semble de plus en plus compliqué*, translates as 'people are becoming more and more demoralised and their choice seems more and more complicated'.

22.5. B

The most appropriate translation for the sentence 'The purpose of the *Académie française* is to protect and nurture the French language' is *Le but de l'Académie française est de protéger et d'encourager la langue française*. Notice the infinitives *protéger* (to protect), *encourager* (to encourage) and the adjectival agreement; 'French' needs to be agreed with the noun *langue* (language), which is feminine and therefore becomes *langue française* (French language).

22.6. A

The two words that need to be swapped are *la mairie* (the town hall), which should go in the places (*les lieux*) column, and *le Premier Ministre* (the prime minister), which should go in the people (*les gens*) column. The table should therefore look as follows:

Les gens (people)	Les lieux (places)
Le citoyen (citizen)	L'hôtel de ville (town hall)
Le Premier Ministre (the prime minister)	L'ambassade (embassy)
L'électeur (voter)	Le Palais du Justice (the Palace of Justice)
Le peuple (the people)	L'Assemblée Nationale (National Assembly)
Le député (member of parliament)	**La mairie** (the town hall)
L'ambassadeur (ambassador)	Le siège du parti (Party headquarters)
Le/la fonctionnaire (civil servant)	Le ministère de l'intérieur (Home Office)

22.7. B

In a typical election process, events happen in the following order. (1) *Une élection est annoncée* (An election is announced); (2) *Les gens votent pour un parti politique ou un candidat* (People vote for a political party or member of parliament); (3) *Les votes sont comptés* (The votes are counted); (4) *Le parti ou la personne qui gagne la majorité des votes prend le pouvoir* (The party or person who wins a majority of votes takes control).

22.8. A

The correct answer is A. The president of France lives in the *Palais de l'Elysée* (*Le Président de la France habite dans le Palais de l'Elysée*). The headquarters of the National Assembly are in the *Palais Bourbon* (*le siège de l'Assemblée Nationale se trouve dans le Palais Bourbon*) and the senators work in the *Palais du Luxembourg* (*les sénateurs travaillent dans le Palais de Luxembourg*).

22.9. C

The definition that does not match its term is *la frontière entre la France et l'Espagne* (the border between France and Spain) because *La Manche* is 'the channel', that is the sea between France and England (*la mer entre la France et l'Angleterre*). The other definitions match their terms. *TGV* stands for the *'train à grande vitesse'* (high-speed train), which matches its definition: *un train français qui permet de voyager à grande vitesse* (a high-speed French train). *Le tricolore* is the French flag, which is blue, white and red (*le drapeau bleu, blanc, rouge de la France*). Finally, *les Alpes* are the highest mountains in France (*les plus hautes montagnes de la France*).

22.10. D

The only phrase in this question that is not a type of political engagement is *passer un coup de fil*, which translates as 'to make a phone call'. The other activities can have political significance: *assister à une manifestation* (to attend a protest); *faire grève* (to go on strike); and, *signer une pétition* (to sign a petition).

22.11. B

The answer *je suis membre d'une organisation non gouverne-mentale* (I am a member of a non-governmental organisation) does not answer the question *la politique nationale est plus importante que la politique locale ?* (is national politics more important than local politics?), and is therefore illogical. The other question-answer pairings correspond with one another: *Pensez-vous que les manifestations sont efficaces ? Cela dépend – elles pourraient être utiles si elles sont bien organisées et bien promues* (Do you think that protests are effective? It depends – they could be useful if they are well organised and promoted); *Quelles sont les qualités d'un bon politicien/une bonne politicienne ? Il faut qu'ils soient savants, honnêtes et qu'ils sachent parfaitement s'exprimer* (What are the qualities of a good politician? They must be knowledgeable, honest and know how to express themselves perfectly); and, *Pourquoi est-ce que la politique divise les gens ? Parce que tout le monde a des vues politiques et des priorités différentes* (Why does politics divide people? Because everyone has different political beliefs and priorities).

22.12. C
The person who thinks that politics is important is speaker C: *afin de trouver des solutions à nos problèmes sociaux nous avons besoin de la politique* (in order to find solutions to our social problems we need politics). The other speakers are more cynical about politics: *je n'ai aucune confiance en notre système politique à cause des mensonges des politiciens* (I do not have any confidence in our political system because of the lies of politicians); *les politiciens ne nous écoutent pas* (politicians do not listen to us); and, *les manifestations ne servent à rien parce que les politiciens n'ont pas les mêmes préoccupations que nous, le peuple* (protests do not do anything because the politicians do not have the same worries as us, the people).

22.13. D
The incorrect phrase in indirect speech is 'vous me demandez qu'elle lit', which instead should read as *vous me demandez **ce** qu'elle lit* (you ask me what she is reading). Direct speech involves quoting the exact words someone uses, while indirect speech involves referring to what they said without directly quoting it. The following table gives examples of direct and indirect speech:

	Style Direct	Style indirect
1	« Qu'est-ce que tu fais ? » (what are you doing?)	Il me demande ce que je fais (he asks me what I am doing)
2	« Adore-t-il le chocolat ? » (does he love chocolat?)	Je lui demande s'il adore le chocolat (I ask him if he loves chocolate)
3	« Qui voudrait y aller ? » (Who would like to go there?)	Elle leur demande qui voudrait y aller (she asks them who would like to go there)
4	« Qu'est-ce qu'elle lit ? » (What is she reading?)	Vous me demandez **ce** qu'elle lit (you ask me what she is reading)

When switching from direct to indirect speech, it is important to remember to change the personal pronouns (e.g. *je, elle* etc.), the possessive adjectives (e.g. *mon, ton* etc.) and the tense (e.g. present to past), where necessary.

22.14. B
The first gap should be filled with the infinitive *diffuser* (to broadcast) so that the phrase reads, 'French radios are obliged to broadcast a certain number of French songs' (*Les radios françaises sont obligées de diffuser un certain nombre de chansons françaises*). The second gap should be filled with the past participle *élus* (elected) so that the phrase reads, 'the members of parliament are elected to represent the voters' (*Les députés sont élus pour représenter leurs électeurs*). The –s is needed on this past participle because the subject of the verb is plural. The third gap should be filled with the conjugated verb *dirigera* (will direct/manage/lead) so that the phrase reads, 'if she wins the election, she will lead the government' (*si elle gagne l'élection, elle dirigera le gouvernement*).

22.15. C
According to the dialogue, the false statement is C, *Jérôme est d'accord avec Fabienne* (Jérôme agrees with Fabienne), because Jérôme says that he does not think that under 18s should have the vote (*il n'est pas nécessaire de changer l'âge de vote*), while Fabienne does (*J'estime que les jeunes de seize ans, comme moi, devraient avoir le droit de voter* – 'I think that young people of 16 years-old, like me, should have the right to vote'). The other statements are true. Firstly, *Émile pense que les jeunes devraient avoir la capacité de voter* (Émile thinks that young people should have the right to vote) is true because he comments that 'we must lower the legal voting age' (*on doit baisser l'âge légal pour pouvoir voter*). Secondly, *Fabienne a 16 ans* (Fabienne is 16 years-old) is also correct because she says *les jeunes de seize ans, comme moi* (young people of 16 years-old, like me). Finally, *Jérôme ne pense pas que ses amis voteraient même s'ils en avaient le droit* (Jérôme does not think that his friends would vote even if they had the right to) is true because he says that lowering the voting age would not change anything (*ne changerait rien*), because none of his friends are interested in politics (*aucun de mes amis s'intéressent à la politique*).

The difficulty rating for each question (Elementary [E], Intermediate [I] or Advanced [A]) can be found in parentheses next to each question.

23.1. Quel mot n'est pas associé à la technologie ? (E)

A) un ordinateur
B) un portable
C) une fourchette
D) une tablette

Extra ! Écris une réponse à la question : Utilises-tu souvent des outils technologiques ?

23.2. Quelles phrases n'ont pas le même sens ? (E)

A) surfer sur internet ⇔ regarder les sites web
B) les réseaux sociaux ⇔ les publicités
C) aller sur la toile ⇔ utiliser le web
D) supprimer mes emails ⇔ effacer mes courriers électroniques

Extra ! Utilise les expressions de la liste ci-dessus pour créer quatre phrases.

23.3. Lis le texte de Valentin. (E)

Je crois qu'internet est vraiment utile. On peut communiquer facilement avec des gens qui habitent partout dans le monde et se faire de nouveaux amis. En plus, on a beaucoup de renseignements à portée de main.

Les opinions de Valentin sur internet sont...

A) ...plus positives que négatives.
B) ...plus négatives que positives.
C) ...seulement positives.
D) ...seulement négatives.

Extra ! Réponds à la question : Es-tu d'accord avec Valentin ?

23.4. Lis le texte de Tiki. (E)

Depuis mon enfance j'ai toujours aimé la technologie. Quand j'étais plus jeune, je faisais du shopping en ligne, mais maintenant j'utilise mon ordinateur pour envoyer des emails et regarder des films. Aussi je passe des heures à jouer aux jeux-vidéos.

Pour quelle activité est-ce que Tiki n'utilise plus la technologie ?

A) communiquer avec les autres
B) acheter des choses
C) regarder des films
D) jouer aux jeux-vidéo

Extra ! Traduis le texte.

23.5. Complète ce texte à trous. (E)

Récemment ma mère a essayé de tenir une ...(1)... sans utiliser d'outils technologiques parce qu'elle est ...(2)... un peu accro! Le ...(3)... jour elle est allée au parc au lieu de surfer sur internet. Le deuxième jour elle a fait un gâteau – c'était ...(4)... ! Mais le troisième jour elle a échoué – elle a utilisé son portable pour envoyer un SMS à ses amis !

A) (1) semaine, (2) devenue, (3) premier, (4) délicieux
B) (1) mois, (2) tombée, (3) première, (4) délicieuse
C) (1) journée, (2) sortie, (3) dernier, (4) délicieuse
D) (1) heure, (2) partie, (3) dernière, (4) délicieux

Extra ! Écris un paragraphe sur tes habitudes avec la technologie.

23.6. Lis le texte de Salome. (I)

Bien qu'internet puisse être utile, cela pose aussi des dangers. Malheureusement, les vols d'identité, les fraudes et le piratage informatique sont de plus en plus fréquents de nos jours.

Quel aspect négatif d'internet est mentionné par Salome?

A) la criminalité
B) les jeux d'argent
C) la santé
D) la cyberintimidation

Extra ! Écris une réponse à la question : Quels sont les avantages de la technologie ?

23.7. Quelle personne est la plus sécurisée en ligne? (I)

A) Je partage mes mots de passe avec mes amis.
B) Je ne parle jamais aux inconnus en ligne.
C) Je ne change pas fréquemment mes paramètres de confidentialité.
D) Je poste tout ce que je fais sur mes réseaux sociaux.

Extra ! Donne trois conseils pour être plus sécurisé en ligne.

23.8. Lis le titre ci-dessous. (I)

Les experts disent que la technologie peut réduire la qualité et la quantité de notre sommeil.

Selon les experts, quelle est la phrase correcte ?

A) On dort moins et moins bien à cause de la technologie.
B) On dort plus et mieux grâce à la technologie.
C) On dort plus mais moins bien grâce à la technologie.
D) On dort moins mais mieux grâce à la technologie.

Extra ! Invente trois autres titres au sujet de la technologie.

23.9. Quel mot n'est pas associé à l'ordinateur ? (I)

A) un écran
B) une souris
C) un clavier
D) un député

Extra ! Donne trois autres exemples de mots associés à l'ordinateur.

23.10. Lis le texte au sujet des portables. (I)

Les portables représentent une avancée technologique énorme. Quoi qu'il en soit, les experts ont peur que nos progrès technologiques soient néfastes pour la société. Ils estiment que les enfants passent moins de temps en famille, ne forment plus des amitiés de bonne qualité et s'exposent au risque de la cyberintimidation.

Selon le texte, quelle est la phrase incorrecte ?

A) Les experts s'inquiètent des dangers des portables.
B) Grâce aux portables, les enfants se divertissent plus souvent avec les membres de leur famille.
C) Les amitiés sont plus superficielles à cause des portables.
D) Il y a une plus grande menace d'harcèlement quand les jeunes possèdent un portable.

Extra ! Traduis le texte.

23.11. Quelle phrase ne fait pas référence à un inconvénient d'internet? (A)

A) On peut devenir accro.
B) Les produits coûtent souvent moins cher en ligne.
C) Notre communication devient moins personnelle.
D) Si on passe trop de temps sur internet, on risque de devenir obèse.

Extra ! Réponds à la question : Que penses-tu d'internet ?

23.12. Quelle phrase ne contient pas de participe présent ? (A)

A) En cherchant en ligne, on peut trouver des informations pour notre présentation.
B) Mon père a moins dépensé en achetant les billets en ligne.
C) Ayant une webcam, je peux voir toute ma famille en Australie quand ils m'appellent.
D) La technologie joue un rôle très important dans la vie moderne.

Extra ! Invente trois autres phrases en utilisant le participe présent.

23.13. Lis le texte d'Elena. (A)

Je n'aime plus les réseaux sociaux parce que le mois dernier un étranger m'a envoyé des messages désagréables sous un faux nom. L'expérience m'a vraiment bouleversée. Selon moi quand quelqu'un se sent anonyme en ligne, c'est-à-dire derrière l'écran, il croit pouvoir dire ce qu'il veut sans conséquence. Donc j'ai décidé de ne plus utiliser les réseaux sociaux.

Pourquoi Elena a-t-elle décidé de ne plus utiliser les réseaux sociaux?

A) Elle se sent anonyme.
B) Elle a reçu des messages déplaisants d'un ami.
C) Elle a reçu des messages déplaisants d'un inconnu.
D) Elle passe trop de temps devant l'écran.

Extra ! Traduis le texte.

23.14. Quelle est la phrase qui n'a pas de sens ? (A)

A) J'ai l'intention de télécharger une imprimante.
B) Ce soir je dois répondre à trois emails de travail.
C) Un internaute est quelqu'un qui utilise internet.
D) Pour utiliser internet il faut une connexion, par exemple le wifi.

Extra ! Transforme la phrase illogique afin qu'elle devienne logique.

23.15. Lis le dialogue entre ces trois amis qui parlent des réseaux sociaux. (A)

Charlotte : J'utilise les réseaux sociaux et je dirais qu'ils font parti de mon identité. Je peux rester en contact avec mes vieux amis en leur envoyant des messages instantanés.

Eléonore : Quand je vais sur les réseaux sociaux je passe tout mon temps à envier les autres. Je me compare constamment ! Qu'en penses-tu, Mélanie ?

Mélanie : Moi, je ne suis pas d'accord. J'aime le fait de pouvoir partager mes nouvelles avec mes amis. En plus, regarder des vidéos marrantes sur les réseaux sociaux est une bonne façon de se détendre.

Qui a une opinion négative sur les réseaux sociaux ?

A) Charlotte
B) Eléonore
C) Mélanie
D) Personne

Extra ! Écris une réponse à la question : Que penses-tu des réseaux sociaux ?

Answers and Detailed Solutions

23.1. C
The word that is not associated with technology is *une fourchette* (a fork). The other words have a technological focus: *un ordinateur* (a computer), *un portable* (a mobile phone), and *une tablette* (a tablet).

23.2. B
The two expressions that are not synonyms are *les réseaux sociaux* (social networks) and *les publicités* (adverts). The other pairs of expressions share a similar meaning: *surfer sur internet* and *regarder les sites web* both relate to looking on the internet; *aller sur la toile* and *utiliser le web* both translate as 'to go online', while *supprimer mes emails* and *effacer mes courriers électroniques* both mean 'to delete my emails'.

23.3. C
Valentin's opinions about the internet are only positive, and the correct answer is C. Firstly, he notes that the internet is really useful (*internet est vraiment utile*). Then, he says that you can communicate with people all over the world (*on peut communiquer facilement avec des gens qui habitent partout dans le monde*) and make new friends (*se faire de nouveaux amis*). Finally, he says that you have access to information at your fingertips (*on a beaucoup de renseignements à portée de main*).

23.4. B
Tiki does not use technology for making purchases (*acheter des choses*), although she did when she was younger (*quand j'étais plus jeune, je faisais du shopping en ligne*). She now uses her computer to send emails (*j'utilise mon ordinateur pour envoyer des emails*), watch films (*regarder des films*) and she spends hours playing games (*je passe des heures à jouer aux jeux-vidéos*).

23.5. A
The most appropriate list of words to complete the text are in list A. The first gap needs a feminine noun as it is preceded by *une*; the three possible options are therefore *semaine* (week), *journée* (day) and *heure* (hour). The second gap requires a past participle of a verb that uses *être* as its auxiliary, in this case *devenir* (to become). The correct answer is therefore *devenue* (became) because the subject of the verb is feminine singular. The sentence then reads, 'she became a little addicted' (*elle est devenue un peu accro*). The third gap requires a masculine adjective to describe *jour* (day); in this context, as we are talking about the beginning of the week, *premier* (first) is the best option. Finally, the most appropriate adjective in the fourth gap is *délicieux* (delicious) because the speaker is describing *un gâteau* (a cake), which is masculine and singular.

23.6. A
Salome talks about crime on the internet, and therefore the correct answer is A (*la criminalité*). She talks about identity theft (*les vols d'identité*), fraud (*les fraudes*), and piracy (*le piratage informatique*). By contrast, she does not mention the following issues: gambling (*les jeux d'argent*), health (*la santé*), and cyber-bullying (*la cyberintimidation*).

23.7. B
The person who is safest online is speaker B: *je ne parle jamais aux inconnus en ligne* (I never speak to strangers online). The other speakers demonstrate less safe online behaviour: *je partage mes mots de passe avec mes amis* (I share my passwords with my friends); *je ne change pas fréquemment mes paramètres de confidentialité* (I do not change my privacy settings regularly); and, *je poste tout ce que je fais sur mes réseaux sociaux* (I post everything I do on my social media).

23.8. A
The true statement according to the text is A: *on dort moins et moins bien à cause de la technologie* (we sleep less and less well because of technology). This is true because the text says, *la technologie peut réduire la qualité et la quantité de notre sommeil* (technology can reduce the quality and quantity of our sleep).

23.9. D
The word that is not associated with computers in this question is *un député*, which means 'a member of parliament'. The other words are related to computers and include: *un écran* (a screen), *une souris* (a mouse), and *un clavier* (a keyboard).

23.10. B
The false statement according to the text is B: *grâce aux portables, les enfants se divertissent plus souvent avec les membres de leur famille* (thanks to mobile phones, children have fun more often with members of their family). This is not true because the text says that children spend less time with their families (*les enfants passent moins de temps en famille*). The other statements are true. Firstly, *les experts s'inquiètent des dangers des portables* (the experts are worried about the dangers of mobile phones) is true because the text notes that 'the experts are worried that technological developments are dangerous for society' (*les experts ont peur que nos progrès technologiques soient néfastes pour la société*). Secondly, *les amitiés sont plus superficielles à cause des portables* (friendships are more superficial because of mobile phones) is also correct because the text says that children no longer form high quality friendships due to phones (*les enfants... ne forment plus des amitiés de bonne qualité*). Finally, *il y a une plus grande menace d'harcèlement quand les jeunes possèdent un portable* (there is a bigger threat of bullying when young people use phones) is true because the text says that children are more exposed to the risk of bullying (*s'exposent au risque de la cyberintimidation*).

23.11. B

The only statement that is not a disadvantage of the internet is *les produits coûtent souvent moins cher en ligne* (products are often cheaper online). The other statements outline some disadvantages of the internet: *on peut devenir accro* (we can become addicted); *notre communication devient moins personnelle* (our communication becomes less personal); and, *si on passe trop de temps sur internet, on risque de devenir obèse* (if we spend too long on the internet, we risk becoming obese).

23.12. D

The sentence that does not include the present participle is D, *la technologie joue un rôle très important dans la vie moderne* (technology plays a very important role in modern life). Present participles are the equivalent of –ing words in English, e.g. runn**ing**, do**ing**, liv**ing**. In French, to form the present participle you remove the –*ons* from the *nous* form of the present tense of the verb, and add -*ant*, e.g. parl**ant** (speaking), écout**ant** (listening) etc. The sentences in this question provide examples of the present participle: *en **cherchant** en ligne, on peut trouver des informations pour notre presentation* (by **looking** online, we can find information for our presentation); *mon père a moins dépensé en **achetant** les billets en ligne* (my dad spent less by **buying** the tickets online); and, ***ayant** une webcam, je peux voir toute ma famille en Australie quand ils m'appellent* (**having** a webcam, I can see all my family in Australia when they call me).

23.13. C

Elena decided to stop using social media because she received unpleasant messages from a stranger (*elle a reçu des messages déplaisants d'un inconnu*). We know this because in the text she says that last month a stranger sent her horrible messages under a false name (*le mois dernier un étranger m'a envoyé des messages désagréables sous un faux nom*). She adds that when someone feels anonymous online they think that they can say whatever they like without any consequences (*quand quelqu'un se sent anonyme en ligne … il croit pouvoir dire ce qu'il veut sans conséquence*).

23.14. A

The sentence that does not make sense is A: *j'ai l'intention de télécharger une imprimante* (I intend to download a printer). The other sentences are more logical: *ce soir je dois répondre à trois emails de travail* (this evening I must respond to three work emails); *un internaute est quelqu'un qui utilise internet* (an internet user is someone who uses the internet); and, *pour utiliser internet il faut une connexion, par exemple le wifi* (to use the internet you need a connection, for example Wi-Fi).

23.15. B

The person who expresses a negative opinion about social networks in this question is Eléonore, as she spends the whole time being jealous of others. There is a constant comparison (*je passe tout mon temps à envier les autres. Je me compare constamment !*). The other two friends have more positive views about social networks. Charlotte says that social media is a part of her identity (*ils font parti de mon identité*) and that she uses it to stay in contact with old friends (*Je peux rester en contact avec mes vieux amis*). Mélanie likes being able to share her news with her friends (*J'aime le fait de pouvoir partager mes nouvelles avec mes amis*) and comments that watching funny videos on social media is a good way to relax (*regarder des vidéos marrantes sur les réseaux sociaux est une bonne façon de se détendre*).

The difficulty rating for each question (Elementary [E], Intermediate [I] or Advanced [A]) can be found in parentheses next to each question.

24.1. Quel mot n'est pas un continent ? (E)

A) L'Asie
B) L'Afrique
C) L'Europe
D) Les États-Unis

Extra ! Identifie les autres continents.

24.2. Quelle est la traduction correcte de la phrase suivante ? (E)

We must understand different cultures better in order to live in peace.

A) Il faut qu'on mieux comprenne les cultures différents afin d'habiter en paie.
B) Il faut qu'on comprenne mieux les cultures différentes afin de vivre en paix.
C) Il faut qu'on mieux comprenne les cultures différents afin de vivre en paie.
D) Il faut qu'on comprenne mieux la culture différente afin d'habiter en paix.

Extra ! Explique pourquoi les autres traductions ne sont pas correctes.

24.3. Lis le texte de Marcel. (E)

La semaine dernière j'ai organisé un évènement pour la journée de la diversité culturelle avec deux camarades de classe. Selon nous, c'était un grand succès ! Nous avions préparé des ateliers pour représenter les cultures différentes. Par exemple, il y avait un atelier pour décorer des lanternes chinoises et un autre atelier pour apprendre des danses espagnoles. En plus il y avait de la nourriture des quatre coins du monde dans la cantine – miam miam !

Quelle est la phrase correcte ?

A) Marcel a organisé l'évènement tout seul.
B) La journée ne s'est pas bien passée.
C) Ils ont proposé des activités créatives et physiques.
D) Ils ont seulement mangé de la nourriture espagnole.

Extra ! Transforme les phrases incorrectes.

24.4. Quel mot n'est pas une religion ? (E)

A) Le christianisme
B) Les musulmans
C) L'hindouisme
D) Le bouddhisme

Extra ! Traduis chaque religion en anglais.

24.5. Complète ce texte à trous. (E)

- Nous allons …(1)… Philippines.
- Je suis allée …(2)… Canada.
- Ils iront …(3)… Italie.

A) (1) en, (2) au, (3) à l'
B) (1) aux, (2) en, (3) au
C) (1) au, (2) en, (3) à
D) (1) aux, (2) au, (3) en

Extra ! Invente trois autres phrases qui utilisent les prépositions ci-dessus.

24.6. Le tableau contient des mots associés aux gens, à la culture et aux problèmes mondiaux. Quel mot n'apparaît pas dans la bonne catégorie ? (I)

Les gens	La culture	Les problèmes mondiaux
les jeunes	le patrimoine	la guerre
les vieux	la diversité	la pauvreté
les valeurs	les langues	les préjugés

A) les vieux
B) le patrimoine
C) les valeurs
D) la pauvreté

Extra ! Ajoute un autre mot à chaque colonne.

24.7. Quel mot peut compléter la phrase suivante ? (I)

Ma culture fait partie de mon identité et me donne une certaine …… de vivre.

A) joie
B) paix
C) malaise
D) content

Extra ! Écris une réponse à la question : La culture est-elle importante pour toi ?

24.8. Lis le texte de Bhaskar. (I)

Le mois dernier j'ai participé à un échange interculturel avec un lycée en Nouvelle-Zélande. Au total nous étions dix élèves – cinq de chaque lycée. D'abord les élèves néo-zélandais sont venus en Inde pendant quinze jours et nous leur avons fait découvrir notre culture et la nourriture indienne. Ensuite nous sommes allés en Nouvelle-Zélande pendant une semaine. C'était l'occasion parfaite de fêter les cultures différentes et j'ai déjà hâte de repartir pour ce pays aussi beau et accueillant.

Quelle information n'est pas mentionnée ?

A) Dix élèves ont participé à l'échange.
B) Après la visite des élèves néo-zélandais en Inde, Bhaskar et ses camarades sont allés en Nouvelle-Zélande.

C) Le séjour en Nouvelle-Zélande était plus court que celui en Inde.

D) Bhaskar a beaucoup aimé la nourriture en Nouvelle-Zélande.

Extra ! Traduis le texte.

24.9. Quelle ligne associant un verbe, un nom et un adjectif est incorrecte ? (I)

A) vivre ⇔ la vie ⇔ vif
B) inquiéter ⇔ l'inquiétude ⇔ inquiet
C) enrichir ⇔ l'enrichissement ⇔ richesse
D) connaître ⇔ la connaissance ⇔ connaissant

Extra ! Ajoute trois autres lignes associant un verbe, un nom et un adjectif.

24.10. Lis le texte de Krisha au sujet du multilinguisme. (I)

Je parle trois langues et je trouve que le multilinguisme est devenu plus important étant donné que notre monde est de plus en plus international. On peut donc communiquer avec plus de personnes, et les langues nous donnent plus d'opportunités dans le monde du travail et du commerce. En plus les langues nous apportent une compréhension culturelle plus riche.

Le texte de Krisha est...

A) ...plus positif que négatif.
B) ...plus négatif que positif.
C) ...seulement positif.
D) ...seulement négatif.

Extra ! Écris une réponse à la question : Penses-tu qu'il est important de parler plusieurs langues ?

24.11. Lis le texte de Noella au sujet de la mondialisation et de la technologie. (A)

Je pense que la technologie a rapproché le monde et est l'une des causes les plus significatives pour la mondialisation. Grâce à la technologie on peut communiquer avec n'importe qui n'importe où donc les frontières ont commencé de se brouiller. Selon moi, cela peut avoir un effet à la fois positif et négatif sur la diversité culturelle. D'un côté, on peut apprendre des cultures différentes grâce à l'internet. D'un autre côté les remarques intolérantes peuvent affaiblir les rapports entre différents pays et cultures.

Selon Noella, quelle est la phrase correcte ?

A) La technologie est le seul moteur de la mondialisation.
B) La communication autour du monde est plus efficace grâce à la technologie.
C) Les frontières sont plus fermées que jamais.
D) La technologie n'a que des conséquences négatives pour la diversité culturelle.

Extra ! Corrige les phrases fausses selon le texte.

24.12. Quelle personne donne une opinion négative sur l'apprentissage d'une nouvelle langue ? (A)

A) Apprendre l'italien – c'est du gâteau !
B) Quand j'apprends l'arabe, ça me fait travailler le cerveau.
C) J'ai l'intention d'apprendre l'hindi cette année parce que c'est la langue maternelle de ma grand-mère.
D) Pour moi apprendre d'autres langues ne vaut pas la peine.

Extra ! Traduis les phrases.

24.13. Lis le texte de Philippe. (A)

Malheureusement le monde d'aujourd'hui peut être triste. D'abord, il y a encore beaucoup de discrimination contre ceux qui ont des peaux ou des fois différentes. En plus, l'augmentation des températures des océans et de l'atmosphère menace notre avenir et nous devons assumer notre responsabilité. Il faut qu'on change vite. Malgré toutes ces difficultés, ce qui me préoccupe par-dessus tout c'est que trop de monde continue de souffrir de la famine.

Selon Philippe, quel est le problème mondial le plus grave ?

A) le racisme
B) le réchauffement climatique
C) la persécution religieuse
D) la faim

Extra ! Écris une réponse à la question : Pour toi, quel est le problème mondial le plus grave ?

24.14. Quels mots ne sont pas synonymes ? (A)

A) incontestable ⇔ indiscutable
B) une conviction ⇔ une croyance
C) une crainte ⇔ une peur
D) paisible ⇔ coupable

Extra ! Donne trois autres exemples de paires de synonymes.

24.15. Matthieu parle de son identité française. (A)

L'identité française est caractérisée par, entre autres, notre langue, notre politique, notre histoire. Mais par-dessus tout, pour moi, ce qui caracterise l'identité française le mieux c'est la cuisine ! D'après moi, il n'y a rien de comparable dans le monde entier. Dans notre famille, nous avons une recette de bouillabaisse qui a été transmise de génération de génération. Nous avons même une photo de mon arrière-grand-mère cuisinant ce plat.

Quelle est la phrase incorrecte ?

A) Matthieu pense que l'identité française est composée de plusieurs éléments.
B) Selon Matthieu, la politique est l'élément le plus important de l'identité française.
C) Matthieu pense que la cuisine française est la meilleure du monde.
D) Sa famille possède une très vieille recette de bouillabaisse.

Extra ! Écris un paragraphe sur la diversité culturelle.

Answers and Detailed Solutions

24.1. D

The option that is not a continent is *les Etats-Unis*, which means 'the United States'. In French, the continents are as follows: *l'Afrique* (Africa), *l'Amérique* (which could be split into *l'Amérique du Nord* [North America] and *l'Amérique du Sud* [South America]), *l'Antarctique* (Antarctica), *l'Asie* (Asia), *l'Europe* (Europe) and *l'Océanie* (Australasia).

24.2. B

The best translation of the sentence 'we must understand different cultures better in order to live in peace' is *il faut qu'on comprenne mieux les cultures différentes afin de vivre en paix*. Firstly, notice the subjunctive after *il faut que* (it is necessary that), e.g. *on comprenne* (we understand), rather than the imperative *on comprend* (we understand). For further practice with the subjunctive, see question and answer 28.15. Next, the adjective generally goes after the noun in French and needs to agree with the noun, e.g. *les cultures différentes* (different cultures). *Afin de* is a useful way of saying 'in order to', however, it is also possible to use *pour* + infinitive. *Vivre* and *habiter* both mean 'to live', however, *vivre* tends to mean living more generally, whereas *habiter* refers to where you live. As such, 'to live in peace' is *vivre en paix*.

24.3. C

According to Marcel's text, the true statement is C, *ils ont proposé des activités créatives et physiques* (they offered creative and physical activities), because Marcel says that there were workshops for decorating Chinese lanterns and learning Spanish dances (*il y avait un atelier pour décorer des lanternes chinoises et un autre atelier pour apprendre des danses espagnoles*). The other statements are false. Firstly, *Marcel a organisé l'évènement tout seul* (Marcel organised the event all alone) is not true because he did it with two classmates (*deux camarades de classe*). Secondly, *la journée ne s'est pas bien passée* (the day did not go well) is also incorrect because Marcel says that it was a great success (*c'était un grand succès*). Finally, *ils ont seulement mangé de la nourriture espagnole* (they ate only Spanish food) is false because there were cuisines from the four corners of the world (*il y avait de la nourriture des quatre coins du monde*).

24.4. B

The word that is not a religion is *les musulmans*, as this describes 'Muslims', who are followers of the religion, *l'Islam* (Islam). The other words are all religions: *le christianisme* (Christianity), *l'hindouisme* (Hinduism), and *le bouddhisme* (Buddhism).

24.5. D

To say 'in' or 'to' a country in French changes depending on whether the country is masculine singular, feminine singular, or plural noun. For example, the first country, *les Philippines*, is a plural noun and therefore the gap should be filled with *aux*, e.g. *Nous allons aux Philippines* (We go to the Philippines). The second country is a masculine singular noun, *le Canada*, and therefore the gap requires *au*, e.g. *Je suis allée au Canada* (I went to Canada). The third country – like most countries in French – is a feminine singular noun (*l'Italie*), and therefore the gap should be filled with *en*, e.g. *ils iront en Italie* (they will go to Italy).

24.6. C

The word that is in the wrong column is *les valuers*, which means 'values' and should therefore go in *la culture* column. The table should look as follows:

Les gens (people)	La culture (culture)	Les problèmes mondiaux (global problems)
les jeunes (young people) les vieux (old people)	le patrimoine (heritage) la diversité (diversity) les langues (languages) **les valeurs** (values)	la guerre (war) la pauvreté (poverty) les préjugés (prejudices)

24.7. A

The word that is needed to complete the sentence is *joie* (joy). The expression *joie de vivre* is also used in English and means 'zest for life'. As such, the sentence reads, *Ma culture fait partie de mon identité et me donne une certaine joie de vivre* (my culture is part of my identity and gives me a certain *joie de vivre*).

24.8. D

In his text about a school exchange to New Zealand, Bhaskar does not mention that he really liked the food (*Bhaskar a beaucoup aimé la nourriture*). Bhaskar mentions that ten students were involved in the exchange on the trip (*au total nous étions dix élèves*). He notes that the students from New Zealand visited India first (*D'abord les élèves néo-zélandais sont venus en Inde*) and then the students from India went to New Zealand (*Ensuite nous sommes allés en Nouvelle-Zélande*). Bhaskar also says that the trip to New Zealand lasted a week (*une semaine*), whereas the trip to India was for two weeks (*quinze jours*).

24.9. C

Line C should read as follows: **verb**: *enrichir* (to enrich), **noun**: *l'enrichissement* (enrichment), **adjective**: *enrichissant* (enriching). *Richesse*, by contrast, is a noun meaning 'wealth', rather than an adjective. The other verb-noun-adjective combinations are correct: **verb**: *vivre* (to live), **noun**: *la vie* (life), **adjective**: *vif* (lively); **verb**: *inquiéter* (to worry), **noun**: *l'inquiétude* (worry),

adjective: *inquiet* (worried); and, **verb**: *connaître* (to know), **noun**: *la connaissance* (knowledge), **adjective**: *connaissant* (knowledgeable).

24.10. C

Krisha's text about multilingualism is entirely positive, and therefore the correct answer is C. She says that she finds that multilingualism is becoming ever more important given that our world is increasingly international (*je trouve que le multilinguisme est devenu plus important étant donné que notre monde est de plus en plus international*). She also highlights the fact that languages give us more opportunities for work and trade (*les langues nous donnent plus d'opportunités dans le monde du travail et du commerce*). Finally, Krisha says that learning languages provides us with a richer understanding of different cultures (*les langues nous apportent une compréhension culturelle plus riche*).

24.11. B

According to Noella's text, the true statement is B, *la communication autour du monde est plus efficace grâce à la technologie* (communication around the world is more effective thanks to technology), because Noella says that 'we can communicate with anyone anywhere' (*on peut communiquer avec n'importe qui n'importe où*). The other statements are false. Firstly, *la technologie est le seul moteur de la mondialisation* (technology is the only reason for globalisation) is not true because Noella comments that it is one of the most significant causes (*est l'une des causes les plus significatives*). Secondly, *les frontières sont plus fermées que jamais* (borders are more inflexible than ever) is also incorrect because Noella says the opposite: *les frontières ont commencé de se brouiller* (national borders have started to blur into one another). Finally, *la technologie n'a que des conséquences négatives pour la diversité culturelle* (technology only has negative consequences for cultural diversity) is false because Noella notes that it can have both a positive and a negative effect (*cela peut avoir un effet à la fois positif et négatif*).

24.12. D

The person who has a negative opinion of language learning is speaker D, who says, *pour moi apprendre d'autres langues ne vaut pas la peine* (for me learning languages is not worth the trouble). The other speakers have much more positive views of language learning: *Apprendre l'italien – c'est du gâteau !* (Learning Italian – it is a piece of cake!); *quand j'apprends l'arabe, ça me fait travailler le cerveau* (when I learn Arabic it helps me to keep my brain working); and, *j'ai l'intention d'apprendre l'hindi cette année parce que c'est la langue maternelle de ma grand-mère* (I intend to learn Hindi this year because it is my grandmother's mother tongue).

24.13. D

According to Philippe, the most serious problem facing the modern world is hunger (*la faim*). We know this because he says, 'what worries me above all is that there are too many people without enough to eat' (*ce qui me préoccupe par-dessus tout c'est que trop de monde continue de souffrir de la famine*). Philippe is also worried about a number of other issues too. For example, he says *il y a encore beaucoup de discrimination contre ceux qui ont des peaux ou des fois différentes* (there is discrimination against those who have a different skin colour or a different faith), and he is also concerned about global warming (*le réchauffement climatique*), as he says *l'augmentation des températures des océans et de l'atmosphère menace notre avenir et nous devons assumer notre responsabilité* (the rising temperature of the oceans and atmosphere threaten our future and we must take responsibility).

24.14. D

The pair of words that are not synonyms are *paisible* (peaceful) and *coupable* (guilty). The other pairs of words share similar meanings: *incontestable* (unquestionable) and *indiscutable* (indisputable); *une conviction* (a conviction) and *une croyance* (a belief); and, *une crainte* (fear) and *une peur* (fear).

24.15. B

According to Matthieu's text, the false statement is B, *selon Matthieu la politique est l'élément le plus important de l'identité française* (according to Matthieu, politics is the most important element of French identity), because instead he notes that the defining part of his French identity is French cuisine (*la cuisine française*). The other statements are true. Firstly, *Matthieu pense que l'identité française est composée de plusieurs éléments* (Matthieu thinks that French identity is made up of several elements) is true because he says that French identity is characterised by our language, our politics and our history, among other things (*l'identité française est caractérisée par, entre autres, notre langue, notre politique et notre histoire*). Secondly, *Matthieu pense que la cuisine française est la meilleure du monde* (Matthieu thinks that French cuisine is the best in the world) is also correct because he comments that there is nothing comparable in the whole world (*il n'y a rien de comparable dans le monde entier*). Finally, *sa famille possède une très vieille recette de bouillabaisse* (his family possess a very old bouillabaisse recipe) is true because Matthieu mentions that the bouillabaisse recipe has been handed down from generation to generation (*a été transmise de génération de génération*).

The difficulty rating for each question (Elementary [E], Intermediate [I] or Advanced [A]) can be found in parentheses next to each question.

25.1. Quelle liste contient des adjectifs qui sont placés avant le nom ? (E)

A) bon, beau, jeune, petit
B) content, intelligent, drôle, étrange
C) fort, vert, froid, sale
D) triste, grave, travailleur, léger

Extra ! Traduis tous les adjectifs.

25.2. Quel adjectif n'est pas dans sa forme masculine ? (E)

A) haute
B) gentil
C) difficile
D) courageux

Extra ! Utilise les adjectifs de la liste ci-dessus pour créer quatre phrases.

25.3. Quel adjectif n'est pas dans sa forme féminine ? (E)

A) dernière
B) dangereuse
C) belle
D) amical

Extra ! Donne quatre autres exemples d'adjectifs dans leur forme féminine.

25.4. Lis le texte. (E)

Le dernier examen que j'ai passé était absolument affreux. Naturellement, la prochaine fois, je serai bien préparée et prête.

Combien d'adjectifs et d'adverbes sont présents dans le texte ?

A) 3 adjectifs & 4 adverbes
B) 2 adjectifs & 3 adverbes
C) 4 adjectifs & 2 adverbes
D) 5 adjectifs & 3 adverbes

Extra ! Invente une phrase qui contient 3 adjectifs et 3 adverbes.

25.5. Complète ce texte à trous avec les bons adverbes. (E)

(1) Elle est une bonne chanteuse ⇒ Elle chante ....
(2) Ils sont très rapides ⇒ Ils courent très ....
(3) Les devoirs sont faciles ⇒ On fait les devoirs ....

A) (1) bien, (2) vite, (3) facilement
B) (1) bon, (2) rapide, (3) facile
C) (1) bien, (2) vitement, (3) franchement
D) (1) bonne, (2) rapides, (3) déjà

Extra ! Donne un autre exemple d'une paire de phrases : l'une avec l'adjectif, l'autre avec l'adverbe.

25.6. Quelle phrase ne contient pas d'adjectif au pluriel ? (I)

A) J'ai acheté deux montres françaises.
B) Le garçon a pris une décision affreuse.
C) Elle aime les fleurs jaunes.
D) Ces enfants sont très curieux.

Extra ! Donne trois autres exemples d'adjectifs au pluriel.

25.7. Dans quelle phrase l'adverbe est-il mal situé ? (I)

A) Il peut souvent sortir le soir.
B) Nous sommes partis déjà.
C) Je ne bois pas beaucoup.
D) Elle a bien joué.

Extra ! Écris trois phrases avec un adverbe. Conjugue la première phrase au passé, la deuxième phrase au présent et la troisième phrase au futur.

25.8. Quelle phrase contient un adjectif qui n'est pas bien accordé avec le nom ? (I)

A) Mes cousins sont normalement amicales.
B) Ma matière préférée est la géo.
C) La fille peut être vraiment confiante.
D) Les familles qui parlent régulièrement sont plus heureuses.

Extra ! Invente quatre phrases qui contiennent un nom et un adjectif.

25.9. Complète ces phrases à trous. (I)

- Le pays est très ...(1)...
- C'est un ...(2)... élève
- Les garçons semblent ...(3)...
- La maison est ...(4)...

A) (1) bel, (2) nouveau, (3) heureuses, (4) ancien
B) (1) beau, (2) nouvel, (3) heureux, (4) ancienne
C) (1) beaux, (2) nouvelle, (3) heureu, (4) ancient
D) (1) belle, (2) nouveaux, (3) heureus, (4) anciente

Extra ! Complète ces phrases à trous avec des adjectifs différents.

25.10. Dans quelle phrase est-ce que la forme de l'adjectif « tout » n'est pas correcte ? (I)

A) Tous les chansons sont excellentes.
B) Toute ma famille vient d'Inde.
C) Je joue au tennis tout le temps.
D) J'ai regardé tous les films.

Extra ! Corrige l'erreur et traduis les phrases.

25.11. Quel adjectif est invariable ? (A)

A) bleu
B) jaune
C) marron
D) vert

Extra ! Utilise les adjectifs ci-dessus pour créer quatre phrases.

25.12. Quelles expressions ne sont pas synonymes ? (A)

A) à tout prix ⇔ coûte qui coûte
B) sans doute ⇔ indubitablement
C) d'habitude ⇔ tout à l'heure
D) de nouveau ⇔ encore une fois

Extra ! Utilise trois des expressions de la liste ci-dessus pour créer trois phrases.

25.13. Regarde le tableau listant des adverbes de temps et de lieu. (A)

Adverbes de temps	Adverbes de lieu
bientôt	ailleurs
tard	dehors
d'abord	ici
avant	là-bas
actuellement	loin
désormais	maintenant
ensuite	partout
toujours	près
parfois	quelque part

Combien d'adverbes apparaissent dans la mauvaise colonne ?

A) Un
B) Deux
C) Trois
D) Quatre

Extra ! Invente trois phrases avec trois adverbes du tableau.

25.14. Quelle phrase ne marque pas une comparaison ? (A)

A) Le cours d'histoire est meilleur que celui d'EPS.
B) Ce gâteau est plus délicieux que celui-là.
C) Les radios sont normalement moins chères que les portables.
D) La femme est à la fois sage et gentille.

Extra ! Écris trois autres phrases marquant une comparaison.

25.15. En français, certains adjectifs ont un sens différent selon s'ils sont placés avant ou après le nom. Quelle liste contient ce type d'adjectifs ? (A)

A) fatigant, difficile, ennuyeux
B) ancien, propre, seul
C) autre, même, plein
D) heureux, paresseux, intelligent

Extra ! Traduis tous les adjectifs ci-dessus.

Answers and Detailed Solutions

25.1. A

In French most adjectives go after the noun, e.g. *une fille intelligente* (an intelligent girl). Examples of adjectives that go after the noun include: *content* (happy), *intelligent* (intelligent), *drôle* (funny), *étrange* (strange), *fort* (strong), *vert* (green), *froid* (cold), *sale* (dirty), *triste* (sad), *grave* (serious), *travailleur* (hardworking), and *léger* (light). There are, however, some exceptions. The following adjectives often go before the noun: *bon* (good), *mauvais* (bad), *beau* (beautiful), *joli* (pretty), *jeune* (young), *vieux* (old), *nouveau* (new), *petit* (small), *grand* (big), *gentil* (kind), *gros* (fat), and *haut* (high). For example, 'a good meal' is *un bon repas*, and 'a small house' is *une petite maison*. Ordinal adjectives, e.g. first, second etc., also go before the noun, e.g. *le premier jour* (the first day). Other examples of adjectives that go before the noun are: *tout* (all), *autre* (other), and *même* (same). Some adjectives change their meaning depending on whether they are placed before or after the noun; see question 25.15. for adjectives like this.

25.2. A

In French, adjectives often change their form depending on whether they are describing a masculine or feminine noun. In question 25.2., the adjective that is not in its masculine form is *haute* (high), which would be *haut* if describing a masculine singular noun. *Gentil* and *courageux* are in the masculine form, while *difficile* could be either masculine or feminine as it ends in an –e. The following table gives examples of how adjectives generally change depending on whether they are describing a masculine or feminine noun. It is important to note, however, that there are many exceptions to these rules:

Masculine Ending	Feminine Ending
-t (*différent*)	-te (*différente*)
-l (*seul*)	-le (*seule*)
-e (*riche*)	-e (*riche*)
-eux (*curieux*)	-euse (*curieuse*)
-s (*gros*)	-sse (*grosse*)
-er (*fier*)	-ère (*fière*)

As you can see from the table, the main rule is that most of the time, if the adjective ends in a consonant in the masculine, e.g. *grand*, then you add an –e in the feminine, e.g. *grande*. Adjectives that already end in an –e in the masculine do not change in the feminine.

25.3. D

The adjective that is not in its feminine form is *amical* (friendly), which would be *amicale* in the feminine. The other options are feminine: *belle* (beautiful), *dangereuse* (dangerous), and *dernière* (last). See the table in answer 25.2. for further information with regard to masculine and feminine adjectives.

25.4. D

The text contains 5 adjectives (words that describe nouns) and 3 adverbs (words that describe verbs). The adjectives are *dernier* (last), *affreux* (awful), *prochaine* (next), *préparée* (prepared), and *prête* (ready). The adverbs are *absolument* (absolutely), *naturellement* (naturally), and *bien* (well). To form an adverb in French, you generally take the feminine form of the adjective, e.g. *naturelle*, and add the suffix –ment, e.g. *naturellement*.

25.5. A

The first gap needs to be filled with *bien* (well). The sentences then read, *elle est une bonne chanteuse* (she is a good singer) ⇒ *elle chante bien* (she sings well). The second gap needs to be filled with *vite* (quickly). The sentences then read, *ils sont très rapides* (they are very fast) ⇒ *ils courent très vite* (they run very quickly). The third gap needs to be filled with *facilement* (easily). The sentences then read, *les devoirs sont faciles* (the homework is easy) ⇒ *on fait les devoirs facilement* (we do the homework easily).

25.6. B

The only sentence that does not contain a plural adjective is B, *le garçon a pris une décision affreuse* (the boy made an awful decision), which contains a singular adjective (*affreuse*). The other sentences contain plural adjectives: *j'ai acheté deux montres **françaises*** (I bought two French watches); *elle aime les fleurs **jaunes*** (she likes the yellow flowers); and, *ces enfants sont très **curieux*** (these children are very curious). Making an adjective plural in French depends on the ending of the adjective and whether it is masculine or feminine. The following table gives examples of regular adjectival changes from the singular to the plural:

Masculine Singular	Feminine Singular	Masculine Plural	Feminine Plural
-d (*grand*)	-de (*grande*)	-ds (*grands*)	-des (*grandes*)
-t (*fort*)	-te (*forte*)	-ts (*forts*)	-tes (*fortes*)
-e (*sage*)	-e (*sage*)	-es (*sages*)	-es (*sages*)
-s (*anglais*)	-se (*anglaise*)	-s (*anglais*)	-ses (*anglaises*)
-eux (*dangereux*)	-euse (*dangereuse*)	-eux (*dangereux*)	-euses (*dangereuses*)
-al (*national*)	-ale (*nationale*)	- aux (*nationaux*)	-ales (*nationales*)

As you can see from the table, the general rule is to add –s to masculine adjectives to make them plural, e.g. *sain* ⇒ *sains* and to add –s to feminine adjectives to make them plural, e.g. *saine* ⇒ *saines*. Notice that adjectives that end in an –s in the masculine singular stay the same in the plural, e.g. *un drapeau anglais* ⇒ *deux drapeaux anglais*. Also, it is important to note that adjectives ending –al in the masculine singular become –aux in the masculine plural, e.g. *un mois génial* (a great month) ⇒ *trois mois géniaux* (three great months).

25.7. B
Sentence B contains an adverb in the wrong place. Instead, it should read: *nous sommes déjà partis* (we have already left). This is because in compound tenses the adverb is placed between the auxiliary and the past participle. The adverbs in the other sentences are in the correct position: *il peut souvent sortir le soir* (he can often go out in the evening); *je ne bois pas beaucoup* (I do not drink much); and, *elle a bien joué* (she played well).

25.8. A
The adjective that does not agree with the noun is *amicales* (friendly) because the noun being described is *mes cousins*, which is masculine. As such, the adjective should be *amicaux*. The sentence should read, *mes cousins sont normalement amicaux* (my cousins are normally friendly). The adjective *amicales* could be used if the noun being described was *mes cousines* (my cousins [female]). The other sentences have the correct adjectival agreement: *ma matière **préférée** est la géo* (my favourite subject is geography); *la fille peut être vraiment **confiante*** (the girl can be really confident); and, *les familles qui parlent régulièrement sont plus **heureuses*** (families who talk regularly are happier).

25.9. B
The first gap needs to be filled with *beau* (nice) as the noun being described, *le pays* (the country) is masculine. The sentence then reads, *le pays est très beau* (the country is very beautiful). The second gap needs to be filled with *nouvel* (new). The sentence then reads, *c'est un nouvel élève* (he is a new student). This is because the noun (*élève*) begins with a vowel, and therefore *nouvel* is needed rather than *nouveau*. This is an example of an irregular adjective. The third gap needs to be filled with *heureux* (happy) as the noun being described, *les garçons*, is masculine plural. The sentence then reads, *les garçons semblent heureux* (the boys seem happy). The fourth gap needs to be filled with *ancienne* (old) because the noun being described is feminine singular, *la maison* (the house). The sentence then reads, *la maison est ancienne* (the house is old).

25.10. A
The adjective *tout* means 'all' and changes according to the gender and number of the noun: *tout* (masculine singular), *toute* (feminine singular), *tous* (masculine plural), and *toutes* (feminine plural). As such, sentence A is incorrect and should read, ***toutes** les chansons sont excellentes* (all the songs are excellent), because *les chansons* is a feminine plural noun. The other examples are already correct: *toute ma famille vient d'Inde* (all my family come from India); *je joue au tennis tout le temps* (I play tennis all the time); and, *j'ai regardé tous les films* (I watched all the films).

25.11. C
The adjective that does not change regardless of the gender and number of the noun is *marron*, e.g. *une maison **marron*** (a brown house), *des baskets **marron*** (brown trainers). The other colours listed change according to the noun, e.g. *une voiture bleue* (a blue car), *des chaises vertes* (green chairs) etc.

25.12. C
The phrases in this question that are not synonyms are *d'habitude* (usually) and *tout à l'heure* (in a while). The other pairs of expressions have similar meanings: *à tout prix* and *coûte qui coûte* both mean 'whatever the cost'; *sans doute* and *indubitablement* translate as 'undoubtedly'; and, *de nouveau* and *encore une fois* both mean 'again'.

25.13. A
There is one word in the incorrect column; *maintenant* means 'now', and so should be in the 'adverbs of time' (*adverbes de temps*) column. The table should therefore look as follows:

Adverbes de temps (adverbs of time)	Adverbes de lieu (adverbs of place)
bientôt (soon)	ailleurs (elsewhere)
tard (late)	dehors (outside)
d'abord (firstly)	ici (here)
avant (before)	là-bas (over there)
actuellement (currently)	loin (far)
désormais (from now on)	partout (everywhere)
ensuite (next)	près (near)
toujours (always)	quelque part (somewhere)
parfois (sometimes)	
maintenant (now)	

25.14. D
The sentence that does not contain a comparison is D, *la femme est à la fois sage et gentille* (the woman is both wise and kind). To say 'more + adjective + than' in French, use the formula : *plus + adjectif + que*, e.g. *Ce gâteau est **plus délicieux que** celui-là* (this cake is **more delicious than** that one). To say 'less + adjective + than' in French, use the formula : *moins + adjectif + que*, e.g. *Les radios sont normalement **moins chères que** les portables* (radios are normally **less expensive than** mobile phones). To say 'as + adjective + as' in French, use the formula : *aussi + adjectif + que*, e.g. *elle est **aussi patiente que** moi* (she is **as patient as** me). There are, however, a few exceptions. For example, *meilleur(e)(s)* means 'better' and *pire(s)* means 'worse'. An example of this is *le cours d'histoire est meilleur que celui d'EPS.* (the history lesson is better than the PE one).

25.15. B
Some French adjectives have different meanings depending on whether they go before or after the noun. Some of these adjectives can be found in the following table:

Adjectif	Before the noun	After the noun
ancien	former	old, ancient
cher	dear	expensive
divers	several	diverse
grand	great	tall
pauvre	miserable	not rich
propre	own	clean
seul	only	alone

The difficulty rating for each question (Elementary [E], Intermediate [I] or Advanced [A]) can be found in parentheses next to each question.

26.1. Quelle phrase ne contient pas d'article défini ? (E)

A) Louis a les cheveux noirs.
B) Elle porte un manteau élégant.
C) Le déjeuner est servi à une heure et demie.
D) La chaise n'est pas confortable.

Extra ! Écris la liste des articles définis et indéfinis.

26.2. Quel article défini faut-il utiliser pour les noms suivants ? (E)

magasin, genou, fils, portable, professeur

A) le
B) la
C) l'
D) les

Extra ! Écris trois exemples de noms qui vont après les autres articles.

26.3. Quelle phrase ne contient pas d'article indéfini ? (E)

A) J'habite dans une ville touristique.
B) As-tu un crayon ?
C) Nous avons un beau tableau.
D) Désolé, je ne sais pas l'heure.

Extra ! Invente trois phrases qui utilisent un article indéfini.

26.4. Quel est le seul nom masculin ? (E)

A) table
B) restaurant
C) chanteuse
D) nationalité

Extra ! Écris dix noms masculins et dix noms féminins.

26.5. Quelle phrase ne contient pas de nom au pluriel ? (E)

A) L'amitié est une chose très spéciale.
B) La chorale est pleine de belles voix.
C) Mon frère adore les jeux-vidéo.
D) Ses chaussures sont trop grandes.

Extra ! Invente trois autres phrases qui contiennent des noms au pluriel.

26.6. Les articles partitifs sont utilisés pour montrer une quantité indéterminée. Quelle équation n'est pas correcte ? (I)

A) de + le = du
B) de + la = de la
C) de + l' = de l'
D) de + les = de les

Extra ! Corrige l'erreur et écris quatre phrases en utilisant ces partitifs.

26.7. Complète ce texte à trous avec des articles partitifs. (I)

- Mes oncles mangent …(1)… pizza.
- Nous nous disputons à cause …(2)… vêtements.
- Elles boivent …(3)… café.

A) (1) des, (2) du, (3) de l'
B) (1) du, (2) de la, (3) des
C) (1) de la, (2) des, (3) du
D) (1) de l', (2) de l', (3) de la

Extra ! Conjugue les trois phrases au futur.

26.8. Quelle phrase n'est pas grammaticalement correcte ? (I)

A) J'ai **beaucoup des** amis.
B) Trop de personnes n'ont **pas de** travail.
C) Mon père mange **un peu de** chocolat tous les jours.
D) Il faut que j'achète **du** beurre.

Extra ! Traduis les phrases et corrige celle qui n'est pas correcte.

26.9. Quelle phrase ne contient pas de pronom possessif ? (I)

A) Ma moto est encore plus lente que ton scooter.
B) Les stylos ne sont pas les nôtres.
C) Je lirai ma dissertation d'abord et puis je lirai la tienne.
D) Je comprends ses opinions mais il ne comprend pas les miennes.

Extra ! Crée trois phrases qui utilisent des pronoms possessifs.

26.10. Dans quelles phrases les pronoms relatifs doivent-ils changer de place ? (I)

A) J'aime le gâteau **que** tu as fait / Tu as fait un gâteau **qui** était très délicieux.
B) Un bon prof est quelqu'un **que** nous écoute / Le prof **qui** tu aimes nous écoute.

C) La lettre **que** Michel écrit est pour sa mère / Michel écrit une lettre **qui** est pour sa mère.

D) J'ai la clé **dont** tu as besoin / J'ai perdu la clé **que** tu m'as donné.

Extra ! Invente trois phrases avec les pronoms relatifs « qui », « que » et « dont ».

26.11. Lis le texte. (A)

Les pizzas d'Italie sont plus authentiques que celles d'Inde, mais moi je préfère celles qu'on fait à la maison. Pour ceux qui préfèrent la nourriture épicée, celle d'Inde ne déçoit pas.

Combien de pronoms démonstratifs sont présents dans le texte ?

A) Un
B) Deux
C) Trois
D) Quatre

Extra ! Traduis le texte.

26.12. Lis les phrases ci-dessous avec des pronoms compléments d'objet direct (C.O.D) et de pronoms compléments d'objet indirect (C.O.I.). (A)

- Aimes-tu les films ? Oui, je **les** aime.
- Je **lui** ai dit de rester chez nous.
- Elle **m'**a vu à la gare.
- Ils ne **nous** écoutent jamais.

Combien y a-t-il C.O.D et de C.O.I ?

A) 2 C.O.D et 2 C.O.I
B) 1 C.O.D et 3 C.O.I
C) 3 C.O.D et 1 C.O.I
D) 4 C.O.D et 0 C.O.I

Extra ! Invente trois phrases avec des pronoms C.O.D et trois phrases avec des pronoms C.O.I.

26.13. Quelle liste contient les pronoms réfléchis ? (A)

A) me, te, se, nous, vous, se
B) moi, toi, lui/elle, nous, vous, eux/elles
C) je, tu, il/elle, nous, vous, ils/elles
D) me, te, lui, nous, vous, leur

Extra ! Invente trois phrases qui contiennent un verbe promominal.

26.14. Quelles phrases n'ont pas le même sens ? (A)

A) J'ai peur des hauteurs ⇔ J'ai le vertige
B) J'ai sommeil ⇔ Je suis fatigué
C) J'ai envie de danser ⇔ je ne veux pas danser
D) J'ai besoin de lire l'article ⇔ il faut que je lise l'article

Extra ! Invente trois autres phrases qui utilisent « avoir + nom » Par ex. j'ai froid.

26.15. Quelle réponse n'utilise pas le bon pronom ? (A)

A) **Question** : Allez-vous à la salle de sport ? **Réponse** : Oui, j'y vais trois fois par semaine.
B) **Question** : Aimez-vous boire du café ? **Réponse** : Oui, j'en bois beaucoup.
C) **Question** : Avez-vous vu l'émission ? **Réponse** : Oui, je l'ai vue.
D) **Question** : Aimez-vous ce pantalon ? **Réponse** : Oui, mais je préfère celle-là.

Extra ! Invente une réponse différente à chaque question en utilisant un pronom.

Answers and Detailed Solutions

26.1. B

The sentence that does not contain a definite article is B: *elle porte un manteau élégant* (she is wearing a smart coat). Instead, this sentence contains an indefinite article, in this case *un* (a/one). The definite article is translated into English as 'the' and takes different forms according to the gender and number of the noun. The definite articles are listed in the following table:

Definite article	Type of noun	Example
le	masculine singular	*le jardin* (garden)
la	feminine singular	*la jupe* (skirt)
l'	noun (masc. or fem.) starting with a vowel or h.	*l'idée* (idea)
les	plural (masc. or fem.)	*les examens* (exams)

The examples of definite articles are highlighted in the following sentences: *Louis a **les** cheveux noirs* (Louis has black hair); ***le** déjeuner est servi à une heure et demie* (the lunch starts at 1:30); and, ***la** chaise n'est pas confortable* (the chair is not comfortable).

26.2. A

The definite article that goes with the nouns in this question is *le*, because all the nouns are masculine singular and start with a consonant: *le magasin* (shop), *le genou* (knee), *le fils* (son), *le portable* (mobile phone), and *le professeur* (teacher).

26.3. D

The sentence that does not include an indefinite article is D, *désolé, je ne sais pas l'heure* (sorry, I do not know the time), as it contains a definite article (*l'*). The indefinite article is translated into English as 'a', 'an' or 'some' and takes different forms according to the gender and number of the noun. The indefinite articles are listed in the table below:

Indefinite article	Type of noun	Example
un	masculine singular	*un lieu* (a place)
une	feminine singular	*une poupée* (a doll)
des	plural (masc. or fem.)	*des sacs* (some bags)

The examples of indefinite articles are highlighted in the following sentences: *j'habite dans **une** ville touristique* (I live in a touristic town); *as-tu **un** crayon ?* (do you have a pencil?); and, *nous avons **un** beau tableau* (we have a nice painting).

26.4. B

The only masculine noun in this question is *le restaurant*. The other nouns are feminine: *une table*, *une chanteuse* (a singer), and *une nationalité* (a nationality). Although the rules have exceptions, there are some suffixes that tend to be generally used for either masculine or feminine nouns. Some of these are listed in the following table:

Masculine suffix	Example	Feminine suffix	Example
-in	*le gamin* (kid)	-enne	*la moyenne* (average)
-age	*le ménage* (housework)	-ion	*la condition* (condition)
-isme	*le racisme* (racism)	-ine	*la vitrine* (shop window)
-ai	*le quai* (platform)	-ée	*la donnée* (piece of data)

26.5. A

The sentence that does not contain a plural noun is A: *l'amitié est une chose très spéciale* (friendship is a very special thing). Plural nouns in French, like in English, tend to end in –s. For example, *ses chaussures sont trop grandes* (his/her shoes are too big). However, if a singular noun ends in –s, –x or –z then it does not change in the plural, e.g. *une fois* (one time) ⇒ *deux fois* (two times/twice). Other examples include *la chorale est pleine de belles voix* (the choir is full of nice voices) and *mon frère adore les jeux-vidéo* (my brother loves videogames). Furthermore, nouns ending in –au and –al in the singular become –aux in the plural, e.g. *un réseau* (a network) ⇒ *des réseaux* (some networks), *un animal* (one animal) ⇒ *deux animaux* (two animals).

26.6. D

Partitive articles are used to show an indeterminate quantity and in English would be translated as 'some'. Partitive articles change according to the gender and number of the noun. They are composed of *de* + definite article, but note that some of the definite articles (*le* and *les*) change when added to *de*. As such, the incorrect equation was *de* + *les* = *de les*, as instead this should be *de* + *les* = *des*. See the following table for examples of partitive articles:

Definite Article	Partitive Article	Example
le	du	elle mange **du** pain (she eats some bread)
la	de la	je bois **de la** limonade (I drink some lemonade)
l'	de l'	ils ajoutent **de l'**épice (they add some spice)
les	des	nous avons **des** frères (we have brothers)

26.7. C

The first gap should be filled with *de la* as the noun (*pizza*) is feminine singular: *mes oncles mangent de la pizza* (my uncles eat some pizza). The second gap should be filled with *des* as the noun is plural: *nous nous disputons à cause des vêtements* (we argue because of clothes). The third gap should be filled with *du* as the noun is masculine singular: *elles boivent du café* (they drink some coffee).

26.8. A

It can be easy to confuse the partitive article meaning 'some' (e.g. *du*, *de la*) with *de*. Certain words are followed by *de*, and the *de* does not change. Most notably, these are quantity words, for example, *un peu de* (a little of), *trop de* (too much of), and *beaucoup de* (a lot of), e.g. *mon père mange **un peu de** chocolat tous les jours* (my dad eats a little bit of chocolate every day). As such, sentence A should read, *J'ai **beaucoup d'**amis* (I have many friends). As we can see from the previous example, the only time *de* changes in these phrases is when it is followed by a noun that starts with a vowel; in these cases it loses the −e, e.g. *trop d'animaux* (too many animals). *Pas* (not) is also often followed by *de* when a noun directly follows it, e.g. *trop de personnes n'ont **pas de** travail* (too many people do not have a job).

26.9. A

The sentence that does not contain a possessive pronoun is A, *ma moto est encore plus lente que ton scooter* (my motorbike is even slower than your scooter). Possessive pronouns replace the noun that would have used a possessive adjective, e.g. you missed your train = we missed **ours**. The following sentences contain possessive pronouns: *les stylos ne sont pas **les nôtres*** (the pens are not **ours**); *je lirai ma dissertation d'abord et puis je lirai **la tienne*** (I will read my essay first and then I will read **yours**); and, *je comprends ses opinions mais il ne comprend pas **les miennes*** (I understand his opinions but he does not understand **mine**). Further practice with possessive pronouns can be found in question 19.10.

26.10. B

The relative pronouns that need to be switched are in the sentences in option B. They should read: *Un bon prof est quelqu'un **qui** nous écoute* (a good teacher is someone who listens to us) and *le prof **que** tu aimes nous écoute* (the teacher that you like listens to us). Relative pronouns are used to refer back to the object or subject of a verb. *Qui* often refers back to the person (who) or the place or thing (which) already mentioned, whereas *que* often refers back to the object of the sentence, meaning 'that' or 'which'. The pronoun *dont* is used when the verb in the second clause of a sentence is followed by *de*, e.g. *le chat dont on parle est petit* (the cat that we are talking about is small); in this example, *dont* is used because the verb is *parler de* (to talk about). See question 15.15., for more practice with *dont*. In question 26.10. the other relative pronouns are correct: *j'aime le gâteau **que** tu as fait* (I like the cake that you made) and *tu as fait un gâteau **qui** était très délicieux* (you made a cake that was very delicious); *la lettre **que** Michel écrit est pour sa mère* (the letter that Michel is writing is for his mother) and *Michel écrit une lettre **qui** est pour sa mère* (Michel is writing a letter that is for his mother); and, *j'ai la clé **dont** tu as besoin* (I have the key that you need) and *j'ai perdu la clé **que** tu m'as donné* (I lost the key that you gave me).

26.11. D

There are four demonstrative pronouns in the text, which are highlighted in bold: *Les pizzas d'Italie sont plus authentiques que **celles** d'Inde, mais moi je préfère **celles** qu'on fait à la maison. Pour **ceux** qui préfèrent la nourriture épicée, **celle** d'Inde ne déçoit pas* (Pizzas in Italy are more authentic than **those** in India, but I prefer **those** that we make at home. For **those** who prefer spicy food, **that of** India does not disappoint). Demonstrative pronouns can be used to emphasise which noun is being referred to, and translate as 'those' or 'this' in English. They agree with the number and gender of the noun they replace, e.g. *j'aime les pommes, surtout **celles** d'Italie* (I like apples, especially those from Italy).

26.12. C

The question contains 3 direct object pronouns and 1 indirect object pronoun. Direct object pronouns replace the object in a sentence, e.g. I love oranges, I eat **them** all the time. In French, direct object pronouns (*pronoms complément d'objet direct – C.O.D.*) are: *me, te, le, la, nous, vous, les*. The examples in the text are: *aimes-tu les films ? Oui, je **les** aime* (Do you like films? Yes, I like **them**), *elle m'a vu à la gare* (she saw **me** at the train station), and *ils ne **nous** écoutent jamais* (they never listen to **us**). Indirect object pronouns replace an object that is only indirectly involved in a sentence (usually through the presence of a preposition). In English, this would translate as 'to whom', 'for whom' etc. For example, I talk to Pierre ⇒ I talk **to him**. In French, indirect object pronouns (*pronoms complément d'objet indirect – C.O.I.*) are: *me, te, lui, nous, vous, leur*. The example in the text is: *Je **lui** ai dit de rester chez nous* (I told **him/her** to stay at our house). Both direct and indirect object pronouns tend to go before the verb.

26.13. A

Reflexive pronouns are used with reflexive verbs to indicate to whom the verb is happening. The reflexive pronouns can be found in the following table:

Subject Pronoun	Reflexive Pronoun	Example
je	*me*	*Je m'appelle* (I am called)
tu	*te*	*Tu te laves* (you get washed)
il/elle/on	*se*	*Elle se lève* (she gets up)
nous	*nous*	*Nous nous disputons* (we argue)
vous	*vous*	*Vous vous inquiétez* (you worry)
ils/elles	*se*	*Ils se plaignent* (they complain)

The other options in this question are not reflexive pronouns. List B contains stressed pronouns: *moi, toi, lui/elle, nous, vous, eux/elles*. See question 27.10., for more practice with stressed pronouns. List C contains subject pronouns: *je, tu, il/elle, nous, vous, ils/elles*. See question 27.6., for more practice with subject pronouns. List D contains indirect object pronouns: *me, te, lui, nous, vous, leur*. See question 26.12., for more practice with indirect object pronouns.

26.14. C

The pair of expressions that do not have a similar meaning are: *j'ai envie de danser* (I feel like dancing) ⇔ *je ne veux pas danser* (I do not want to dance). The other pairs of phrases have similar meanings: *j'ai peur des hauteurs* and *j'ai le vertige* both mean 'I have a fear of heights'; *j'ai sommeil* and *je suis fatigué* both translate as 'I am tired'; and, *j'ai besoin de lire l'article* ⇔ *il faut que je lise l'article* both mean 'I have to read

the article'. Expressions with *avoir* + noun are very common in French and some examples can be found in the following table:

Avoir + noun	English
avoir l'air	to seem
avoir besoin de	to need
avoir chaud	to be hot
avoir de la chance	to be lucky
avoir envie de	to feel like
avoir faim	to be hungry
avoir froid	to be cold
avoir l'habitude de	to be in the habit of
avoir peur de	to be scared of
avoir raison	to be right
avoir soif	to be thirsty
avoir sommeil	to be sleepy

26.15. D

The answer that does not use the correct pronoun is D. Instead of saying *oui, mais je préfère **celle**-là* it should say *oui, mais je préfère **celui**-là* (yes, but I prefer that one), because the object being described is *le pantalon* (trousers), which is masculine. The other answers use the correct pronouns:

- ***Question** : Allez-vous à la salle de sport ? **Réponse** : Oui, j'y vais trois fois par semaine* (**Question**: Do you go to the gym? **Answer**: Yes, I go there three times a week)
- ***Question** : Aimez-vous boire du café ? **Réponse** : Oui, j'en bois beaucoup* (**Question**: Do you like to drink coffee? **Answer**: Yes, I drink a lot of it)
- ***Question** : Avez-vous vu l'émission ? **Réponse** : Oui, je l'ai vue* (**Question**: Did you see the programme? **Answer**: Yes, I saw it)

The difficulty rating for each question (Elementary [E], Intermediate [I] or Advanced [A]) can be found in parentheses next to each question.

27.1. Quel est l'intrus parmis ces articles ? (E)

A) le
B) la
C) les
D) un

Extra ! Écris cinq noms accompagnés d'articles définis et cinq noms accompagnés d'articles indéfinis.

27.2. Complète ce texte à trous avec les bons articles. (E)

- J'ai oublié d'acheter …(1)… confiture au supermarché.
- J'aime bien …(2)… sports nautiques.
- As-tu …(3)… gomme que je peux emprunter ?

A) (1) du, (2) des, (3) un
B) (1) de la, (2) les, (3) une
C) (1) la, (2) le, (3) la
D) (1) des, (2) un, (3) de la

Extra ! Traduis les phrases ci-dessus.

27.3. Quelle description des noms suivants est incorrecte ? (E)

A) citron ⇒ un nom masculin singulier
B) stade ⇒ un nom féminin singulier
C) enfants ⇒ un nom masculin pluriel
D) étudiantes ⇒ un nom féminin pluriel

Extra ! Donne deux autres exemples pour chaque description.

27.4. Lis le texte. (E)

Je viens de démarrer un business de musique et je suis à la recherche de disques en bonne condition. Je cherche n'importe quel genre : de la pop au reggae, du rock aux bandes originales.

Combien de noms féminins sont présents dans le texte ?

A) Cinq
B) Six
C) Sept
D) Huit

Extra ! Traduis le texte.

27.5. Quel mot n'est pas un nom propre ? (E)

A) chat
B) Londres
C) Napoléon
D) *Candide*

Extra ! Écris dix noms propres et dix noms communs.

27.6. Complète ce texte à trous avec les bons pronoms personnels sujets. (I)

- …(1)… mettons les assiettes sur la table.
- …(2)… ne comprend pas.
- …(3)… devriez faire attention.

A) (1) On, (2) Je, (3) Nous
B) (1) Nous, (2) Tu, (3) Vous
C) (1) Nous, (2) On, (3) Vous
D) (1) On, (2) Elle, (3) Nous

Extra ! Invente des phrases avec les pronoms personnels sujets « ils », « nous », « je », et « elle ».

27.7. Quelle phrase ne contient pas un nom abstrait ? (I)

A) À mon avis, l'amour est toujours la chose la plus importante.
B) Mes profs me disent que je manque d'imagination.
C) Sans espoir nous ne sommes rien.
D) Mon voisin m'a dit qu'il veut construire une clôture.

Extra ! Invente quatre nouvelles phrases qui utilisent un nom abstrait.

27.8. Lis le texte. (I)

Pour moi samedi dernier a été très chargé. D'abord je suis allée **à la** piscine pour nager et ensuite j'ai dû aller **aux** magasins pour faire les courses. Ensuite j'ai marché **des** magasins **du** café afin de rencontrer un ami qui vient **au** village voisin. Nous avons beaucoup bavardé. Après ça, j'ai parlé avec l'ami de mon cousin mais j'ai dû rentrer parce que j'avais mal **à l'**épaule.

Quels deux articles contractés ne sont pas à la bonne place ?

A) des & au
B) du & au
C) à la & à l'
D) à la & du

Extra ! Traduis le texte.

27.9. Quel pronom peut compléter toutes ces phrases à trous ? (I)

- Êtes-vous allé en Espagne ? Oui, nous … sommes allé le mois dernier.
- Vas-tu réussir l'examen ? Oui, j'… compte bien.
- Tu te souviens de notre voyage ? Oui j'… pense beaucoup.

A) la
B) les
C) en
D) y

Extra ! Écris des phrases qui utilisent les pronoms ci-dessus.

27.10. Complète ce texte à trous avec les bons pronoms toniques. (I)

- Je dois partir sans …(1)… (les professeurs)
- Je vais au théâtre avec …(2)… (mon frère)
- Tu peux rester chez …(3)… (la voisine)

A) (1) eux, (2) lui, (3) elle
B) (1) ils, (2) il, (3) elle
C) (1) eux, (2) le, (3) moi
D) (1) elles, (2) un, (3) toi

Extra ! Crée quatre phrases qui utilisent des pronoms toniques.

27.11. Quelle phrase ne contient pas de pronom indéfini ? (A)

A) Malheureusement personne n'est venu à notre spectacle.
B) Il n'y a rien à faire.
C) Elle a loué une voiture très chère.
D) J'ai lu plusieurs articles.

Extra ! Traduis les phrases.

27.12. Quelle réponse n'utilise pas le bon pronom ? (A)

A) **Question** : As-tu mangé les frites ? **Réponse** : Oui, je les ai mangés.
B) **Question** : Avez-vous lu l'article ? **Réponse** : Oui, nous l'avons lu.
C) **Question** : As-tu reçu sa lettre ? **Réponse** : Non, je ne l'ai pas encore reçue.
D) **Question** : Vois-tu mes sœurs ? **Réponse** : Non, je ne la vois pas.

Extra ! Corrige l'erreur et donne une réponse différente à chaque question.

27.13. Complète ce texte à trous avec les bons pronoms relatifs composés. (A)

- J'admire la gentillesse …(1)… tu nous as traité.
- Le journaliste …(2)… j'ai écrit m'a répondu ce matin.
- Tu es un collègue …(3)… je peux bien compter.

A) (1) quelle, (2) à laquelle, (3) auquel
B) (1) laquelle, (2) pour lequel, (3) duquel
C) (1) avec laquelle, (2) auquel, (3) sur lequel
D) (1) à laquelle, (2) auxquels, (3) sur laquelle

Extra ! Crée trois nouvelles phrases avec des pronoms relatifs composés.

27.14. Quel nom n'est pas correct dans sa forme plurielle ? (A)

A) un grand-père ⇒ deux grands-pères
B) un prix ⇒ deux prix
C) un animal ⇒ deux animals
D) une tâche ⇒ deux tâches

Extra ! Corrige l'erreur et donne quatre autres exemples.

27.15. Quelle phrase a besoin d'un article pour devenir grammaticalement correcte ? (A)

A) Ma tante n'a jamais peur.
B) Les arbres ont encore plusieurs feuilles.
C) La femme qui parle est infirmière.
D) Les enfants ont eu bonne idée.

Extra ! Ajoute l'article à la phrase incorrecte afin qu'elle devienne correcte.

Answers and Detailed Solutions

27.1. D

The 'odd-one-out' is *un* (a/one), which is the indefinite article, whereas *le*, *la* and *les* all mean 'the' and are therefore examples of the definite article. For further practice with the definite article, see questions 26.1. and 26.2., and for further practice with indefinite articles see question 26.3.

27.2. B

The first gap should be filled with the partitive article, and given that the word *confiture* (jam) is feminine, it should be *de la*. As such, the sentence reads, *J'ai oublié d'acheter de la confiture au supermarché* (I forgot to buy some jam at the supermarket). The second gap should be filled with the definite article, and given that the word *sports* is plural, it should be *les*. As such, the sentence reads, *J'aime bien les sports nautiques* (I really like water sports). The third gap should be filled with the indefinite article, and given that the word *gomme* (rubber) is feminine, it should be *une*. As such, the sentence reads, *as-tu une gomme que je peux emprunter ?* (do you have a rubber that I can borrow?).

27.3. B

The word that does not match its description is B, *stade* (stadium). The description says that it is a feminine singular noun (*un nom féminin singulier*), when *stade* is in fact masculine (e.g. *un/le stade*). The other nouns are correctly described: *citron* (lemon) is masculine singular, e.g. *le citron / un citron*; *enfants* (children) is a masculine plural noun, e.g. *les enfants / des enfants*; and, *étudiantes* (students) is a feminine plural noun, e.g. *les étudiantes / des étudiantes*.

27.4. A

There are five feminine nouns in the text (four singular and one plural), many of which are cognates. These are highlighted in the following translation:

*Je viens de démarrer un business de **musique** (music) et je suis à la **recherche** (research) de disques en bonne **condition** (condition). Je cherche n'importe quel genre : de la **pop** (pop) au reggae, du rock aux **bandes originales** (soundtracks).*

27.5. A

The word that is not a proper noun is *chat* (cat). Firstly, you can tell this because it is not capitalised. A proper noun is a noun that relates to a one-of-a-kind entity as opposed to a common noun, which refers to generic items with the same or similar properties, e.g. a computer. Proper nouns are often places, e.g. *Londres* (London), people, e.g. *Napoléon*, or the title of a book, play, film etc., e.g. *Candide*.

27.6. C

The first gap should be filled with the subject pronoun *nous* (we), because the verb is conjugated in the *nous* form of the present tense (*mettons*). As such, the sentence reads, *nous mettons les assiettes sur la table* (we put the plates on the table). The second gap could be filled with any of the third-person singular subject pronouns (*il/elle/on*) because the verb *comprendre* (to understand) has been conjugated *comprend*. In this case, it is *on* (we/one) and so the sentence reads, *on ne comprend pas* (we do not understand). The third gap should be filled with the subject pronoun *vous* (you) because the verb ends in -ez. As such, the sentence reads, *vous devriez faire attention* (you should pay attention).

27.7. D

The sentence that does not contain an abstract noun is D, *mon voisin m'a dit qu'il veut construire une clôture* (my neighbour told me that he wants to build a fence). Abstract nouns are intangible, this means that they cannot be touched. Instead, they refer to things that do not have a concrete material existence, such as ideas and emotions. The other sentences in question 27.7. contain abstract nouns, which are highlighted in bold: *à mon avis, **l'amour** est toujours la chose la plus importante* (as for me, **love** is always the most important thing); *mes profs me disent que je manque **d'imagination*** (my teachers tell me that I lack **imagination**); and, *sans **espoir** nous ne sommes rien* (without **hope** we are nothing).

27.8. B

The two contracted articles that need to be swapped are *du* and *au*. The sentence should now read, *j'ai marché des magasins **au** café afin de rencontrer un ami qui vient **du** village voisin* (I walked from the shops **to the** café in order to meet a friend who comes **from the** neighbouring village). The other sentences use the correct contracted articles, e.g. *je suis allée **à la** piscine pour nager et ensuite j'ai dû aller **aux** magasins* (I went to the swimming pool to swim and then I had to go to the shops) and *j'ai dû rentrer parce que j'avais mal **à l'**épaule* (I had to go home because I had a bad shoulder).

27.9. D

The word that could complete all the sentences is *y*, which has various meanings in French. The sentences would then read, *êtes-vous allé en Espagne ? Oui, nous y sommes allé le mois dernier* (Did you go to Spain? Yes, we went there last month); *vas-tu réussir l'examen ? Oui j'y compte bien* (are you going to pass the exam? Yes, I really hope so); and, *tu te souviens de notre voyage ? Oui j'y pense beaucoup* (do you remember our journey? Yes, I think about it a lot).

27.10. A

The first gap should be filled with the stressed pronoun *eux* (them), because it is referring to *les professeurs* (the teachers). As such, the sentence reads, *je dois partir sans eux* (I have to leave without them). The second gap could be filled with the stressed pronoun *lui*, which means 'him', because it is referring to *mon frère* (my brother). The sentence then reads, *je vais au théâtre avec lui* (I go to the theatre with him). The third gap should be filled with the stressed pronoun *elle* (her) because the sentence is referring to *la voisine* (the neighbour), which is a feminine noun. As such, the sentence reads, *tu peux rester chez elle* (you can stay at hers). Stressed pronouns in French are as follows: *moi, toi, lui, elle, nous, vous, eux, elles*.

27.11. C

The sentence that does not contain an indefinite pronoun is C, *elle a loué une voiture très chère* (she hired a very expensive car). Indefinite pronouns refer to vague, non-specified people or things, such as anyone, anything, everyone, everything etc. They are highlighted in bold in the following sentences: *malheureusement **personne** n'est venu à notre spectacle* (unfortunately **nobody** came to our show); *il n'y a **rien** à faire* (there is **nothing** to do); and, *j'ai lu **plusieurs** articles* (I read **several** articles).

27.12. D

The question *vois-tu mes sœurs ?* (do you see my sisters?) should be answered *non, je ne **les** vois pas* (no, I do not see **them**); the pronoun is *les*, not *la* because the noun it refers to (*mes sœurs*) is plural rather than singular. The other responses to the questions use the correct pronouns, which are highlighted in bold: *As-tu mangé les frites ? Oui, je **les** ai mangés* (did you eat the chips? Yes, I ate them); *avez-vous lu l'article ? Oui, nous **l'**avons lu* (have you read the article? Yes, we read it), and, *as-tu reçu sa lettre ? Non, je ne **l'**ai pas encore reçue* (did you receive her letter? No, I have not received it yet). Notice that, although most past participles with *avoir* as their auxiliary do **not** require agreement, the above examples do. This is because the direct object being referred to has been mentioned prior to the verb, e.g. in the example *As-tu mangé les frites ? Oui, je **les** ai mangés*, the direct object of the sentence (*les frites*) is mentioned prior to the verb, therefore the past participle must agree, i.e. *mangés*.

27.13. C

The first gap should be filled with the compound relative pronoun *avec laquelle* (with which), because it is referring to the noun *la gentillesse* (the kindness). As such, the sentence reads, *J'admire la gentillesse avec laquelle tu nous as traité* (I admire the kindness with which you treated us). The second gap requires *auquel* (to which) because the noun being replaced is masculine singular (*le journaliste*). The sentence then reads, *le journaliste auquel j'ai écrit m'a répondu ce matin* (the journalist to whom I wrote responded to me this morning). The third gap should be filled with the pronoun *sur lequel* because the sentence is referring to another masculine singular noun, this time *un collègue*, and because the verb 'to count on' is *compter sur*. The final sentence reads, *tu es un collègue sur lequel je peux bien compter* (you are a colleague on whom I can really count).

27.14. C

The noun that has not been correctly put into its plural form is *animal*, because it should be *animaux* in the plural. Masculine nouns and adjectives ending in *–al* in the singular generally end in *–aux* in the plural. The other examples show a correct transformation from singular to plural. *Un grand-père* (one grandad) becomes *deux grands-pères* (two grandads) because in compound nouns (nouns made up of two or more words) where there is an adjective + noun, both become plural. *Un prix* (one price) becomes *deux prix* (two prices) because nouns ending in *–x* in the singular end in *–x* in the plural. Finally, *une tâche* (one task) becomes *deux tâches* (two tasks) because it is common for nouns in French to add an *-s* in the plural.

27.15. D

Certain expressions in French do not require an article before the noun. For example, *avoir peur* (to be scared) e.g. *ma tante n'a jamais peur* (my aunt is never scared), after *plusieurs* (several/many) e.g. *les arbres ont encore plusieurs feuilles* (the trees still have many leaves), and before jobs, e.g. *la femme qui parle est infirmière* (the woman who is talking is a nurse). However, the phrase that did require an article is *les enfants ont eu **une** bonne idée* (the children had **a** good idea).

The difficulty rating for each question (Elementary [E], Intermediate [I] or Advanced [A]) can be found in parentheses next to each question.

28.1. Quel mot n'est pas un verb à l'infinitif en français ? (E)

A) chercher
B) réussir
C) hiver
D) vendre

Extra ! Donne quatre autres exemples de verbes à l'infinitif en français.

28.2. Complète la phrase. (E)

En français les verbes à l'infinitif finissent par...

A) er / ir / re
B) re / er / ar
C) ir / er / ar
D) eur / er / re

Extra ! Donne un exemple pour chaque type de verbe à l'infinitif.

28.3. Quelle est la bonne conjugaison du verbe « décider » au présent ? (E)

A) Je décide, tu décide, il décide/elle décide, nous décidont, vous décidez, ils décident
B) Je décides, tu décide, il décider/elle décider, nous décidions, vous décidez, ils décident
C) Je décides, tu décides, il décides/elle décides, nous déciderons, vous déciderez, ils décidont
D) Je décide, tu décides, il décide/elle décide, nous décidons, vous décidez, ils décident

Extra ! Conjugue les verbes suivants au présent : chanter, demander, étudier.

28.4. Combien de verbes sont présents dans le paragraphe suivant ? (E)

D'habitude je fête mon anniversaire chez moi avec ma famille. Nous mangeons un grand repas ensemble et puis nous jouons à des jeux de société. Le soir nous regardons un film à la télé et nous buvons du chocolat chaud – c'est ma boisson préférée !

A) Trois
B) Quatre
C) Cinq
D) Six

Extra ! Traduis le paragraphe.

28.5. Regarde les listes des verbes ci-dessous. Laquelle contient des verbes irréguliers au présent ? (E)

A) aimer, écouter, rester, regarder
B) avoir, être, aller, faire
C) choisir, vendre, jouer, perdre
D) trouver, attendre, grandir, porter

Extra ! Conjugue un verbe de chaque liste au présent.

28.6. Conjugue les verbes au présent. (I)

(1) Elles ...... gagner le match. (pouvoir)
(2) Je ...... finir les exercices. (devoir)
(3) Tu ...... manger au restaurant ? (vouloir)

A) (1) peuxent, (2) doit, (3) voudrais
B) (1) peuvent, (2) dois, (3) veux
C) (1) pouvoient, (2) dû, (3) voudras
D) (1) pouvrent, (2) devois, (3) voulu

Extra ! Conjugue les verbes « pouvoir », « devoir » et « vouloir » au présent.

28.7. Dans quelle phrase le verbe n'est-il pas conjugué au bon temps ? (I)

A) Hier je vendrai la voiture.
B) Demain je téléphonerai à ma grand-mère.
C) Normalement je vais au parc après l'école.
D) La semaine dernière j'ai visité le musée.

Extra ! Invente trois nouvelles phrases : au passé, au présent et au futur.

28.8. Regarde ce tableau avec quelques verbes qui ont « être » ou « avoir » comme verbe auxiliaire au passé composé. Quels verbes n'apparaissent pas dans la bonne colonne ? (I)

Avoir	Être
amuser	aller
changer	arriver
dire	essayer
discuter	monter
écouter	mourir
entrer	naître
faire	partir
manger	rester
parler	sortir
savoir	tomber
travailler	venir

A) avoir & aller
B) entrer & essayer
C) savoir & sortir
D) parler & partir

Extra ! Choisis quatre verbes dans chaque colonne et conjugue-les au passé composé.

28.9. Regarde ce tableau listant des verbes à l'infinitif et leur participe passé. Combien y a-t-il de participes passés réguliers ? (I)

Infinitif	Participes passé
aller	allé
apprendre	appris
avoir	eu
boire	bu
descendre	descendu
devoir	dû
dire	dit
être	été
faire	fait
finir	fini
lire	lu
mettre	mis
mourir	mort
naître	né
prendre	pris
pouvoir	pu
savoir	su
vivre	vécu
venir	venu
voir	vu
vouloir	voulu

A) Un
B) Deux
C) Trois
D) Quatre

Extra ! Traduis tous les participes passés ci-dessus.

28.10. Lis le paragraphe au sujet des vacances de Denise. (I)

L'été dernier je suis allée en Chine pendant les vacances – c'était incroyable. J'y suis allée en avion et le voyage a été très rapide. Nous avons logé dans un petit hôtel qui avait une piscine et un jardin magnifique. Pendant toute la semaine il faisait beau donc je pouvais voir tous les monuments dans la ville. Il y avait des restaurants fantastiques et j'ai mangé un peu trop !

Combien de verbes sont conjugués à l'imparfait dans le texte ?

A) Trois
B) Quatre
C) Cinq
D) Six

Extra ! Écris un paragraphe qui contient au moins trois verbes conjugués à l'imparfait.

28.11. Parmi les phrases suivantes, laquelle ne contient pas de verbe conjugué au futur ? (A)

A) Ils décideront plus tard.
B) Nous jouerions si nous avions le temps.

C) Elle y pensera.
D) Je dormirai bien cette nuit.

Extra ! Quelles sont les terminaisons des verbes conjugués au futur et au conditionnel ?

28.12. Quelle liste contient des verbes qui n'utilisent pas la forme régulière de l'infinitif pour construire le futur et le conditionnel ? (A)

A) laver, tenter, préparer, agir
B) établir, rencontrer, sortir, donner
C) savoir, recevoir, aller, tenir
D) trouver, commencer, partir, arriver

Extra ! Donne quatre autres exemples de verbes irréguliers au futur et au conditionnel.

28.13. Lis les phrases ci-dessous. (A)

(1) J'**avais discuté** le voyage avec mon prof avant d'y aller.
(2) Il m'a dit qu'elle **était partie**.
(3) Elles **avaient** déjà **mangé** quand je suis arrivé.

Les verbes **en gras** sont des exemples:

A) du passé composé
B) du plus-que-parfait
C) du conditionnel passé
D) de l'imparfait

Extra ! Conjugue un verbe au passé composé, au plus-que-parfait, au conditionnel passé et à l'imparfait.

28.14. Complète ces phrases à trous en conjuguant les verbes au conditionnel passé. (A)

- J'aurais …(1)… faire mes devoirs avant de sortir.
- S'il avait su les conséquences, il n'…(2)… rien …(3)…
- Elles y …(4)… …(5)… mais le bus a été annulé.

A) (1) vu, (2) aurais, (3) changé, (4) seront, (5) allée
B) (1) dû, (2) aurait, (3) dit, (4) seraient, (5) allées
C) (1) lu, (2) aurais, (3) fait, (4) auraient, (5) allé
D) (1) sorti, (2) aurait, (3) arrivé, (4) serait, (5) partie

Extra ! Traduis les phrases ci-dessus.

28.15. Quelle phrase ne contient pas de verbe conjugué au subjonctif ? (A)

A) Bien que je sois une personne très créative je n'ai pas de bonnes idées pour l'affiche.
B) À moins qu'on change la manière dont on vote notre système politique s'effondrera.
C) Nous voulons que vous fassiez plus pour aider parce que vous avez la capacité et le temps.
D) Je pense qu'il est plus important que jamais de changer le script parce qu'en ce moment le sujet fait trop polémique.

Extra ! Invente trois nouvelles phrases avec des verbes conjugués au subjonctif.

Answers and Detailed Solutions

28.1. C

The word that is not an infinitive is *hiver* (winter), which is a noun not a verb. Infinitives are the full, non-conjugated verb and start 'to' in English, e.g. to run. Infinitives in French end in three different ways: -er, e.g. *chercher* (to look for), -ir, e.g. *réussir* (to succeed); and, -re, e.g. *vendre* (to sell). The most common type of infinitive in French are those ending in –er.

28.2. A

As mentioned in answer 28.1., all infinitives end in -er, e.g. *aller* (to go), -ir, e.g. *finir* (to finish); and, -re, e.g. *descendre* (to go down). For regular verbs, their conjugation depends on what type of infinitive they are.

28.3. D

The verb *décider* (to decide) is a regular –er verb, like the majority of French verbs. To conjugate a verb in the present tense, one must firstly remove the –er, -ir or -re. One can then add different endings according to a) what type of verb it is, and b) the subject of the verb.

The following table gives the endings used to conjugate regular -er verbs in the present tense, using the example of *décider*.

Subject	-ER ending	décid + ending	English
Je	-e	*Je décide*	I decide
Tu	-es	*Tu décides*	You decide
Il/elle/on	-e	*Il/elle/on décide*	He/she/we decide
Nous	-ons	*Nous décidons*	We decide
Vous	-ez	*Vous décidez*	You* decide
Ils/elles	-ent	*Ils/elles décident*	They decide

* You (plural or formal)

28.4. D

There are six verbs in the paragraph, all of which are in the present tense. These are highlighted in what follows, with the English translations provided in brackets:

*D'habitude je **fête** (celebrate) mon anniversaire chez moi avec ma famille. Nous **mangeons** (eat) un grand repas ensemble et puis nous **jouons** (play) à des jeux de société. Le soir nous **regardons** (watch) un film à la télé et nous **buvons** (drink) du chocolat chaud – c'**est** (is) ma boisson préférée !*

28.5. B

There are many verbs that are irregular, which means that they are not conjugated following the normal rules. The irregular verbs are found in list B and are conjugated in the present tense in the following table:

AVOIR (to have)	ÊTRE (to be)	ALLER (to go)	FAIRE (to do)
J'ai	Je suis	Je vais	Je fais
Tu as	Tu es	Tu vas	Tu fais
Il/elle/on a	Il/elle/on est	Il/elle/on va	Il/elle/on fait
Nous avons	Nous sommes	Nous allons	Nous faisons
Vous avez	Vous êtes	Vous allez	Vous faites
Ils/elles ont	Ils/elles sont	Ils/elles vont	Ils/elles font

The other verbs in the question follow the normal rules for verb conjugation in the present tense. This involves removing the –er, -ir, or –re and adding the following endings according to a) what type of verb it is, and b) the subject of the verb.

-ER endings	E.g. *écouter* (to listen)	-IR endings	E.g. *grandir* (to grow)	-RE endings	E.g. *perdre* (to lose)
-e	J'écoute	-is	Je grandis	-s	Je perds
-es	Tu écoutes	-is	Tu grandis	-s	Tu perds
-e	Il/elle/on écoute	-it	Il/elle/on grandit	-	Il/elle/on perd
-ons	Nous écoutons	-issons	Nous grandissons	-ons	Nous perdons
-ez	Vous écoutez	-issez	Vous grandissez	-ez	Vous perdez
-ent	Ils/elles écoutent	-issent	Ils/elles grandissent	-ent	Ils/elles perdent

28.6. B

Modal verbs in French include: *devoir* (to have to), *pouvoir* (to be able to), *savoir* (to know how to), and *vouloir* (to want to). They do not follow the regular rules for –ir verb conjugation in the present tense. They are conjugated in the following table:

DEVOIR (to have to)	POUVOIR (to be able to)	SAVOIR (to know how to)	VOULOIR (to want to)
Je dois	Je peux	Je sais	Je veux
Tu dois	Tu peux	Tu sais	Tu veux
Il/elle/on doit	Il/elle/on peut	Il/elle/on sait	Il/elle/on veut
Nous devons	Nous pouvons	Nous savons	Nous voulons
Vous devez	Vous pouvez	Vous savez	Vous voulez
Ils/elles doivent	Ils/elles peuvent	Ils/elles savent	Ils/elles veulent

In light of the above table, the sentences in the question should read, *elles peuvent gagner le match* (they can win the match); *je dois finir les exercices* (I must finish the exercises); and, *tu veux manger au restaurant ?* (do you want to eat at the restaurant?).

28.7. A

The sentence that is not in the right tense is A, *hier je vendrai la voiture* (yesterday I will sell the car), because either the time phrase or the tense needs to change. The sentence could then read **demain** *je vendrai la voiture* (tomorrow I will sell the car) or *hier* **j'ai vendu** *la voiture* (yesterday I sold the car). It is important to make sure when writing or speaking in French that the time phrase matches the tense, as in the following sentences: *demain je téléphonerai à ma grand-mère* (tomorrow I will phone my grandmother); *normalement je vais au parc après l'école* (normally I go to the park after school); and, *la semaine dernière j'ai visité le musée* (last week I visited the museum). For further practice with the perfect tense, see question 28.8. and for more practice with the future tense, see question 28.11.

28.8. B

When forming the perfect tense (*le passé composé*) in French, the first step is to know whether the verb in question takes *avoir* or *être* as its auxiliary verb. The majority of verbs use *avoir*, but as you can see from the following table, there are some important verbs that take *être*. The two words that need to be swapped are *entrer* (to enter), which takes *être* as its auxiliary, and *essayer* (to try), which takes *avoir*. The following table has been corrected, with translations provided in brackets:

AVOIR	ÊTRE
amuser (to enjoy)	*aller* (to go)
changer (to change)	*arriver* (to arrive)
dire (to say)	**entrer** (to enter)
discuter (to discuss)	*monter* (to go up)
écouter (to listen)	*mourir* (to die)
essayer (to try)	*naître* (to be born)
faire (to do)	*partir* (to leave)
manger (to eat)	*rester* (to stay)
parler (to speak)	*sortir* (to go out)
savoir (to know)	*tomber* (to fall)
travailler (to work)	*venir* (to come)

28.9. C

As discussed in answer 28.8., the first step of conjugating a verb in the perfect tense (*le passé composé*) is to decide whether the verb takes *avoir* or *être* as its auxiliary verb. The second step is to create the past participle of the verb. In regular verbs, this is achieved by: removing the –er and adding –é, e.g. *travailler* (to work) ⇒ *travaillé* (worked); removing the –ir and adding –i, e.g. *choisir* (to choose) ⇒ *choisi* (chosen); and, removing the –re and adding –u, e.g. *fondre* (to melt) ⇒ *fondu* (melted). There are, however, many irregular past participles in French, that is, verbs that do not follow this pattern. There were only three regular past participles in the table in question 28.9., which were *allé* (went), *descendu* (descended), and *fini* (finished). The rest of the past participles in the following table are irregular, although there are many others:

Infinitif	Participes passé	English
apprendre	*appris*	learnt/learned
avoir	*eu*	had
boire	*bu*	drank
devoir	*dû*	had to
dire	*dit*	said
être	*été*	was/been
faire	*fait*	did/done
lire	*lu*	read
mettre	*mis*	put
mourir	*mort*	died
naître	*né*	born
prendre	*pris*	took
pouvoir	*pu*	was able to
savoir	*su*	knew
vivre	*vécu*	lived
venir	*venu*	came
voir	*vu*	saw/seen
vouloir	*voulu*	wanted

Note that verbs that take *être* as the auxiliary need their past participle to agree with the subject, e.g. *elle est allée* (she went) or *nous sommes partis* (we left).

28.10. C

There are five verbs in the imperfect tense in the given paragraph: *c'était incroyable* (it **was** incredible), *dans un petit hôtel qui **avait** une piscine* (in a small hotel that **had** a swimming pool), *il **faisait** beau* (it **was** nice weather), *je **pouvais** voir tous les monuments* (I **was able** to see all the monuments), *and il y **avait** des restaurants fantastiques* (there **were** fantastic restaurants). The imperfect tense has three functions: (1) to give descriptions in the past, (2) to describe a habitual action in the past, (3) to describe what was happening (an interrupted action) in the past. To form the imperfect tense, you take the *nous* form of the verb in the present tense, remove the –ons, and add the following endings:

Subject	Imperfect endings	E.g.	English
Je	-ais	*Je faisais*	I used to do
Tu	-ais	*Tu adorais*	You used to love
Il/elle/on	-ait	*Elle regardait*	She was watching
Nous	-ions	*Nous jouions*	We used to play
Vous	-iez	*Vous finissiez*	You were finishing
Ils/elles	-aient	*Ils défendaient*	They were defending

There is only one irregular verb in the imperfect tense and that is *être*, which is conjugated as follows: *j'étais, tu étais, il/elle/on était, nous étions, vous étiez, ils/elles étaient.*

28.11. B

The sentence that does not contain a verb in the future tense is B, *nous jouerions si nous avions le temps* (we would play if we had the time), because it contains verbs in the conditional (*jouerions*) and the imperfect (*avions*). The other sentences contain a verb in the future tense. These are highlighted in bold in the following sentences: *ils **décideront** plus tard* (they will decide later); *elle y **pensera*** (she will think about it); and, *je **dormirai** bien cette nuit* (I will sleep well tonight). To form the future tense in French, you generally take the infinitive and add the endings according to the subject. With –re verbs, you remove the –e before adding the endings.

Subject	Future endings	E.g.	English
Je	-ai	Je trouverai	I will find
Tu	-as	Tu attendras	You will wait
Il/elle/on	-a	Elle lira	She will read
Nous	-ons	Nous mangerons	We will eat
Vous	-ez	Vous mettrez	You will put
Ils/elles	-ont	Elles guériront	They will get better

However, many verbs are irregular in the future tense because they do not use their infinitive as the stem. See question 28.12. for this type of verb.

28.12. C

The future and conditional tenses use the same stem, which is normally the infinitive of the verb. However, a number of verbs have irregular stems (i.e. not the infinitive) in the future and conditional tenses. List C contains some of these verbs and more can be found in the following table:

Infinitive	Future/ conditional stem	E.g.	English
aller	ir-	j'irai	I will go
avoir	aur-	elle aura	She will have
devoir	devr-	on devrait	One should
être	ser-	nous serons	We will be
faire	fer-	ils feraient	They would do
pleuvoir	pleuvr-	il pleuvra	It will rain
pouvoir	pourr-	je pourrais	I could
recevoir	recevr-	vous recevrez	You will receive
savoir	saur-	elle saurait	She would know
tenir	tiendr-	nous tiendrons	We will hold
venir	viendr-	ils viendraient	They would come
voir	verr-	on verra	We will see
vouloir	voudr-	je voudrais	I would like

The conditional tense in French is used to describe a hypothetical action, e.g. something that **would** happen. To form the conditional tense in French, you take the same stem as in the future tense and add the following endings (notice that these are the same endings as in the imperfect tense):

Subject	Conditional endings	E.g.	English
Je	-ais	Je commencerais	I would start
Tu	-ais	Tu laverais	You would wash
Il/elle/on	-ait	On partirait	We would leave
Nous	-ions	Nous donnerions	We would give
Vous	-iez	Vous établiriez	You would establish
Ils/elles	-aient	Elles agiraient	They would act

28.13. B

The highlighted words in the text are all examples of the pluperfect tense (*le plus-que-parfait*). The pluperfect describes an action in the past that happened before another action, e.g. we **had left** when he arrived. In French, the pluperfect is formed by using the auxiliary verb (*avoir* or *être*) in the imperfect tense followed by the past participle. The examples in question 28.13. are translated as follows: *j'**avais discuté** le voyage avec mon prof avant d'y aller* (I **had discussed** the journey with my teacher before going); *il m'a dit qu'elle **était partie*** (he told me that she **had left**); and, *elles **avaient** déjà **mangé** quand je suis arrivé* (they **had** already **eaten** when I arrived). The following table gives examples of the pluperfect using both *avoir* and *être* as auxiliaries. Note that verbs that take *être* as the auxiliary need to agree with the subject.

Pluperfect with *avoir*	English	Pluperfect with *être*	English
J'avais écrit	I had written	J'étais resté(e)	I had stayed
Tu avais su	You had known	Tu étais tombé(e)	You had fallen
Elle avait dit	She had said	Il était retourné	He had returned
Nous avions bâti	We had built	Nous étions nés	We had been born
Vous aviez pris	You had taken	Vous étiez allé(e)(s)	You had gone
Ils avaient lu	They had read	Elles étaient sorties	They had gone out

28.14. B

The conditional perfect (*le conditionnel parfait*) describes an action that would, could or should have happened in the past, but did not. It is often used with if (*si*) clauses, e.g. if I had known. To form the conditional perfect you take the conditional form of the auxiliary (*avoir* or *être*) and add the past participle. The examples in this question use the conditional perfect: *j'**aurais dû** faire mes devoirs avant de sortir* (I **should have** done my homework before going out); *s'il avait su les conséquences, il **n'aurait rien dit*** (if he had known the consequences, he **would not have said** anything); and, *elles y **seraient allées** mais le bus a été annulé* (they **would have gone** but the bus was cancelled).

28.15. D

The sentence that does not contain the subjunctive is D, *Je pense qu'il est plus important que jamais de changer le script parce qu'en ce moment le sujet fait trop polémique* (I think that it is more important than ever to change the script because the topic is too controversial at the moment). The other sentences use the subjunctive, which is highlighted in bold: *bien que **je sois** une personne très créative je n'ai pas de bonnes idées pour l'affiche* (**although I am** a very creative person I do not have good ideas for the poster); *À moins qu'**on change** la manière dont on vote notre système politique s'effondrera* (**unless we change** the way in which we vote our political system will collapse); and, *Nous voulons que **vous fassiez** plus pour aider parce que vous avez la capacité et le temps* (**we want you to do** more to help because you have the ability and the time). The subjunctive is a mood in French, rather than a tense, and is used in a variety of ways. The following expressions trigger the subjunctive (although this list is certainly not exhaustive!). Note how the subjunctive is nearly always introduced by *que*:

Expressing doubt or fear: *je doute que...* (I doubt that...), *il est peu probable que...* (it is unlikely that...), *je ne crois pas que...* (I do not think that...), *J'ai peur que...* (I fear that...) etc.
Expressing volition: *je veux que...* (I want...), *je préfère que...* (I prefer that...), *je souhaite que...* (I wish that...) etc.
Impersonal verbs: *il faut que...* (it is necessary that...), *il vaut mieux que...* (it is better that...), *il est dommage que...* (it is a shame that...) etc.

Set phrases: *bien que...* (although...), *pourvu que...* (provided that), *afin que...* (so that...) etc.

The following table shows how the subjunctive is formed with regular –er, -ir and -re verbs. You remove the –er, -ir and -re and add the following endings:

	-er	**-ir**	**-re**
Je	-e	-isse	-e
Tu	-es	-isses	-es
Il/elle/on	-e	-isse	-e
Nous	-ions	-issions	-ions
Vous	-iez	-issiez	-iez
Ils/elles	-ent	-issent	-ent

The following table highlights some common irregular verbs in the subjunctive:

	être (to be)	*avoir* (to have)	*aller* (to go)	*faire* (to do)	*pouvoir* (to be able to)	*vouloir* (to want)
Je	sois	aie	aille	fasse	puisse	veuille
Tu	sois	aies	ailles	fasses	puisses	veuilles
Il/elle/on	soit	ait	aille	fasse	puisse	veuille
Nous	soyons	ayons	allions	fassions	puissions	voulions
Vous	soyez	ayez	alliez	fassiez	puissiez	vouliez
Ils/elles	soient	aient	aillent	fassent	puissent	veuillent

The difficulty rating for each question (Elementary [E], Intermediate [I] or Advanced [A]) can be found in parentheses next to each question.

29.1. Quelle expression n'a pas le même sens que les autres ? (E)

A) faire du sport
B) jouer au sport
C) regarder le sport
D) pratiquer le sport

Extra ! Écris trois paires de verbes qui ont le même sens.

29.2. Quelle phrase ne contient pas de verbe conjugué au présent ? (E)

A) Je descendais les escaliers lentement.
B) Nous répondons toujours « oui ».
C) Elle ne travaille jamais au bureau.
D) Ils vendent des voitures d'occasion.

Extra ! Change le temps de chaque phrase.

29.3. Lis le texte. (E)

L'année prochaine, j'irai au Japon pendant trois semaines pour y faire un stage linguistique ; j'ai toujours voulu apprendre le japonais. Je resterai avec une famille japonaise et j'assisterai à six heures de cours chaque jour. Quelle chance !

Combien de verbes sont conjugués au futur dans le texte ?

A) Un
B) Deux
C) Trois
D) Quatre

Extra ! Conjugue les verbes au futur au passé composé.

29.4. Choisis le bon verbe pour chaque phrase au présent. (E)

- Vous …(1)… cuisiner ? (savoir)
- Je …(2)… revenir plus tard. (pouvoir)
- Tu …(3)… étudier plus cette année. (devoir)
- Ils …(4)… de la limonade quand ils ont soif. (boire)

A) (1) sachez, (2) peut, (3) doit, (4) boiraient
B) (1) savez, (2) peux, (3) dois, (4) boivent
C) (1) savent, (2) puisse, (3) devons, (4) buvaient
D) (1) saviez, (2) puis, (3) devez, (4) boiront

Extra ! Conjugue les verbes dans un temps différent.

29.5. Quelle phrase n'est pas grammaticalement correcte ? (E)

A) Mardi dernier, **elle est parti** en retard.
B) Il y a deux semaines, **nous sommes arrivés** en Égypte.
C) Hier, **elles sont sorties** vers huit heures.
D) Cécile, le weekend dernier **toi et Amanda êtes restées** à la maison.

Extra ! Corrige l'erreur et invente trois autres phrases en conjuguant les verbes au passé composé avec l'auxiliaire « être ».

29.6. Combien de verbes impersonnels sont présents dans le texte ci-dessous ? (I)

Aujourd'hui il ne pleut pas donc il vaut mieux passer la journée dehors. Cependant s'il fait mauvais plus tard nous irons au cinéma mais il faudra d'abord acheter des billets. Il sera nécessaire d'arriver suffisamment tôt pour être bien placé.

A) Trois
B) Quatre
C) Cinq
D) Six

Extra ! Traduis le texte.

29.7. Quelle phrase ne contient pas de verbe pronominal réfléchi ? (I)

A) Ils se disputent souvent.
B) Nous nous écrivons tous les mois.
C) Tu te douches chaque matin.
D) Elle lui donne un beau cadeau.

Extra ! Invente trois phrases qui utilisent des verbes pronominaux réfléchis.

29.8. Regarde les verbes ci-dessous. (I)

nous avons perdu   elles verraient   ils sont arrivés

j'habiterai   vous serviriez   tu prends   je dormirais

vous lisez   il écrit   j'aurais cru   elle serait   j'avais choisi

Combien de verbes sont conjugués au conditionnel présent ?

A) Trois
B) Quatre
C) Cinq
D) Six

Extra ! Choisis quatre verbes ci-dessus et conjugue-les dans un temps différent.

29.9. Quelle paire de phrases n'a pas le même sens ? (I)

A) Louis va chanter ⇔ Louis chantera
B) Nous allons bien dormir ⇔ Nous dormirons bien
C) Vous avez terminé ⇔ Vous terminerez
D) Je vais faire du judo ⇔ Je ferai du judo

Extra ! Invente trois autres paires de phrases avec le futur proche et le futur simple.

29.10. Regarde ce tableau détaillant les utilisations de l'imparfait et du passé composé. Chaque description est accompagnée d'un exemple. (I)

	L'utilisation du temps	Exemple
1	On utilise le passé composé pour décrire une action achevée au passé.	Jacques **a bu** un verre de vin.
2	On utilise l'imparfait pour décrire quelque chose du passé.	C'**était** un désastre.
3	On utilise l'imparfait pour décrire une habitude ou une action répétitive du passé.	
4	On utilise l'imparfait pour décrire une action qui était en progression (ou interrompue) au passé.	Elle **regardait** la télé quand il **est arrivé**.

Quel exemple devrait aller dans le champ vide ?

A) Je **lisais** beaucoup de livres.
B) Je **repassais** quand quelqu'un a frappé à la porte.
C) J'**ai pris** les médicaments.
D) J'**étais** très fatigué.

Extra ! Donne un autre exemple pour chaque utilisation.

29.11. Complète ce texte à trous. (A)

D'habitude nous …(1)… en taxi et nous …(2)… le prix de la course mais quelquefois il …(3)… aller à pied.

A) (1) voyageons, (2) partageons, (3) préfère
B) (1) voyagons, (2) partagons, (3) préfére
C) (1) voyagions, (2) partager, (3) préféré
D) (1) voyagé, (2) partagé, (3) préférée

Extra ! Donne trois exemples dont l'orthographe de la forme infinitive change au présent.

29.12. Quelle est l'auxiliaire utilisé pour les verbes pronominaux au passé composé ? (A)

A) être
B) avoir
C) ni avoir ni être
D) avoir et être

Extra ! Donne trois exemples de verbes pronominaux au passé composé.

29.13. Lis le texte. (A)

Mon parrain est venu chez nous jeudi dernier et c'était fantastique de le voir. Cependant il ne s'était pas rendu compte que je devais travailler au restaurant toute la journée donc malheureusement je ne l'ai vu que dix minutes ! La prochaine fois qu'il viendra nous pourrons mieux discuter.

Quel temps n'est pas compris dans ce texte ?

A) le futur
B) le présent
C) l'imparfait
D) le passé composé

Extra ! Traduis le texte.

29.14. Quelle phrase ne contient pas de verbe irrégulier au subjonctif ? (A)

A) Quoi que tu fasses, ne dis rien !
B) Je suis contente que tu viennes.
C) Autant que je sache, il a déjà mangé.
D) Pourvu que nous finissions à l'heure, nous irons à la fête.

Extra ! Traduis les phrases.

29.15. Quelle phrase ne contient pas d'impératif ? (A)

A) Allons-y
B) Avez-vous l'heure ?
C) Asseyez-vous
D) Ne prends pas ce lait

Extra ! Invente trois nouvelles phrases qui utilisent l'impératif.

Answers and Detailed Solutions

29.1. C
The verbal phrase that has a different meaning to the others is *regarder le sport*, which means 'to watch sport'. The other sentences have a more practical element to them and share similar meanings: *faire du sport* (to do sport), *jouer au sport* (to play sport), and *pratiquer le sport* (to do sport).

29.2. A
The sentence that does not contain a verb in the present tense is *je descendais les escaliers lentement* (I was going down the stairs slowly). The verb *descendais* is in the imperfect tense; see question 28.10., for further practice using the imperfect tense. The other sentences use the present tense (highlighted in bold): *Nous **répondons** toujours « oui »* (we always answer "yes"); *elle ne **travaille** jamais au bureau* (she never works at the office); and, *ils **vendent** des voitures d'occasion* (they sell second-hand cars). See questions 28.3., 28.4., and 28.5., for further practice using the present tense.

29.3. C
There are three verbs in the future tense in the paragraph: *l'année prochaine, j'**irai** au Japon* (next year, **I will go** to Japan); *je **resterai** avec une famille japonaise* (**I will stay** with a Japanese family); and, *j'**assisterai** à six heures de cours chaque jour* (**I will attend** six hours of lessons every day). For further practice with forming the future tense, see question 28.11. and for irregular stems, such as *–ir* (for *aller*), see question 28.12.

29.4. B
The first gap should be filled with the word *savez* as this is the second-person plural conjugation of the verb *savoir* (to know) in the present tense. The question then asks, do you know how to cook? (*vous savez cuisiner ?*). The second gap should be filled with the verb *peux*, the first-person singular conjugation of the verb *pouvoir* (to be able to) in the present tense, so that the phrase reads, 'I can come back later' (*je peux revenir plus tard*). The third gap should be filled with the verb *dois*, the second-person singular conjugation of the verb *devoir* (to have to) in the present tense, so that the phrase reads, 'you must study more this year' (*tu dois étudier plus cette année*). Finally, the fourth gap should be filled with the verb *boivent* because this is the third-person plural conjugation of the verb *boire* (to drink) in the present tense. This sentence then reads, 'they drink lemonade when they are thirsty' (*ils boivent de la limonade quand ils ont soif*).

29.5. A
The grammatically incorrect phrase is in sentence A, because 'elle est parti' should be *elle est partie* (she left). When using *être* as an auxiliary verb in French, the past participle must agree with the subject of the verb; as the subject is feminine (*elle*), an extra –e must be added to the past participle, e.g. *partie*. The other sentences include the correct agreements: *il y a deux semaines, **nous sommes arrivés** en Égypte* (two weeks ago **we arrived** in Egypt); *hier, **elles sont sorties** vers huit heures* (yesterday, **they went out** at around 8 o'clock); and, *Cécile, le weekend dernier **toi et Amanda êtes restées** à la maison* (Cécile, last weekend **you and Amanda stayed** at home).

29.6. C
There are five impersonal verbs in the text. Impersonal verbs tend to not refer specifically to people or things, but rather a general 'it'. The impersonal verbs in the text include: *il ne pleut pas* (it is not raining), *il vaut mieux* (it is better), *il fait mauvais* (it is bad weather), *il faudra* (it will be necessary), and *il sera nécessaire* (it will be necessary). These are very common in French and phrases like *il faut/il faudra* and *il est nécessaire* can be followed by infinitives or by « *que* » and then the subjunctive mood.

29.7. D
The only sentence that does not include a reflexive verb is D, *elle lui donne un beau cadeau* (she gives him a nice present), because the subject (*elle*) and the pronoun (*lui*) are not referring to the same person. Reflexive verbs are common in French and describe actions that are done to oneself, e.g. I wash myself. The subject and reflexive pronoun therefore have to match. Examples of reflexive verbs include: *ils se disputent souvent* (they argue often); *nous nous écrivons tous les mois* (we write to each other every month); and, *tu te douches chaque matin* (you shower every morning). See question 26.13., for further information with regard to reflexive verbs and pronouns.

29.8. B
There are four verbs in the conditional present tense: *je dormirais* (I would sleep), *elles verraient* (they would see), *vous serviriez* (you would serve), and *elle serait* (she would be). The stem for the conditional present tense is the same as the stem used for the future tense (e.g. generally the infinitive) and the endings for the conditional present tense are the same as those used for the imperfect: *-ais, -ais, -ait, -ions, -iez, -aient*. In this question, there are three verbs in the present tense: *il écrit* (he writes), *vous lisez* (you read), and *tu prends* (you take). There are two in the perfect tense: *nous avons perdu* (we lost) and *ils sont arrivés* (they arrived). There is also one verb in the future tense (*j'habiterai* – I will live), one in the pluperfect (*j'avais choisi* – I had chosen), and one in the conditional perfect (*j'aurais cru* – I would have believed).

29.9. C

In French, there are two ways of talking about the future: *le futur simple* (the simple future) and *le futur proche* (the near future). *Le futur simple* is formed by taking the future stem (mostly the infinitive but sometimes an irregular stem). The following endings are then added to the stem, according to the subject of the verb: *-ai, -as, -a, -ons, -ez, -ont*. For a more detailed explanation of *le futur simple* see question 28.11 and 28.12. *Le futur proche* takes the different forms of *aller* in the present tense (*je vais, tu vas, il/elle/on va, nous allons, vous allez, ils/elles vont*) and adds the infinitive, e.g. *je vais chercher* (I am going to look for), *nous allons écouter* (we are going to listen). In this question there are three examples of pairs that correctly used the *futur proche* followed by the *futur simple*: *Louis va chanter* (Louis is going to sing) ⇔ *Louis chantera* (Louis will sing); *Nous allons bien dormir* (we are going to sleep well) ⇔ *Nous dormirons bien* (we will sleep well); and, *Je vais faire du judo* (I am going to do judo) ⇔ *Je ferai du judo* (I will do judo). Pair C, however, uses the *futur simple*, *vous terminerez* (you will finish) and the perfect tense, *vous avez terminé* (you have finished), rather than the *futur proche*, *vous allez terminer* (you are going to finish).

29.10. A

The imperfect tense is used for three reasons in French. Firstly, it is used to describe something that takes place in the past (*on utilise l'imparfait pour décrire quelque chose du passé*), e.g. **it was** a disaster (*c'**était** un désastre*). Secondly, it is used to describe an action that was in progress, or was happening before it was interrupted (and the interrupted action requires the perfect tense), e.g. **she was watching** (imperfect tense) the TV when **he arrived** (perfect tense), e.g. (*elle **regardait** la télé quand il **est arrivé***). Finally, the imperfect tense is also used to describe something that 'used to happen', that is, an habitual action in the past (*on utilise l'imparfait pour décrire une habitude ou une action répétitive du passé*). Therefore, the most appropriate example of this use is A: *je **lisais** beaucoup de livres* (I used to read lots of books). The perfect tense, by contrast, is used to describe a completed action in the past (*pour décrire une action achevée dans le passé*), e.g. Jacques drank a glass of wine (*Jacques **a bu** un verre de vin*).

29.11. A

The verbs in this question (*voyager* [to travel], *partager* [to share] and *préférer* [to prefer]) require spelling changes in the present tense. For example, verbs ending in –ger, e.g. *manger* (to eat), *voyager* (to travel), *partager* (to share) etc. retain the –e in the *nous* form of the present tense, e.g. *nous mangeons, nous voyageons, nous partageons*. This is so that the word retains the soft 'g' sound. Therefore, the first part of the sentence should read *D'habitude nous **voyageons** en taxi et nous **partageons** le prix de la course* (usually we travel by taxi and we share the fare). The verb *préférer* (to prefer) also requires a spelling change as different accents are required depending on the subject pronoun used: *je préfère, tu préfères, il/elle/on préfère, nous préférons, vous préférez, ils/elles*

préfèrent. As such, the final part of the sentence reads, *quelquefois il **préfère** aller à pied* (sometimes he prefers to go by foot).

29.12. A

In the perfect tense, reflexive verbs (*les verbes pronominaux*) use *être* as their auxiliary. This means that the past participle must agree with the subject. Some examples of reflexive verbs in the perfect tense include: *je me suis lavé* (I got washed), *elle s'est réveillée* (she woke up) and *elles se sont couchées* (they went to bed).

29.13. B

The tense that is not included in the text is the present. The future is included twice in the following example: *la prochaine fois qu'il **viendra** nous **pourrons** mieux discuter* (the next time he comes we will be able to catch up more). The imperfect tense is included twice: *c'était fantastique* (it was fantastic) and *je devais travailler au restaurant* (I had to work at the restaurant). Finally, the perfect tense is also included twice: *mon parrain est venu chez nous* (my godfather came to our house) and *je ne l'ai vu que dix minutes* (I only saw him for 10 minutes).

29.14. D

Sentence D contains the subjunctive (*finissions*) but it is a regular, not an irregular, verb. The sentence reads, 'provided that we finish on time, we will go to the party' (*pourvu que nous **finissions** à l'heure, nous irons à la fête*). The other sentences also contain the subjunctive mood, but their verbs are irregular: *quoi que tu **fasses**, ne dis rien !* (whatever you do, do not say anything!); *je suis contente que tu **viennes*** (I am happy that you are coming); and, *autant que je **sache**, il a déjà mangé* (as far as I know, he has already eaten). See answer 28.15., for an explanation of the subjunctive.

29.15. B

The imperative gives a command, order or instruction, e.g. 'run over there!', 'pass me the salt!' etc. In French, the imperative tends to be used with three subject pronouns : *tu* (you singular), *nous* (we), and *vous* (you plural or formal). The *nous* form of the imperative would be translated 'let's' in English, e.g. *Mangeons* (Let's eat). Generally speaking to form the imperative you simply remove the subject pronoun, e.g. *attends* (wait!), *attendons* (let's wait) or *attendez* (wait!). However, with regular –er verbs, you remove the final –s from the verb, e.g. *tu écoutes* (you listen) ⇒ *écoute !* (listen!). The examples of the imperative in this question are : *allons-y* (let's go); *asseyez-vous* (sit down); and, *ne prends pas ce lait* (do not get that milk). Option B is not in the imperative but rather the interrogative: *Avez-vous l'heure ?* (do you have the time?). The key irregular verbs in the *tu, nous* and *vous* forms of the imperative are:

Avoir: *aie, ayons, ayez* (have)
Être: *sois, soyons, soyez* (be)

The difficulty rating for each question (Elementary [E], Intermediate [I] or Advanced [A]) can be found in parentheses next to each question.

30.1. Quels nombres vont dans les champs vides ? (E)

Nombres cardinaux	Nombres ordinaux
un	premier / première
deux	deuxième
trois	troisième
quatre	quatrième
cinq	cinquième
	sixième
sept	septième
huit	huitième
neuf	
dix	dixième

A)   seize & neuvième
B)   six & neuvième
C)   seize & neufième
D)   six & neufième

Extra ! Donne trois autres paires de nombres (cardinaux et ordinaux).

30.2. Quelle date ne correspond pas aux chiffres ? (E)

A)   13/03 – le treize mars
B)   19/01 – le dix-neuf janvier
C)   31/10 – le trente octobre
D)   25/07 – le vingt-cinq juillet

Extra ! Écris la date de ton anniversaire et de celle de trois amis en chiffres et en lettres.

30.3. Lis le texte. (E)

J'ai adoré la journée des sports que nous avons fait hier à l'école. D'abord, on a joué au foot à neuf heures trente, et puis on s'est essayé au tennis à dix heures et quart. Je n'ai pas beaucoup aimé le tennis donc j'ai commencé le badminton à onze heures moins dix. Après une petite pause, j'ai fait de l'athlétisme à onze heures et demie. L'après-midi nous avons joué un grand match de volley à une heure vingt et puis à deux heures moins le quart, nous avons joué au rugby – c'était la meilleure activité de toute la journée.

Quelle heure ne correspond pas à l'activité ?

A)   10h15 – le tennis
B)   11h30 – l'athlétisme
C)   12h10 – le badminton
D)   13h45 – le rugby

Extra ! Traduis le texte.

30.4. Complète les phrases ci-dessous avec les bonnes prépositions. (E)

- Ils ont nagé …(1)… la mer.
- J'habite …(2)… Mumbai.
- Nous allons en vacances …(3)… Chine.

A)   (1) dans, (2) à, (3) en
B)   (1) à, (2) en, (3) du
C)   (1) de, (2) dès, (3) au
D)   (1) pour, (2) de, (3) entre

Extra ! Invente trois phrases avec trois des prépositions ci-dessus.

30.5. Quelle paire de prépositions n'a pas de sens contraire ? (E)

A)   à l'intérieur de ⇔ à l'extérieur de
B)   avec ⇔ sans
C)   sous ⇔ sur
D)   près ⇔ derrière

Extra ! Donne trois autres paires de prépositions contraires.

30.6. Quelle phrase contient la préposition incorrecte ? (I)

A)   Elles sont arrivées **vers** huit heures.
B)   J'ai logé **pendant** mes grands-parents.
C)   On a gagné tous les matchs **sauf** le dernier.
D)   On est resté à la fête **jusqu'à** la fin.

Extra ! Corrige l'erreur et invente quatre nouvelles phrases avec les prépositions ci-dessus.

30.7. Complète ce texte à trous avec les bonnes prépositions. (I)

J'habite …(1)… du supermarché donc je peux y aller …(2)… pied. En plus j'aime être …(3)… bonne santé donc j'essaie …(4)… faire de l'exercice tous les jours. Puisque je suis une personne très active, je préfère passer mon temps …(5)… faire du sport …(6)… regarder la télé.

A)   (1) loin, (2) par, (3) dans, (4) à, (5) de, (6) à cause de
B)   (1) devant, (2) en, (3) en, (4) en, (5) de, (6) à côté de
C)   (1) près, (2) à, (3) en, (4) de, (5) à, (6) au lieu de
D)   (1) en face, (2) au, (3) dans, (4) de, (5) à, (6) à partir de

Extra ! Traduis le texte.

30.8. Quelle paire de phrases a le même sens ? (I)

A) Je ne danse jamais ⇔ Je danse toujours
B) Elle ne cache pas ⇔ Elle cache
C) Nous ne disons rien ⇔ Nous ne disons aucun mot
D) Tu ne joues plus au tennis ⇔ Tu joues encore au tennis

Extra ! Invente trois phrases négatives.

30.9. Quelle négation n'est pas correcte ? (I)

A) Ma mère avait peur donc elle a mangé rien.
B) Lucien et Fleur sont arrivés mais ils n'ont vu personne.
C) Je n'ai pas encore décidé si j'irai.
D) Elle n'a jamais fumé.

Extra ! Traduis les phrases.

30.10. Quel mot n'est pas un mot interrogatif ? (I)

A) pourquoi
B) comment
C) rien
D) où

Extra ! Invente trois questions avec trois mots interrogatifs différents.

30.11. Quelle question n'est pas grammaticalement correcte ? (A)

A) Voulez-vous une entrée, Madame ?
B) Est-ce que je peux emprunter ta gomme, s'il te plaît ?
C) Quelle est votre date de naissance ?
D) Est-ce que jetez-vous les papiers ?

Extra ! Pose cinq questions en français.

30.12. Quelle liste contient des verbes qui ne sont pas suivis par « à » ? Par ex. persister à. (A)

A) commencer, encourager, renoncer
B) conseiller, essayer, oublier
C) enseigner, réussir, songer
D) s'attendre, s'intéresser, s'habituer

Extra ! Fais une liste de verbes qui sont suivis par « à » et de verbes qui sont suivis par « de ».

30.13. Quelle paire de phrases n'a pas le même sens ? (A)

A) Je lis votre roman ⇔ Je lis le roman qui est à vous
B) C'est sa carte d'identité ⇔ La carte d'identité est à elle
C) J'ai trouvé ton vernis à ongles ⇔ J'ai trouvé le vernis à ongles qui est à toi
D) Ce taille-crayon est le mien ⇔ Ce taille-crayon est à eux

Extra ! Donne trois exemples de paires de phrases qui contiennent des adjectifs possessifs.

30.14. Complète ce texte à trous avec les bons connecteurs logiques. (A)

…(1)… mes soucis, je voudrais être pilote …(2)… c'est un emploi pratique et bien payé. …(3)… d'être pilote il faut poursuivre une formation à la fois chère et difficile. …(4)… je dois bien me préparer maintenant et économiser autant que possible.

A) (1) Malgré, (2) car, (3) Afin, (4) Par conséquent
B) (1) Afin, (2) comme, (3) Donc, (4) Bien que
C) (1) Donc, (2) en raison, (3) Tandis que, (4) Sans que
D) (1) Par contre, (2) toutefois, (3) Au contraire, (4) Tout d'abord

Extra ! Écris un paragraphe au sujet d'un métier que tu voudrais faire à l'avenir. Utilise au moins quatre connecteurs logiques différents.

30.15. Quelle phrase n'utilise pas la voix passive ? (A)

A) Le bâtiment a été détruit.
B) La vérité est oubliée par la communauté.
C) Les serpents seront attrapés.
D) Les propriétaires louent leur maison.

Extra ! Invente trois phrases qui utilisent la voix passive.

Answers and Detailed Solutions

30.1. B
The missing numbers are *six* (6), rather than *seize* (16), and *neuvième* (9th), which involves a spelling change from *neuf* (9). The prefix *-ième* can be added to cardinal numbers in order to make them ordinal, e.g. *dix-sept* (17) ⟹ *dix-septième* (17th). The following table is complete, with translations in English.

Nombres cardinaux (cardinal numbers)		Nombres ordinaux (ordinal numbers)	English
un	1	premier / première	first
deux	2	deuxième	second
trois	3	troisième	third
quatre	4	quatrième	fourth
cinq	5	cinquième	fifth
six	6	sixième	sixth
sept	7	septième	seventh
huit	8	huitième	eighth
neuf	9	**neuvième**	ninth
dix	10	dixième	tenth

30.2. C
The written date that does not correspond with the figures is *le trente octobre*, which is the 30th October, but should be the 31st October (*le trente-et-un octobre*). The other dates match each other: *13/03 – le treize mars* (the 13th March); *19/01 – le dix-neuf janvier* (the 19th January); and, *25/07 – le vingt-cinq juillet* (the 25th July).

30.3. C
Badminton took place at 10:50 (*à onze heures moins dix*) not 12.10, which would have been *à midi dix* or *à douze heures dix*. The other times match their corresponding activities during sports day. They played football at 9.30 (*on a joué au foot à neuf heures trente*), and tried tennis at 10.15 (*on s'est essayé au tennis à dix heures et quart*). Then the speaker did athletics at 11.30 (*j'ai fait de l'athlétisme à onze heures et demie*). They played a big volleyball match at 1.20 (*nous avons joué un grand match de volley à une heure vingt*) and then played rugby at 1.45 (*à deux heures moins le quart, nous avons joué au rugby*).

30.4. A
The first gap should be filled with *dans* (in) so that the sentence reads, *ils ont nagé dans la mer* (they swam in the sea). The second gap should be filled with *à*, which is generally used before cities, e.g. *J'habite à Mumbai* (I live in Mumbai). The third gap should be filled with *en*, which tends to be used with feminine countries, as well as certain continents and states, e.g. *Nous allons en vacances en Chine* (we go on holiday to China).

30.5. D
The prepositions in this question that are not opposites are *près* (near) and *derrière* (behind). The opposite of *près* is *loin* (far) and the opposite of *derrière* is *devant* (in front of). The other prepositions are opposing pairs: *à l'intérieur de* (inside) ⇔ *à l'extérieur de* (outside); *avec* (with) ⇔ *sans* (without); and, *sous* (under) ⇔ *sur* (on).

30.6. B
The incorrect preposition is in sentence B, 'j'ai logé **pendant** mes grands-parents'; *pendant* (during) should be replaced with **chez**, which means 'at someone's house', e.g. *J'ai logé **chez** mes grands-parents* (I stayed at my grandparents' house). The other prepositions in each sentence are correct: *elles sont arrivées **vers** huit heures* (they arrived **at around** 8 o'clock); *on a gagné tous les matchs **sauf** le dernier* (we won all the matches **except** the last one); and, *on est resté à la fête **jusqu'à** la fin* (we stayed at the party **until** the end).

30.7. C
The most appropriate list of prepositions to complete the text are in list C. The first gap needs a preposition that is followed by *de*, and so there are three potential options: *loin* (far), *près* (near) and *en face de* (in front of). As the sentence continues by saying, 'so I can get there easily by foot' (*donc je peux y aller à pied*) then it is likely to be either *près* or *en face de*. In addition, as we have said, the second gap requires *à*, because the phrase 'by/on foot' is *à pied*. The third gap requires *en* as 'to be in good health' is translated as *être en bonne santé*. Fourthly, as will be discussed in question 30.12., some verbs in French are followed by *de* and others by *à*; *essayer* (to try) is followed by *de*, and therefore the sentence should read, *j'essaie de faire de l'exercice tous les jours* (I try to do exercise every day). 'To spend time doing' is *passer du temps à*, and therefore the sentence with the fifth gap should read, *je préfère passer mon temps à faire du sport* (I prefer to spend my time doing sport). Finally, the sixth gap requires a phrase that allows a comparison between doing sport and watching TV; this comparison has been triggered by the phrase *je préfère* (I prefer). Accordingly, *au lieu de* (instead of) is the best option so that the sentence reads, *je préfère passer mon temps à faire du sport au lieu de regarder la télé* (I prefer to spend my time doing sport instead of watching TV). The other options for gap 6 would not be suitable: *à cause de* (because of), *à côte de* (next to), and *à partir de* (from).

30.8. C
Negatives in French generally comprise of two parts that go around the verb, e.g. *ne...pas* ⟹ *je ne joue pas* (I do not play). In question 30.8. different negative constructions are used. The only pair that contains phrases with similar meanings is C, because *nous ne disons rien* is 'we do not say anything' and *nous ne disons aucun mot* means 'we do not say a word'. The negative constructions used here are **ne...pas** (not) and **ne...aucun** (not...any). The other pairs have opposing meanings: *je ne danse jamais* (I **never** dance) ⇔ *je danse toujours* (I always dance); *elle ne cache pas* (she **does not** hide) ⇔ *elle cache* (she

hides); and, *tu **ne** joues **plus** au tennis* (you **no longer** play tennis) ⇔ *tu joues encore au tennis* (you still play tennis). Notice how the different negative constructions tend to go around the verb.

30.9. A
The incorrect negation is in the sentence 'Ma mère avait peur donc elle a mangé rien', because the *ne* has not been included. Instead, the sentence should read, *Ma mère avait peur donc elle **n'**a mangé **rien*** (my mum was scared so she did not eat anything). The negative pronouns *rien* (nothing) and *personne* (nobody) can go both after the auxiliary or after the past participle in compound tenses. Therefore, the aforementioned sentence could also be: *Ma mère avait peur donc elle n'a **rien** mangé*. The other sentences use negation correctly: *Lucien et Fleur sont arrivés mais ils **n'**ont vu **personne*** (Lucien and Fleur arrived but they did not see anyone); *Je **n'**ai pas **encore** décidé si j'irai* (I have not yet decided if I will go); and, *Elle **n'a** jamais fumé* (she has never smoked).

30.10. C
Rien means 'nothing' and is an indefinite pronoun. Interrogatives are question words. In French, these include: *pourquoi* (why?), *comment* (how?), *où* (when?), *qui* (who?), *quoi/que* (what?), *quel* (which?), and *combien* (how much/how many?).

30.11. D
There are three ways of asking questions in French. Firstly, you can invert the first verb and the subject of the verb. For example, *vous voulez* (you want) becomes *voulez-vous* (do you want?), e.g. *Voulez-vous une entrée, Madame ?* (Do you want a starter, Madam?). Secondly, you can use the phrase *est-ce que* (is it that) + the subject + the verb? For example, *est-ce que je peux emprunter ta gomme, s'il te plaît ?* (can I borrow your rubber, please?). Notice here that if you are using the phrase *est-ce que*, you do **not** invert the subject and the verb. An interrogative can also be used before *est-ce que*, e.g. *qu'est-ce que vous faites ?* (what are you doing?). Thirdly, question words (interrogatives) can be used to replace the subject, e.g. *quelle est votre date de naissance ?* (what is your date of birth?). Question D in 30.11. ('Est-ce que jetez-vous les papiers ?') is incorrect because it combines the first two approaches outlined above. Instead, the question could be either *Jetez-vous les papiers ?* (approach 1) or *Est-ce que vous jetez les papiers ?* (approach 2), both of which translate as 'are you throwing the papers?'.

30.12. B
List B contains verbs that are followed by *de*, rather than *à*. These include: *conseiller de* (to advise to), *essayer de* (to try to), and *oublier de* (to forget). The following table lists some common verbs that are followed by either *à* or *de*:

Verbs followed by *à*	Verbs followed by *de*
commencer à (to start to)	*arrêter de* (to stop)
croire à (to believe in)	*choisir de* (to choose to)
encourager à (to encourage to)	*conseiller de* (to advise to)
enseigner à (to teach to)	*empêcher de* (to prevent from)
renoncer à (to give up)	*essayer de* (to try to)
réussir à (to succeed in)	*éviter de* (to avoid)
s'attendre à (to expect)	*oublier de* (to forget)
s'habituer à (to get used to)	*refuser de* (to refuse to)
s'intéresser à (to be interested in)	*s'excuser de* (to apologise)
songer à (to think of)	*se souvenir de* (to remember)

30.13. D
The two phrases that are not synonyms are *Ce taille-crayon est le mien* (This pencil-sharpener is mine) and *Ce taille-crayon est à eux* (This pencil-sharpener is theirs). There are two ways of indicating possession in French. Firstly, there are possessive pronouns, e.g. *le mien* (mine), *le tien* (yours) etc., which are discussed in more detail in questions 19.10. and 26.9. Secondly, you can use the preposition *à* + stressed pronoun to indicate possession, e.g. *cette table est à moi* (this table is mine), *la gomme est à elle* (the rubber is hers). The other phrases in question 30.13. use both of these strategies to indicate possession: *Je lis votre roman* (I am reading your novel) ⇔ *Je lis le roman qui est à vous* (I am reading the novel that is yours); *C'est sa carte d'identité* (It is her identity card) ⇔ *La carte d'identité est à elle* (The identity card is hers); and, *J'ai trouvé ton vernis à ongles* (I found your nail varnish) ⇔ *J'ai trouvé le vernis à ongles qui est à toi* (I found the nail varnish that is yours).

30.14. A
Connectors link two clauses together. The list with the most appropriate connectors for the text is list A. The first gap requires *malgré* (despite), so that the sentence reads, *malgré mes soucis* (despite my worries). The other options would not be suitable in the context: *car* (because), *afin* (so/in order to), and *par conséquent* (consequently). The second gap requires *car* (because) as the second clause gives a reason for the first: *je voudrais être pilote car c'est un emploi pratique et bien payé* (I would like to be a pilot because it is a practical and well-paid job). Next, *afin* is required because the word is followed by *de* and because the sentence reads, 'in order to be a pilot' (*afin d'être pilote*). The other options mean 'therefore' (*donc*), 'while' (*tandis que*), and 'by contrast' (*au contraire*). The last gap requires *par conséquent* (consequently) because the previous sentence discussed the difficult and expensive training (*la formation à la fois chère et difficile*), while the next sentence discusses being well prepared and saving as much as possible (which is the result of the previous sentence): *par conséquent je dois bien me préparer maintenant et économiser autant que possible*. The other options would therefore be less appropriate: *bien que* (although), *sans que* (without), and *tout d'abord* (firstly).

30.15. D
The passive voice is used less frequently in French than in English. While in the active voice the subject performs the verb (e.g. Tom washes the dishes), in the passive voice the subject is the one affected by the action (e.g. the dishes are washed by Tom). There is only one sentence in this question that uses the active voice: *Les propriétaires louent leur maison* (the owners rent their house). By contrast, to form passive sentences in French you use the conjugated form of *être* in the tense required and add a past participle. As *être* is used, the past participle must agree with the subject of the sentence. In this question, there are three examples of sentences in the passive voice: *le bâtiment a été détruit* (the building has been destroyed); *la vérité est oubliée par la communauté* (the truth is forgotten by the community); and, *les serpents seront attrapés* (the snakes will be caught).

The difficulty rating for each question (Elementary [E], Intermediate [I] or Advanced [A]) can be found in parentheses next to each question.

31.1. Quelle phrase au sujet des noms français est fausse ? (E)

A) Les noms qui se terminent en –eau, –et, –isme, –ien sont souvent masculins.
B) Les noms qui se terminent en –tion, –ise, –té, –ude sont souvent féminins.
C) Les noms qui se terminent en –ien au singulier se terminent en –iene au pluriel.
D) Les noms qui se terminent en –al au singulier se terminent en –aux au pluriel.

Extra ! Corrige l'erreur et fais une liste d'exemples pour chaque sorte de noms.

31.2. Dans quelles phrases est-ce que les articles contractés doivent changer de place ? (E)

A) Je vais **au** cinéma / Je vais **à la** piscine
B) Je joue **aux** cartes / Je joue **au** rugby
C) Elle va **à l'**Etats-Unis / Elle va **aux** hôtel
D) Ils restent **à l'**auberge de jeunesse / Ils restent **à la** maison

Extra ! Donne trois autres exemples de phrases qui utilisent des articles décontractés différents.

31.3. Lis le texte. (E)

J'aime beaucoup les animaux, et surtout les hiboux. Quand j'ai le temps, j'aime lire des articles dans les journaux et les magazines afin d'en découvrir plus. Malheureusement mes amis ne partagent pas ma passion.

Combien de noms au pluriel sont présents dans le texte ?

A) Trois
B) Quatre
C) Cinq
D) Six

Extra ! Traduis le texte.

31.4. Regarde le tableau. (E)

Masculin singulier	Féminin singulier	Masculin pluriel	Féminin pluriel
beau	belle	…(3)…	belles
bon	…(2)…	bons	bonnes
courageux	courageuse	courageux	…(4)…
grand	grande	grands	grandes
…(1)…	grosse	gros	grosses
sportif	sportive	sportifs	sportives

Complète les champs vides du tableau.

A) (1) gro, (2) bonne, (3) beaus, (4) courageuses
B) (1) gros, (2) bone, (3) beaus, (4) courageux
C) (1) grosse, (2) bone, (3) beaux, (4) courageux
D) (1) gros, (2) bonne, (3) beaux, (4) courageuses

Extra ! Invente trois phrases en utilisant trois des adjectifs du tableau ci-dessus.

31.5. Lis le texte. (E)

Il y a cinq ans je chantais dans la chorale de l'école et nous faisions des tournées partout dans le pays. Par contre maintenant je ne chante plus et je n'aime même plus écouter de la musique. En ce moment, ma vie tourne autour du sport, à savoir l'aviron. En fait à l'avenir j'aimerais participer aux jeux olympiques. Représenter mon pays serait mon rêve.

Quels sont les temps présents dans le texte ?

A) le passé composé, le présent, le futur
B) l'imparfait, le présent, le conditionnel
C) le passé composé, l'imparfait, le présent
D) le présent, le futur, le conditionnel

Extra ! Traduis le texte.

31.6. Les questions ci-dessous sont accompagnées par des réponses utilisant « si », « non » et « oui ». Quelle réponse est incorrecte ? (I)

A) **Question** : Ne veux-tu pas manger ? **Réponse** : Si, je veux manger tout de suite.
B) **Question** : Aimez-vous le rugby ? **Réponse** : Non, je n'aime pas ça.
C) **Question** : Conduisez-vous une belle voiture ? **Réponse** : Oui, c'est magnifique !
D) **Question** : Parlez-vous des langues étrangères ? **Réponse** : Si, je parle l'allemand et l'anglais.

Extra ! Invente quatre autres questions-réponses.

31.7. Quelle est la seule phrase qui contient un superlatif ? (I)

A) C'est le train le plus rapide dans toute l'Inde.
B) Mes notes sont meilleures en biologie qu'en physique.
C) Les gâteaux sont plus sucrés que les biscuits.
D) Cette jupe est aussi jolie que celle-là.

Extra ! Donne trois exemples de comparatifs et trois exemples de superlatifs.

31.8. Complète ce texte à trous avec les bons adjectifs démonstratifs. (I)

…(1)… arbre a cent ans.
Rien ne peut effacer …(2)… bonheur.
Je ne voudrais pas dépenser …(3)… argent
…(4)… étoiles sont magnifiques.

A) (1) Cette, (2) cette, (3) cet, (4) Ces
B) (1) Cet, (2) ce, (3) cet, (4) Ces
C) (1) Ces, (2) ce, (3) ces, (4) Cettes
D) (1) Ce, (2) cet, (3) cette, (4) Cettes

Extra ! Écris un paragraphe en utilisant au moins six adjectifs démonstratifs.

31.9. Quel verbe est irrégulier à l'imparfait ? (I)

A) avoir
B) être
C) aller
D) regarder

Extra ! Conjugue ces quatre verbes à l'imparfait.

31.10. Quels pronoms indéfinis n'apparaissent pas dans la bonne phrase ? (I)

- J'ai gagné **quelque chose** de spectaculaire à la fête foraine.
- À mon avis, ils ne respectent **personne**.
- **Rien** a eu une crise cardiaque au centre commercial.
- Il y avait **plusieurs** médecins à l'hôpital hier soir.
- Je ne sais **quelqu'un** là-dessus.

A) quelque chose & quelqu'un
B) personne & plusieurs
C) rien & personne
D) rien & quelqu'un

Extra ! Invente trois nouvelles phrases en utilisant des pronoms indéfinis.

31.11. Lis le texte. (A)

Mélangez le sucre et le beurre dans un bol. Ajoutez la farine et la levure. Ensuite ajoutez les œufs et mélangez bien. Versez tout dans le moule. Mettez-le au four pendant vingt minutes. Soyez calme – le gâteau est quasi prêt !

Combien y a-t-il de verbes différents conjugués à l'impératif ?

A) Cinq
B) Six
C) Sept
D) Huit

Extra ! Conjugue tous les verbes du texte au passé composé à la première personne du singulier. Par ex. J'ai mélangé…

31.12. Dans quelles phrases est-ce que les pronoms indéfinis doivent changer de place ? (A)

A) L'ami **avec qui** j'habite est célibataire. / J'ai expliqué la raison **pour laquelle** je suis parti.
B) La réunion **à laquelle** j'ai assisté était importante. / Les maisons **dans lesquelles** ils habitent sont loin de la mer.
C) J'ai beaucoup aimé l'homme **d'où** j'ai parlé. / La ville **à qui** je viens est très polluée.
D) Les bureaux **sur lesquels** les documents se trouvent sont vieux. / Les cours **desquels** je me suis évadé étaient très ennuyeux.

Extra ! Traduis les phrases.

31.13. Avec quelle phrase n'utilise-t-on pas le subjonctif ? (A)

A) Il faut que…
B) Étant donné que…
C) Pourvu que…
D) Je ne crois pas que…

Extra ! Invente quatre phrases en utilisant le subjonctif.

31.14. Complète la phrase. (A)

Je suis toujours disponible et tu peux me rendre visite …

A) …n'importe quand.
B) …n'importe quoi.
C) …n'importe qui.
D) …n'importe comment.

Extra ! Crée cinq phrases différentes en utilisant « n'importe ».

31.15. Lis les questions-réponses ci-dessous. Dans quelle réponse les pronoms apparaissent-ils dans le mauvais ordre ? (A)

A) **Question** : As-tu donné son repas à Jacques ?
Réponse : Oui je le lui ai donné.
B) **Question** : As-tu apporté les chaises à Michel ?
Réponse : Oui je les lui ai apportées.
C) **Question** : Est-ce qu'elle t'a parlé de l'ordinateur ?
Réponse : Non, elle ne m'en a pas parlé.
D) **Question** : Est-ce qu'ils nous ont envoyé la lettre ?
Réponse : Non, ils ne le nous ont pas envoyé.

Extra ! Invente trois questions-réponses en utilisant deux pronoms.

Answers and Detailed Solutions

31.1. C
Statement C is false because nouns ending in -ien in the singular end in -iens in the plural (not -iene as the statement suggests). For example, le chien (dog) becomes les chiens (dogs). The other statements are true. Firstly, nouns ending -eau, -et, -isme, -ien are often masculine (les noms qui se terminent en -eau, -et, -isme, -ien sont souvent masculins), e.g. le bateau (boat), le jouet (toy), l'idéalisme (idealism), le politicien (politician). Secondly, nouns that end in -tion, -ise, -té, -ude are often feminine (les noms qui se terminent en -tion, -ise, -té, -ude sont souvent féminins), e.g. la natation (swimming), la maîtrise (mastery), la beauté (beauty), la certitude (certainty). Finally, nouns ending -al in the singular end in -aux in the plural (les noms qui se terminent en -al au singulier se terminent en -aux au pluriel), e.g. le journal (newspaper) ⇒ les journaux (newspapers).

31.2. C
Contracted articles are those made up of a preposition (usually à or de) and an article, e.g. du (de + le), à la etc. The contracted articles in the pair of sentences in option C need to be swapped so that the sentences read, elle va **aux** Etats-Unis (she goes to the United States) and elle va **à l'**hôtel (she goes to the hotel). This is because the noun in the first sentence (Etats-Unis) is plural and the noun in the second sentence begins with 'h' (hôtel). The other sentences use the correct contracted articles: Je vais **au** cinéma (I go to the cinema) / Je vais **à la** piscine (I go to the swimming pool); Je joue **aux** cartes (I play cards) / Je joue **au** rugby (I play rugby); and, ils restent **à l'**auberge de jeunesse (they stay at the youth hostel) / ils restent **à la** maison (they stay at home).

31.3. D
There are six plural nouns in the text. They are highlighted in bold with translations in brackets.

J'aime beaucoup **les animaux** (animals), et surtout **les hiboux** (owls). Quand j'ai le temps, j'aime lire **des articles** (articles) dans **les journaux** (newspapers) et **les magazines** (magazines) afin d'en découvrir plus. Malheureusement **mes amis** (my friends) ne partagent pas ma passion.

31.4. D
The table should be filled with the words from list D. The following table is complete with an extra column and translations in English:

Masculine singular	Feminine singular	Masculine plural	Feminine plural	English
beau	belle	**beaux**	belles	beautiful
bon	**bonne**	bons	bonnes	good
courageux	courageuse	courageux	**courageuses**	brave
grand	grande	grands	grandes	big
gros	grosse	gros	grosses	fat
sportif	sportive	sportifs	sportives	sporty

31.5. B
The tenses included in the paragraph are: the imperfect (l'imparfait), the present (le présent) and the conditional (le conditionnel). The imperfect verbs include: je chantais (I used to sing) and nous faisions (we used to do). The present tense verbs include: il y a (there is), je ne chante plus (I no longer sing), je n'aime même plus (I no longer even like), and ma vie tourne autour du sport (my life revolves around sport). Finally, the conditional verbs include: j'aimerais (I would like) and serait (would be).

31.6. D
The question that does not have a grammatically correct response is D. As the question 'do you speak foreign languages?' (Parlez-vous des langues étrangères ?) does not include a negative question, the only possible responses are oui (yes) or non (no). Si – which generally means 'if' but can also mean 'yes' – can only be used if the question is negative. For example, question A asks 'don't you want to eat?' (ne veux-tu pas manger ?) to which the answer is 'yes, I want to eat straight away' (**Si**, je veux manger tout de suite). As such, the answer to question D should be oui, je parle l'allemand et l'anglais (yes, I speak German and English). The other two questions have appropriate answers: Aimez-vous le rugby ? **Non**, je n'aime pas ça (Do you like rugby? No, I do not like it) and conduisez-vous une belle voiture ? **Oui**, c'est magnifique ! (Do you drive a nice car? Yes, it is wonderful!).

31.7. A
The only sentence that contains a superlative is option A, c'est le train le plus rapide dans toute l'Inde (it is the fastest train in the whole of India). Superlative adjectives describe the most extreme form of a particular quality and in English are often associated with 'the most + adjective'. Examples of the superlative in English include 'the highest', 'the roundest' and 'the most difficult'. In French, the superlative is formed with the definite article, plus (more) or moins (less), the adjective and the noun. The order can be either 'le plus/moins + adjectif + nom' or 'le + nom + le plus/moins + adjectif'. The other sentences contain comparatives rather than superlatives: mes notes sont meilleures en biologie qu'en physique (my grades are better in biology than in physics); les gâteaux sont plus sucrés que les biscuits (cakes are more sugary than biscuits); and, cette jupe est aussi jolie que celle-là (this skirt is as pretty as that one). See question 12.11., for further practice with comparatives.

31.8. B
Demonstrative adjectives are those that describe a specific item and are used for emphasis. In English, they translate as 'this' or 'these'. The first gap should be filled with the demonstrative adjective cet, because the noun it describes –

arbre (tree) – is masculine but starts with a vowel. If it did not start with a vowel it would be *ce*. The sentence reads, 'this tree is 100 years-old' (*cet arbre a cent ans*). The second gap requires *ce*, as the noun, *bonheur* (happiness), is masculine singular: *rien ne peut effacer ce bonheur* (nothing can erase this happiness). The third gap needs *cet* again as *argent* (money) is masculine but begins with a vowel: *je ne voudrais pas dépenser cet argent* (I would not like to spend this money). Finally, the fourth gap requires *ces*, because the noun, *étoiles* (stars), is plural. The same demonstrative adjective (*ces*) is used for plural nouns, regardless of whether they are masculine or feminine. Accordingly, the sentence reads, *ces étoiles sont magnifiques* (these stars are magnificent). See questions 2.8. and 18.13., for further practice with demonstrative adjectives.

31.9. B
The only verb that is irregular in the imperfect tense is *être* (to be), as it has an irregular stem. The verb is conjugated as follows in the imperfect: *j'étais, tu étais, il/elle/on était, nous étions, vous étiez, ils/elles étaient*.

31.10. D
The indefinite pronouns that need to be swapped are *quelqu'un* (someone) and *rien* (nothing/anything). This is because the third sentence should read '**someone** had a heart attack at the shopping centre' (*quelqu'un a eu une crise cardiaque au centre commercial*), while the fifth should read 'I do not know **anything** about it' (*je ne sais rien là-dessus*). The other indefinite pronouns are in the correct sentences: *J'ai gagné quelque chose de spectaculaire à la fête foraine* (I won **something** spectacular at the funfair); *à mon avis, ils ne respectent personne* (in my opinion, they do not respect **anyone**); and, *il y avait plusieurs médecins à l'hôpital hier soir* (there were **several** doctors in the hospital last night).

31.11. A
There are five different imperative verbs in the paragraph, including: *mélangez* (mix), *ajoutez* (add), *versez* (pour), *mettez* (put), and *soyez* (be). The imperative is used to give instructions, orders or commands. More information about how to form the imperative can be found in answer 29.15.

31.12. C
Compound relative pronouns are made up of a preposition + relative pronoun. Examples include: *l'ami avec qui j'habite est célibataire* (the friend **with whom** I live is single) / *J'ai expliqué la raison pour laquelle je suis parti* (I explained the reason **for which** I left); *la réunion à laquelle j'ai assisté était importante* (the meeting **that** I attended was important) / *les maisons dans lesquelles ils habitent sont loin de la mer* (the houses **in which** they live are far from the sea); and, *les bureaux sur lesquels les documents se trouvent sont vieux* (the desks **on which** the documents are found are old) / *Les cours desquels je me suis évadé étaient très ennuyeux* (the lessons **that** I missed were very boring). The compound relative pronouns in pair C need to be swapped. They should therefore read: *J'ai beaucoup aimé l'homme à qui j'ai parlé* (I really like the man **to whom** I spoke) and *la ville d'où je viens est très polluée* (the town **from which** I come is very polluted).

31.13. B
Many phrases in French are followed by the subjunctive mood, including: *il faut que* (it is necessary that), *pourvu que* (provided that), and *je ne crois pas que* (I do not believe that). *Étant donné que* (given that) is a phrase that is not followed by the subjunctive. See questions 20.6. and 28.15., for further information about the subjunctive.

31.14. A
The given phrase should be completed with *n'importe quand* (whenever/anytime) so that it reads, *je suis toujours disponible et tu peux me rendre visite n'importe quand* (I am always available and you can visit me whenever/anytime). *N'importe* translates into English as 'no matter' and can be used with different interrogative adjectives to mean -ever, e.g. *n'importe où* (wherever), *n'importe quoi* (whatever), *n'importe qui* (whoever), and *n'importe comment* (however/in whatever way).

31.15. D
There will often be more than one pronoun in a sentence. When this happens, it is important to know the order in which the pronouns go. The following table outlines the order, from left to right.

me te se nous vous se	le la les	lui leur	y	en

The following responses use this order correctly: *as-tu donné son repas à Jacques ? Oui, je le lui ai donné* (did you give the meal to Jacques? Yes, I gave **it to him**); *as-tu apporté les chaises à Michel ? Oui, je les lui ai apportées* (did you bring the chairs to Michel? Yes, I brought **them to him**); and, *est-ce qu'elle t'a parlé de l'ordinateur ? Non, elle ne m'en a pas parlé* (did she talk to you about the computer? No, she did not talk **to me about it**). In answer D the pronouns are in the incorrect order, and instead it should read, *est-ce qu'ils nous ont envoyé la lettre ? Non, ils ne nous l'ont pas envoyé* (did they send us the letter? No, they did not send **it to us**).

The difficulty rating for each question (Elementary [E], Intermediate [I] or Advanced [A]) can be found in parentheses next to each question.

32.1. Quelle phrase n'exprime pas un avis ? (E)

A) J'estime que la famille traditionnelle a beaucoup changé ces dernières années.
B) Je ne pense pas que la famille traditionnelle soit en crise.
C) J'ai regardé le mariage royal à la télé et ça m'a beaucoup plu.
D) La recherche démontre que moins de jeunes se marient.

Extra ! Écris un paragraphe pour exprimer tes opinions sur les changements de la « famille traditionnelle ».

32.2. Lis le texte. (E)

Mes amis pensent que pendant les vacances c'est le bon moment pour rien faire et pour échapper à la vie quotidienne mais pour moi les raisons pour lesquelles j'aime les vacances sont différentes. Il s'agit de passer du temps avec la famille et de découvrir de nouvelles cultures et de nouveaux pays. Les vacances me permettent d'être plus spontané.

Quelle est la phrase correcte ?

A) Dans le texte il y a 7 adjectifs, 8 verbes et 10 noms.
B) Dans le texte il y a 5 adjectifs, 9 verbes et 12 noms.
C) Dans le texte il y a 6 adjectifs, 11 verbes et 12 noms.
D) Dans le texte il y a 4 adjectifs, 12 verbes et 13 noms.

Extra ! Écris une lettre à ton ami français expliquant pourquoi les vacances sont importantes pour toi.

32.3. Quelle liste ne contient pas d'expressions synonymes ? (E)

A) toutefois, cependant, néanmoins
B) en revanche, au moins, donc
C) parce que, car, puisque
D) de plus, en outre, de surcroît

Extra ! Écris un paragraphe sur les activités que tu fais pour garder la forme.

32.4. Réarrange le dialogue entre M. Blanc et le réceptionniste dans le bon ordre. (E)

(1) Le réceptionniste : Pas de problème, Monsieur. Voulez-vous une chambre simple ou double ?

(2) Le réceptionniste : D'accord. Pour combien de nuits ?
(3) Le réceptionniste : Je peux vous aider Monsieur ?
(4) M. Blanc : Une chambre double, s'il vous plaît – c'est pour ma femme et moi.
(5) Le réceptionniste : Oui, c'est de sept heures à dix heures.
(6) M. Blanc : Je voudrais réserver une chambre pour ce soir, s'il vous plaît.
(7) M. Blanc : On restera trois nuits. Le petit-déjeuner est compris ?

A) 3 / 6 / 1 / 4 / 2 / 7 / 5
B) 6 / 3 / 7 / 5 / 1 / 4 / 2
C) 3 / 4 / 2 / 7 / 1 / 6 / 5
D) 1 / 4 / 3 / 7 / 5 / 6 / 2

Extra ! Invente un nouveau dialogue entre un client et un vendeur.

32.5. Lis la lettre de Paul, un garçon de Nice, à son ami Pierre, qui habite à Marseille. (E)

Chère Paul,

Merci pour ta lettre. Comment ça va ? Ici tout va bien mais c'est bientôt les vacances et je sais que je vais m'ennuyer. Je voudrait donc t'inviter à Nice pour un petite séjour ; est-ce que tu seras libre du 6 au 10 août ? Tu es toujours bienvenu !

Écris-toi bientôt !

Pierre

Combien d'erreurs sont présentes dans cette lettre ?

A) Un
B) Deux
C) Trois
D) Quatre

Extra ! Écris une invitation à un ami français pour l'inviter à un concert.

32.6. Complète ce texte à trous avec les mots ci-dessous. (I)

Quand j'étais petit j'habitais à Bengaluru mais ...... j'habite à la campagne. Bien que j'aime l'...... des grandes villes, il y avait trop de circulation et la pollution était .... Je préfère habiter à la campagne parce que le ...... est pittoresque et le mode de vie est plus détendu. Selon moi, le seul problème c'est qu'il y a ...... d'emplois.

(1) moins
(2) animation
(3) maintenant
(4) paysage
(5) terrible

Dans quel ordre vont les mots ?

A)   1 / 2 / 5 / 3 / 4
B)   3 / 2 / 5 / 4 / 1
C)   2 / 4 / 1 / 5 / 3
D)   3 / 2 / 4 / 5 / 1

Extra ! Écris une lettre à ton ami décrivant la ville dans laquelle tu habites.

32.7.   Complète le tableau avec les réponses les plus logiques. (I)

Où ?	Quoi ?	Avec qui ?
Au centre sportif…	…je joue au badminton…	…avec mon frère.
(1)	…je fais de la natation…	…tout seul.
Au terrain…	…(2)…	…avec mes amis.
Dans le jardin…	…nous jouons à la pétanque…	…(3).

A)   (1) Au lac, (2) je joue au foot, (3) tous ensemble
B)   (1) À la piscine, (2) je fais de la voile, (3) avec sa meilleure amie
C)   (1) À la bibliothèque, (2) je fais du ski, (3) tout ensemble
D)   (1) Au centre commercial, (2) je vais à la pêche, (3) moi-même

Extra ! Ajoute trois nouvelles phrases au tableau.

32.8.   Quelle phrase ne contient pas trois temps ? (I)

A)   Le centre sportif est ouvert tous les jours mais hier c'était fermé parce qu'il y a eu un incendie.
B)   C'était utile la journée sans technologie qu'on a organisée au lycée – on la refera l'année prochaine.
C)   Actuellement je suis étudiante à la fac et je voudrais être prof de sciences ; je crois que le stage que j'ai fait le mois dernier m'aidera beaucoup à trouver un emploi.
D)   Si je mangeais plus sainement, j'aurais plus d'énergie pour mes études, mais malheureusement je ne trouve jamais le temps de cuisiner.

Extra ! Conjugue tous les verbes du texte ci-dessus à des temps différents.

32.9.   Lis le texte de Christine. (I)

Les vêtements de marque ne m'intéressent pas beaucoup parce qu'ils coûtent trop cher et je préfère être confortable plutôt qu'à la mode. D'habitude je porte un t-shirt et un jean et ça me va parce que je suis une personne assez détendue.

Quelle est la phrase correcte ?

A)   Dans le texte il y a 6 adverbes et 5 verbes conjugués.
B)   Dans le texte il y a 5 adverbes et 6 verbes conjugués.
C)   Dans le texte il y a 4 adverbes et 7 verbes conjugués.
D)   Dans le texte il y a 3 adverbes et 8 verbes conjugués.

Extra ! Écris une lettre à ton/ta correspondant(e) français(e) décrivant ce que tu portes normalement.

32.10.   Réarrange le dialogue entre Riya et un employé du bureau des objets trouvés dans le bon ordre. (I)

(1)   **L'employé** : Oui, je vois. Et qu'est-ce qu'il y a dans le portefeuille ?

(2)   **Riya** : Ce matin, vers 10h. Je l'ai laissé dans le jardin public.

(3)   **Riya** : Celui qui est près de la banque.

(4)   **Riya** : Bonjour, j'ai perdu mon portefeuille.

(5)   **L'employé** : Bonjour, Mademoiselle. Puis-je vous aider ?

(6)   **Riya** : Merci beaucoup !

(7)   **L'employé** : D'accord. Quand est-ce que vous l'avez perdu ?

(8)   **L'employé** : Quel jardin public ?

(9)   **L'employé** : Bien. Je vais le chercher tout de suite.

(10)   **Riya** : Il y avait un peu de monnaie et ma carte d'identité.

A)   7 / 6 / 8 / 4 / 5 / 3 / 9 / 10 / 1 / 2
B)   5 / 4 / 7 / 2 / 8 / 3 / 1 / 10 / 9 / 6
C)   4 / 5 / 6 / 7 / 2 / 8 / 1 / 10 / 9 / 3
D)   5 / 4 / 1 / 10 / 7 / 3 / 8 / 2 / 9 / 6

Extra ! Écris un nouveau dialogue entre Riya et l'employé du bureau des objets trouvés dans lequel Riya a perdu son portable.

32.11.   Complète le texte à trous avec les mots ci-dessous. (A)

Dans mon pays, la Côte d'Ivoire, l'éducation est …… parce que nous avons une population très jeune et dynamique. Tous les …… ne vont pas à l'école, surtout les ……, donc on doit développer un …… éducatif afin que la scolarité soit … … et disponible pour tout le monde.

(1) filles
(2) essentielle
(3) système
(4) enfants
(5) gratuite

A) 5 / 4 / 1 / 3 / 2
B) 5 / 1 / 4 / 3 / 2
C) 2 / 4 / 1 / 3 / 5
D) 2 / 1 / 4 / 5 / 3

Extra ! Complète ce texte à trous avec tes propres mots.

32.12. Quelle est la phrase illogique ? (A)

A) Je me suis énormément amusé pendant les vacances – quelle barbe !
B) Quand j'étais au lycée je devais plancher sur mes devoirs pendant quatre heures tous les soirs – quel boulot !
C) Tu ne peux pas venir chez moi pour faire la fête – quel dommage !
D) J'ai oublié de vider le frigo avant de partir en vacances en Chine, du coup mon fromage y est resté pendant trois semaines – quelle horreur !

Extra ! Modifie la phrase illogique afin qu'elle devienne logique.

32.13. Lis le texte de Khushi. (A)

Mon identité culturelle et linguistique a beaucoup fluctué au fil des années. Par exemple, quand j'étais petite, je ne parlais que ma langue maternelle, le Hindi. Par contre, à l'âge de 12 ans nous avons déménagé en France donc depuis à cette époque j'ai commencé à parler français. La culture française me plaît beaucoup. Le mois prochain j'irai au Canada pour mes études. Par conséquent, je parlerai le français mais j'apprendrai aussi l'anglais parce que c'est un pays bilingue.

Quelle est la phrase correcte ?

A) Dans le texte il y a 3 temps différents.
B) Dans le texte il y a 4 temps différents.
C) Dans le texte il y a 5 temps différents.
D) Dans le texte il y a 6 temps différents.

Extra ! Écris une lettre à ton/ta correspondant(e) français(e) décrivant les avantages d'être bilingue.

32.14. Complète le texte à trous. (A)

La semaine dernière je suis allé en ville pour …(1)… un cadeau pour ma grand-mère : elle …(2)… soixante ans demain. Malheureusement, j'ai eu du mal à trouver le cadeau …(3)… . D'abord, je cherchais du parfum mais le magasin n'avait pas …(4)… qu'elle aime. Ensuite, j'ai essayé de trouver une

écharpe bleue, parce que c'est sa couleur préférée mais celle que j'ai trouvée était trop …(5)… . Après deux heures de shopping j'ai eu la bonne idée : des boucles d'oreille ! Je suis retourné au centre commercial et j'ai trouvé une paire parfaite – quel …(6)… !

A) (1) acheter, (2) aura, (3) parfait, (4) celui, (5) chère, (6) soulagement
B) (1) gagner, (2) avait, (3) parfaite, (4) celui-ci, (5) cher, (6) dommage
C) (1) recevoir, (2) sera, (3) idéal, (4) celui-là, (5) chère, (6) génie
D) (1) dérober, (2) était, (3) idéale, (4) celle-ci, (5) cher, (6) chance

Extra ! Un ami t'a invité à sa fête d'anniversaire mais tu ne peux pas y allez. Écris ta réponse.

32.15. Réarrange le dialogue entre Kyra et un employé de l'office de tourisme dans le bon ordre. (A)

(1) **Kyra** : Oui, s'il vous plaît. Serait-il possible d'avoir trois billets? Un pour moi, un pour mon mari et un pour notre fille.

(2) **L'employé** : Tout à fait – voilà le plan. Amusez-vous bien !

(3) **Kyra** : J'aime aller aux restaurants et je voudrais voir un spectacle.

(4) **L'employé** : Bien sûr ! Lille est une superbe ville. On a des parcs magnifiques et des musées très intéressants. En plus on a de très bons restaurants qui proposent des plats typiquement français. Qu'est-ce que vous aimez faire le soir ?

(5) **Kyra** : Bonjour. Est-ce que vous pouvez me donner des renseignements sur la ville ?

(6) **L'employé** : Absolument. […] Voilà vos trois billets pour le grand théâtre.

(7) **Kyra** : Merci beaucoup pour votre aide. Avez-vous aussi un plan de la ville ?

(8) **L'employé** : Bonjour et bienvenue à Lille !

(9) **L'employé** : Parfait – en fait, il y a un spectacle ce soir au grand théâtre. Voulez-vous des billets ?

A) 8 / 5 / 7 / 2 / 3 / 9 / 1 / 6 / 4
B) 8 / 5 / 4 / 1 / 6 / 7 / 2 / 3 / 9
C) 8 / 5 / 4 / 3 / 9 / 1 / 6 / 7 / 2
D) 5 / 9 / 8 / 7 / 2 / 1 / 4 / 3 / 6

Extra ! Kyra a été très déçue par le spectacle au grant théâtre, et voudrait se plaindre. Écris le dialogue entre Kyra et l'employé du grand théâtre.

Answers and Detailed Solutions

32.1. D

The phrase that does not contain an opinion is D: *la recherche démontre que moins de jeunes se marient* (research demonstrates that fewer young people are getting married). This sentence instead purports a possible fact. The other sentences contain opinions, and the opinion phrases have been highlighted in bold: **J'estime que** *la famille traditionnelle a beaucoup changé ces dernières années* (I think that the traditional family has changed a lot over the last few years); **Je ne pense pas** *que la famille traditionnelle soit en crise* (I do not think that the traditional family is in crisis); and, *J'ai regardé le mariage royal à la télé et* **ça m'a beaucoup plu** (I watched the royal wedding on the television and I liked it a lot).

32.2. C

The correct phrase about the text is that there are 6 adjectives, 11 verbs and 12 nouns. The adjectives are: *bon* (good), *quotidienne* (daily), *différentes* (different), *nouvelles* (new), *nouveaux* (new), and *spontané* (spontaneous). The verbs are: *pensent* (think), *sont* (are), *faire* (to do), *échapper* (to escape), *aime* (like), *sont* (are), *il s'agit de* (it is about), *passer* (to spend), *découvrir* (to discover), *permettent* (allow), and *être* (to be). The nouns are: *mes amis* (my friends), *les vacances* (holidays), *moment* (moment), *la vie* (life), *moi* (me), *les raisons* (reasons), *les vacances* (holidays), *temps* (time), *la famille* (family), *cultures*, *pays* (countries), and *les vacances* (holidays).

32.3. B

The list of words that does not contain synonyms is B, because *en revanche* means 'on the other hand' whereas *au moins* means 'at least' and *donc* means 'therefore'. The other lists contain words with broadly similar meanings. In list A, *toutefois* and *cependant* mean 'however', and *néanmoins* is 'nevertheless'. In list C, *parce que* and *car* mean 'because', and *puisque* means 'since', which can function in a similar way to 'because'. List D contains *de plus*, *en outre* and *de surcroît*, which can all loosely be translated as 'furthermore'.

32.4. A

The dialogue between Mr Blanc and the receptionist should go in the following order:

Le réceptionniste : Je peux vous aider Monsieur ? (Can I help you, Sir?)

M. Blanc : *Je voudrais réserver une chambre pour ce soir, s'il vous plaît.* (I would like to reserve a room for this evening, please)

Le réceptionniste : Pas de problème, Monsieur. Voulez-vous une chambre simple ou double ? (No problem, Sir. Would you like a single or double room?)

M. Blanc : *Une chambre double s'il vous plaît – c'est pour ma femme et moi.* (A double room, please – it is for my wife and I)

Le réceptionniste : D'accord. Pour combien de nuits ? (OK. For how many nights?)

M. Blanc : *On restera trois nuits. Le petit-déjeuner est compris ?* (We will stay for three nights. Is breakfast included?)

Le réceptionniste : Oui, c'est de sept heures à dix heures. (Yes, it is from 7am to 10am)

32.5. D

There are four errors in Pierre's letter to Paul. Firstly, because Paul is male, the opening should be **Cher** Paul. Secondly, 'I would like' is *je voudrai**s*** ; *voudrait* can only be used with the third-person singular, e.g. *elle voudrait* (she would like). Thirdly, because *séjour* (trip) is masculine, not feminine, the adjective describing it should also be masculine, e.g. *un* **petit** *séjour* (a small trip). Fourthly, as Pierre is saying to Paul 'write to me soon' it should be *écris-**moi** bientôt*, rather than *écris-**toi** bientôt*, which means 'write to yourself soon'!

32.6. B

The order of the words needed to complete the text can be found in list B: 3 / 2 / 5 / 4 / 1. The first gap requires *maintenant* (now) because the speaker is comparing where they used to live when they were small (*Quand j'étais petit j'habitais…*) with where they live now (*maintenant j'habite*). The second gap needs a noun beginning with a vowel because it is preceded by *l'*: *animation* (liveliness) is therefore the only possible option; the sentence then reads, *Bien que j'aime l'animation des grandes villes, il y avait trop de circulation* (although I like the liveliness of big cities, there was too much traffic). The third gap requires an adjective that is feminine singular as it is describing *la pollution*; *terrible* is the only adjective in the list. Fourthly, a masculine singular noun is needed because the word is preceded by *le*. The sentence then reads, 'the landscape is picturesque and the way of life is more relaxed' (*le paysage est pittoresque et le mode de vie est plus détendu*). The fifth gap requires *moins* (less/fewer) so that the sentence reads, *le seul problème c'est qu'il y a moins d'emplois* (the only problem is that there are fewer jobs).

32.7. A

The completed table should look as follows:

Où ? (where?)	Quoi ? (what?)	Avec qui ? (with whom?)	English
Au centre sportif…	…je joue au badminton…	…avec mon frère.	At the sports centre I play badminton with my brother.
Au lac…	…je fais de la natation…	…tout seul.	At the lake I go swimming alone.
Au terrain…	**…je joue au foot…**	…avec mes amis.	At the sports pitch I play football with my friends.
Dans le jardin…	…nous jouons à la pétanque…	**…tous ensemble.**	In the garden we play bowls altogether.

32.8. C

The sentence that does not include three tenses is C: *Actuellement **je suis** étudiante à la fac et **je voudrais** être prof de sciences ; **je crois que** le stage que **j'ai fait** le mois dernier **m'aidera** beaucoup à trouver un emploi* (currently I am a university student and I would like to be a science teacher; I think that the work experience I did last month will help me to find a job). The sentence contains 4 different tenses (highlighted in bold). The other sentences contain three tenses: *Le centre sportif **est** ouvert tous les jours mais hier **c'était fermé** parce qu'**il y a eu** un incendie* (The sports centre is open every day but yesterday it was closed because there was a fire); *C'était utile la journée sans technologie qu'**on a organisée** au lycée – on la **refera** l'année prochaine* (The day without technology that we organised at college was useful – we will do it again next year); and, *Si **je mangeais** plus sainement, **j'aurais** plus d'énergie pour mes études, mais malheureusement **je ne trouve jamais** le temps de cuisiner* (If I ate more healthily, I would have more energy for my studies, but unfortunately I never find the time to cook).

32.9. B

The true statement about Christine's text is that there are 5 adverbs and 6 conjugated verbs in the paragraph. The 5 adverbs are: *beaucoup* (a lot), *trop* (too much), *d'habitude* (usually), *bien* (well), and *assez* (quite). The conjugated verbs are: *m'intéressent* (interest me), *ils coûtent* (they cost), *je préfère* (I prefer), *je porte* (I wear), *ça me va* (it suits me), and *je suis* (I am).

32.10. B

The dialogue between the employee at Lost Property and Riya should go in the order outlined in answer B (5 / 4 / 7 / 2 / 8 / 3 / 1 / 10 / 9 / 6). The dialogue should look as follows:

L'employé : Bonjour, Mademoiselle. Puis-je vous aider ? (Hello, can I help you?)

Riya : Bonjour, j'ai perdu mon portefeuille. (Hello, I have lost my purse)

L'employé : D'accord. Quand est-ce que vous l'avez perdu ? (OK. When did you lose it?)

Riya : Ce matin, vers 10h. Je l'ai laissé dans le jardin public. (This morning, around 10 o'clock. I left it in the public garden)

L'employé : Quel jardin public ? (Which public garden?)

Riya : Celui qui est près de la banque. (The one that is near the bank)

L'employé : Oui, je vois. Et qu'est-ce qu'il y a dans le portefeuille ? (Yes, I see. And what was in your purse?)

Riya : Il y avait un peu de monnaie et ma carte d'identité. (There was some change and my identity card)

L'employé : Bien. Je vais le chercher tout de suite. (OK. I will look straight away)

Riya : Merci beaucoup ! (Thank you very much!)

32.11. C

The order of the words needed to complete the text can be found in list C: 2 / 4 / 1 / 3 / 5. The first gap requires a feminine adjective to describe *l'éducation* and therefore the possible options are *gratuite* (free) or *essentielle* (essential). The second gap needs a plural noun because it is preceded by *les*: *filles* (girls) and *enfants* (children) are the two possible options. As the third gap specifies a smaller group within a bigger one, the second gap should be *enfants* and the third gap should be *filles*, so that the sentence reads 'not all children go to school, especially girls' (*tous les enfants ne vont pas à l'école, surtout les filles*). For the fourth gap, a masculine singular noun is needed because the word is preceded by *un*. The sentence then reads, 'we must develop an educational system' (*on doit développer un système éducatif*). The fifth gap requires a feminine adjective, and the word *gratuite* (free) is more appropriate in the given context than *essentielle*. The phrase then reads, *afin que la scolarité soit gratuite et disponible pour tout le monde* (so that education is free and available for everyone).

32.12. A

The illogical sentence is A, *Je me suis énormément amusé pendant les vacances – quelle barbe !*, because it translates as 'I had loads of fun during the holidays – how boring!', which does not make sense. The other sentences are more logical: *Quand j'étais au lycée je devais plancher sur mes devoirs pendant quatre heures tous les soirs – quel boulot!* (When I was at high school I had to do four hours of homework every evening – what a lot of work!); *Tu ne peux pas venir chez moi pour faire la fête – quel dommage !* (You cannot come to mine for the party – what a shame!); and, *J'ai oublié de vider le frigo avant de partir en vacances en Chine, du coup mon fromage y est resté pendant trois semaines – quelle horreur !* (when I went on holiday to China I left cheese in the fridge at home for three weeks – how horrible!). Notice the use of *quel/quelle* + noun to give emphasis to the sentences.

32.13. B

There are 4 different tenses in Khushi's text. There is the perfect tense: *Mon identité culturelle et linguistique a beaucoup fluctué* (My cultural and linguistic identity has fluctuated a lot) and *nous avons déménagé en France* (we moved to France). There is the imperfect tense: *quand j'étais petite, je ne parlais que ma langue maternelle, le Hindi* (when I was small, I only spoke my mother tongue, Hindi). There is the present tense: *la culture française me plaît beaucoup* (I really like French culture), and *c'est un pays bilingue* (it is a bilingual country). Finally, there is the future tense: *j'irai au Canada* (I will go to Canada), *je parlerai le français* (I will speak French) and *j'apprendrai aussi l'anglais* (I will also learn English).

32.14. A

The most appropriate list of words to complete the text are in list A. The first gap needs *acheter* (to buy) so that the sentence reads 'I went to town to buy a present for my grandmother' (*je suis allé en ville pour acheter un cadeau pour ma grand-mère*). The second gap requires the future tense of *avoir* (to have): *elle aura soixante ans demain* (she will be 60 years-old tomorrow). The third gap requires a masculine adjective to describe *le cadeau* (the present) and therefore *parfait* (perfect) is the best option. In the fourth gap, 'the one' is needed, and since the noun is masculine (*le parfum*), the correct answer is *celui*. A feminine adjective is needed for the fifth gap to describe *une écharpe* (a scarf); *chère* (expensive) is thus correct. Finally, the most appropriate noun for the sixth gap is *soulagement*. The speaker had finally found a present for her grandmother and so she exclaims, 'what a relief!' (*quel soulagement !*).

32.15. C

The dialogue between Kyra and the employee at the tourism office should go in the order outlined in list C (8 / 5 / 4 / 3 / 9 / 1 / 6 / 7 / 2). Therefore, the dialogue should read as follows:

L'employé : *Bonjour et bienvenue à Lille !* (Hello and welcome to Lille!)

Kyra : *Bonjour. Est-ce que vous pouvez me donner des renseignements sur la ville ?* (Hello. Can you give me some information about the city?)

L'employé : *Bien sûr ! Lille est une superbe ville. On a des parcs magnifiques et des musées très intéressants. En plus on a de très bons restaurants qui proposent des plats typiquement français. Qu'est-ce que vous aimez faire le soir ?* (Of course! Lille is an excellent city. We have magnificent parks and very interesting museums. What is more, we have nice restaurants that offer typically French cuisine. What do you like to do in the evening?)

Kyra : *J'aime manger au restaurant et je voudrais voir un spectacle* (I like going to restaurants and I would like to see a show.)

L'employé : *Parfait – en fait, il y a un spectacle ce soir au grand théâtre. Voulez-vous des billets ?* (Perfect – in fact, there is a show this evening at the 'grand théâtre'. Would you like tickets?)

Kyra : *Oui, s'il vous plaît. Serait-il possible d'avoir trois billets? Un pour moi, un pour mon mari et un pour notre fille.* (Yes please. Would it be possible to have three tickets? One for me, one for my husband and one for our daughter.)

L'employé : *Absolument. [...] Voilà vos trois billets pour le grand théâtre.* (Absolutely. [...] Here are three tickets for the 'grand théâtre'.)

Kyra : *Merci beaucoup pour votre aide. Avez-vous aussi un plan de la ville ?* (Thank you for your help. Do you also have a map of the city?)

L'employé : *Tout à fait – voilà le plan. Amusez-vous bien !* (Absolutely – here is the map. Have fun!)

The difficulty rating for each question (Elementary [E], Intermediate [I] or Advanced [A]) can be found in parentheses next to each question.

33.1. Parmi ces artistes, lequel n'est pas de nationalité française ? (E)

A) Claude Monet
B) Pablo Picasso
C) Paul Cézanne
D) Henri Matisse

Extra ! Décris un des tableaux ou le style d'un des artistes ci-dessus.

33.2. Quelle est la définition incorrecte ? (E)

A) La tarte tatin : un dessert fait avec des pommes qui a ses origines à Paris.
B) Le coq au vin : un plat principal qui contient du poulet, des champignons, des lardons et du vin.
C) Le soufflé : un plat principal préparé avec des huîtres, normalement mangé le soir du réveillon.
D) La soupe à l'oignon : une entrée typiquement française qui est souvent servie avec du pain sec ou des croûtons.

Extra ! Écris une réponse à la question : Pourquoi est-ce que la cuisine française est réputée dans le monde entier ?

33.3. Lis le texte de Jérôme. (E)

Je travaille en tant que guide touristique dans la ville de Montpellier. J'organise des visites guidées en vélo pour qu'on puisse voir tous les monuments importants. J'aime mon travail car je passe des heures dehors et l'histoire m'a toujours fasciné.

Combien de noms sont présents dans le texte de Jérôme ?

A) Neuf
B) Dix
C) Onze
D) Douze

Extra ! Traduis le texte de Jérôme.

33.4. Complète ce texte à trous. (E)

…(1)… est un moyen de communication très utile, surtout pour les personnes …(2)… .

A) (1) Les langues, (1) aveugles
B) (1) Les gestes, (2) gentil

C) (1) Le cerveau, (2) jeune
D) (1) La langue des signes, (2) sourdes

Extra ! Traduis la phrase.

33.5. Quelle est la phrase incorrecte ? (E)

A) Le fleuve qui traverse Paris s'appelle la Loire.
B) *L'Équipe* est un journal sportif en France.
C) Le Sénat et l'Assemblée nationale constituent le parlement français.
D) Bordeaux est une ville bien connue pour ses vins.

Extra ! Corrige la phrase incorrecte.

33.6. Complète cette phrase à trou. (I)

…… est un tableau très célèbre qui se trouve au musée du Louvre à Paris.

A) La Joconde
B) La Bête humaine
C) Les joueurs de cartes
D) Le Bossu de Notre-Dame

Extra ! Réponds à la question : Aimes-tu l'art ? Pourquoi/ pourquoi pas ?

33.7. Quelle est la phrase incorrecte ? (I)

A) Victor Hugo a écrit *Les Misérables*.
B) Antoine de Saint-Exupéry est l'auteur du roman *Le Petit Prince*.
C) Émile Zola était un écrivain français célèbre du dix-neuvième siècle.
D) Charles Baudelaire est plus connu pour ses romans.

Extra ! Écris une réponse à la question : Quelles sont les différences entre la littérature française et indienne ?

33.8. Complète ce texte à trous. (I)

Les stéréotypes des …(1)… sont bien connus partout dans le monde : ce sont des gens très à la …(2)… qui adorent leur langue et mangent des escargots. Mais quand je suis allé en France pour la première fois j'ai …(3)… que les apparences sont souvent trompeuses. C'est vrai que les français sont chics mais je trouve que les stéréotypes ne sont pas utiles – les français …(4)… mieux, comme nous tous.

A) (1) français, (2) carte, (3) découvrirai, (4) mériteront
B) (1) françaises, (2) suite, (3) découvre, (4) méritaient
C) (1) française, (2) fin, (3) découvrant, (4) méritant
D) (1) français, (2) mode, (3) découvert, (4) méritent

Extra ! Traduis le texte.

33.9. Lis ce texte sur un festival de musique. (I)

Le weekend dernier mes copains et moi sommes allés à un festival de musique qui a eu lieu en Bretagne. C'était une super bonne affaire car les billets ne coûtaient que 10 euros pour toute la journée. Il y avait nos groupes de rock préférés donc nous avons adoré toutes les performances. À la fin de la journée nous avons mangé des steaks hachés – je sais qu'ils ne sont pas très bons pour la santé mais ils étaient vraiment délicieux !

L'information vient dans quel ordre ?

A) la nourriture, le lieu du festival, le prix, le style de musique
B) le style de musique, le lieu du festival, le prix, la nourriture
C) le lieu du festival, le prix, le style de musique, la nourriture
D) le prix, le lieu du festival, la nourriture, le style de musique

Extra ! Traduis le texte.

33.10. Regarde ce tableau ci-dessous listant des verbes accompagnés de noms. (I)

Verbe	Nom
attendre	un bus
écrire	un camion
passer	une nuit blanche
fermer	la porte
conduire	un roman
préparer	un repas

Quels noms doivent changer de place ?

A) un bus & la porte
B) un camion & un roman
C) une nuit blanche & un repas
D) la porte & un repas

Extra ! Ajoute cinq rangées au tableau.

33.11. Complète la phrase à trou. (A)

TV5 Monde, France 24, et Arte sont des exemples de ...... en France.

A) chaînes de télévision
B) journaux
C) stations de radio
D) téléfilms

Extra ! Donne trois exemples pour chacune des autres options ci-dessus.

33.12. Quelle est la phrase illogique ? (A)

A) La batterie est un ensemble d'instruments.
B) Les crudités sont très sucrées.
C) Une île est encerclée par l'océan.
D) Un foulard est un vêtement.

Extra ! Crée trois phrases logiques et une phrase illogique.

33.13. Dans quelle situation est-ce que « tu » ne devrait pas être utilisé ? (A)

A) Dans une conversation entre deux amis.
B) Quand un parent parle à son enfant.
C) Lorsqu'une élève parle à son professeur.
D) Quand nous parlons à notre animal de compagnie.

Extra ! Crée trois phrases utilisant 'tu' (tutoiement) et trois phrases utilisant 'vous' (vouvoiement).

33.14. Quelle est la phrase incorrecte ? (A)

A) Les mannequins et les podiums sont associés au monde de la mode.
B) La *Nouvelle Vague* et les réalisateurs sont associés au monde du cinéma.
C) Les chorales et les orchestres sont associés au monde de la musique.
D) Les arbitres et les championnats sont associés au monde de la littérature.

Extra ! Corrige la phrase incorrecte afin qu'elle devienne correcte.

33.15. Quelle est la phrase qui n'a pas de sens ? (A)

Notre philosophie du monde...

A) ...peut être optimiste ou pessimiste.
B) ...a un impact sur nos actions.
C) ...est associée à notre système de pensées et de croyances.
D) ...vide la bouteille.

Extra ! Complète la phrase avec tes propres mots.

Answers and Detailed Solutions

33.1. B

The only artist that was not French is Pablo Picasso, who was Spanish. Claude Monet, Paul Cézanne and Henri Matisse were famous French artists.

33.2. C

The incorrect definition is *un plat principal préparé avec des huîtres, normalement mangé le soir du réveillon* (a main meal with oysters, normally eaten on New Year's Eve), because the dish is *le soufflé*, which is an egg-based dish that can be savoury, such as *le soufflé au fromage* (cheese soufflé), or sweet, like *le soufflé au chocolat* (chocolate soufflé). The other definitions match their dishes: *La tarte tatin : un dessert fait avec des pommes qui a ses origines à Paris* (a dessert made with apples originating in Paris); *Le coq au vin : un plat principal qui contient du poulet, des champignons, des lardons et du vin* (a main course containing chicken, mushrooms, bacon and wine); and, *la soupe à l'oignon : une entrée typiquement française qui est souvent servie avec du pain sec ou des croûtons* (onion soup: a typically French starter, which is often served with dry bread or croutons).

33.3. B

There are 10 nouns in Jérôme's text, many of which are cognates in English: *guide* (guide), *ville* (town), *Montpellier*, *visites* (visits), *vélo* (bike), *monuments* (monuments), *travail* (work), *heures* (hours), *dehors* (outside), and *histoire* (history).

33.4. D

The first gap should be filled with *la langue de signes* (sign language) and the second with *sourdes* (deaf). As such, the sentence should read, *la langue de signes est un moyen de communication très utile, surtout pour les personnes sourdes* (sign language is a very useful means of communication, especially for deaf people). The other options are not appropriate: *aveugles* (blind), *les gestes* (movements), *gentil* (kind), *le cerveau* (the brain) and *jeune* (young).

33.5. A

Statement A is not true. The river that flows through Paris is called *la Seine*, not *la Loire* (which is also a river in France). The sentence should therefore read as: *Le fleuve qui traverse Paris s'appelle la Seine* (The river that flows through Paris is called *la Seine*). The other sentences are correct: *« L'Équipe » est un journal sportif en France* (L'Equipe is a sports newspaper in France); *Le Sénat et l'Assemblée nationale constituent le parlement français* (The Senate and the National Assembly make up French parliament); and, *Bordeaux est une ville bien connue pour ses vins* (Bordeaux is well known for its wine).

33.6. A

The gap should be filled with *la Joconde*, which is the French name for Leonardo da Vinci's famous painting called 'the Mona Lisa' in English. This painting is found in the Louvre in Paris and, as such, the sentence should read, *la Joconde est un tableau très célèbre qui se trouve au musée du Louvre à Paris*. *La Bête humaine* (The Beast Within) is a novel by the famous French author, Émile Zola. *Les joueurs de cartes* (The Card Players) are a series of paintings by the French artist, Paul Cézanne. Finally, *Le Bossu de Notre-Dame* (The Hunchback of Notre Dame) is a novel and an animated film based in Paris.

33.7. D

The incorrect statement is D, because Charles Baudelaire was known more as a poet than a novelist. As such, the statement could say: *Charles Baudelaire est plus connu pour ses poèmes* (Charles Baudelaire is most known for his poems). The other statements are true: *Victor Hugo a écrit « Les Misérables »* (Victor Hugo wrote *Les Misérables*); *Antoine de Saint-Exupéry est l'auteur du roman « Le Petit Prince »* (Antoine de Saint-Exupéry is the author of *Le Petit Prince*); and, *Émile Zola était un écrivain français célèbre du dix-neuvième siècle* (Émile Zola was a famous French writer in the 19th century).

33.8. D

The first gap refers to 'French people' generally, who are *les français*. Different phrases can be used with *à la*, including *à la carte* (customisable), *à la suite* (one after each other), and *à la fin* (at the end). However, the sentence is describing a stereotype about French people, and so the most likely choice is *à la mode* (fashionable). The third gap requires the past participle of *découvrir* (to discover), which is *découvert* (discovered). Fourthly, given that the subject of the verb is plural (*les français*), the verb should be conjugated in the third-person plural: *ils méritent* (they deserve).

33.9. C

The information in the text comes in the following order: *le lieu du festival* (the location of the festival – *en Bretagne* [in Brittany]); *le prix* (the price - 10 euros); *le style de musique* (the type of music - rock); and, *la nourriture* (the food - *des steaks hachés* [burgers]).

33.10. B

The two nouns that need to be swapped are *un camion* (a lorry) and *un roman* (a novel). The table should therefore look as follows:

Verbe	Nom	English
attendre	un bus	To wait for a bus
écrire	**un roman**	To write a novel
passer	une nuit blanche	To get no sleep
fermer	la porte	To close the door
conduire	**un camion**	To drive a lorry
préparer	un repas	To prepare a meal

33.11. A

TV5 Monde, France 24, and Arte are all examples of television channels in France. The sentence should therefore read, *TV5Monde, France 24, et Arte sont des exemples de **chaînes de télévision** en France.* The other options translate as follows: *journaux* (newspapers), *stations de radio* (radio stations), and *téléfilms* (TV films).

33.12. B

The illogical sentence is *les crudités sont très sucrées* because salad is not usually very sugary! The other sentences make more sense: *La batterie est un ensemble d'instruments* (the drums are an instrument); *Une île est encerclée par l'océan* (an island is surrounded by the ocean); and, *Un foulard est un vêtement* (a headscarf is an item of clothing).

33.13. C

Tu and *vous* both mean 'you' but are used in different contexts, and as such, it is important to know when to use which word. *Tu* can be used when two friends are talking to each other (*dans une conversation entre deux amis*), when someone older – like a parent or teacher – is talking to someone younger (*quand un parent parle à son enfant*) or when someone is talking to a pet (*quand nous parlons à notre animal de compagnie*). *Vous* should be used by a student talking to a teacher or figure of authority (*lorsqu'une élève parle à son professeur*), in formal situations (especially when you meet someone for the first time), and when 'you' refers to more than one person.

33.14. D

The incorrect sentence is D, because referees and championships are more associated with sport than literature. As such, the sentence should read: *les arbitres et les championnats sont associés au monde du sport* (referees and championships are associated with the world of sport). The other statements are correct: *les mannequins et les podiums sont associés au monde de la mode* (models and catwalks are associated with the world of fashion); *la Nouvelle Vague et les réalisateurs sont associés au monde du cinéma* (the Nouvelle Vague and directors are associated with the world of film); and, *les chorales et les orchestres sont associés au monde de la musique* (choirs and orchestras are associated with the world of music).

33.15. D

It does not make sense to complete the sentence *notre philosophie du monde…* (our philosophy of the world…) with *…vide la bouteille* (…empties the bottle). The other endings would make much more sense: *…peut être optimiste ou pessimiste* (…can be optimistic or pessimistic); *…a un impact sur nos actions* (…has an impact on our actions); and, *…est associée à notre système de pensées et de croyances* (…is associated with our system of thoughts and beliefs).

The difficulty rating for each question (Elementary [E], Intermediate [I] or Advanced [A]) can be found in parentheses next to each question.

34.1. Quel pays n'a pas de frontière avec la France ? (E)

A) L'Allemagne
B) La Belgique
C) Le Luxembourg
D) L'Autriche

Extra ! Nomme deux autres pays qui ont une frontière avec la France.

34.2. Quelle est la phrase incorrecte ? (E)

A) Un papillon est une sorte de jambon.
B) Un navet est un légume.
C) « L'Eurostar » est un train.
D) Le pape est le chef de l'Église catholique.

Extra ! Écris trois phrases correctes et une phrase incorrecte.

34.3. Complète ce texte à trous. (E)

Les …(1)… sont sur la table pour le dîner. J'ai …(2)… préparé la salade mais je dois encore …(3)… la viande.

A) (1) sel, (2) même, (3) cuisiner
B) (1) assiettes, (2) déjà, (3) faire cuire
C) (1) poivres, (2) toujours, (3) laver
D) (1) vin, (2) pas, (3) brûler

Extra ! Ajoute trois nouvelles phrases au texte.

34.4. Complète la phrase à trou. (E)

Les citoyens ont des …… et des responsabilités.

A) droits
B) droit
C) gauches
D) gauche

Extra ! Explique la phrase ci-dessus.

34.5. Quel conseil offert par Personne 2 ne correspond pas à la remarque de Personne 1 ? (E)

A) **Personne 1** : J'aime les montagnes russes.
   Personne 2 : Tu devrais aller au parc d'attractions !
B) **Personne 1** : J'adore danser.
   Personne 2 : Viens à la discothèque avec moi !
C) **Personne 1** : Le VTT me plaît beaucoup.
   Personne 2 : La location de bateaux est au coin de la rue.

D) **Personne 1** : Je voudrais ouvrir un compte bancaire.
   Personne 2 : Il y a une bonne banque près d'ici.

Extra ! Invente trois nouveaux dialogues.

34.6. Quelle activité est-il peu probable de faire à l'aéroport ? (I)

A) passer la douane
B) s'enregistrer
C) passer la sécurité
D) laver la voiture

Extra ! Donne deux autres exemples d'activités à l'aéroport.

34.7. Regarde ce tableau listant des noms et adjectifs équivalents. (I)

Nom	Adjectif
maladie	malade
sagesse	sage
paix	paisible
ennuyeux	ennui
anxiété	anxieux
épuisement	épuisé
richesse	riche
joie	joyeux
vérité	vrai
grandeur	grand
patience	patient

Quels deux mots doivent changer de place ?

A) ennuyeux & ennui
B) paix & paisible
C) richesse & riche
D) maladie & malade

Extra ! Ajoute trois rangées au tableau.

34.8. Quels verbes ne sont pas synonymes ? (I)

A) souhaiter ⇔ désirer
B) récupérer ⇔ prier
C) affronter ⇔ faire face à
D) introduire ⇔ présenter

Extra ! Donne quatre nouveaux exemples de paires de verbes synonymes.

34.9. Regarde ce tableau associant des problèmes et des conseils. (I)

Problème	Conseil
Je voudrais réserver une table.	Appelez le restaurant.
Je dois changer mes billets de train.	Contactez la gare.
Il faut que je signale un vol.	Allez à la poste.
Je dois envoyer un paquet.	Allez au poste de police.
Je suis malade.	Appelez le médecin.
Je dois traverser la ville.	Prenez un taxi.

Quels conseils doivent changer de place ?

A) 1 & 3
B) 2 & 6
C) 3 & 4
D) 4 & 5

Extra ! Ajoute deux problèmes et deux conseils au tableau.

34.10. Quelle ville n'est pas en France ? (I)

A) Rennes
B) Lyon
C) Dakar
D) Toulouse

Extra ! Nomme trois autres villes françaises et trois villes de pays francophones.

34.11. Parmi les listes de mots ci-dessous, laquelle contient des mots qui ne sont pas synonymes ? (A)

A) diminuer, augmenter, évaluer
B) régulièrement, souvent, fréquemment,
C) beaucoup de, plein de, de nombreux
D) gentil, aimable, sympa

Extra ! Ajoute un mot à chacune des trois listes de synonymes.

34.12. Complète ce texte à trous. (A)

(1) prochaine
(2) raté
(3) passé
(4) lettre
(5) message

Cher Antoine,

Merci pour ton .... Malheureusement l'école va mal. J'ai ...... mes examens donc je dois les repasser l'année .... Je t'écris cette ...... afin de te demander si tu peux me conseiller comme tu as déjà fait dans le ...... ?

Robert

A) 5 / 2 / 1 / 4 / 3
B) 5 / 3 / 2 / 4 / 1
C) 4 / 2 / 1 / 5 / 3
D) 4 / 3 / 2 / 5 / 1

Extra ! Traduis le texte.

34.13. Lis les petites annonces pour trouver un correspondant/ une correspondante. (A)

Marine : Je cherche une correspondante qui adore la musique parce que c'est ma passion. Je viens de l'île de Martinique donc je voudrais rencontrer quelqu'un qui habite en Europe ou en Asie.

Isabelle : Je suis belge et j'habite à Bruxelles. C'est une ville très internationale donc je voudrais améliorer mon anglais oral. Qui peut m'aider ?

Claude : Même si j'ai un nom français, je viens de Papouasie-Nouvelle-Guinée donc j'ai envie de trouver un correspondant francophone qui est passionné de films, comme moi.

Vincent : J'ai 14 ans et je viens du Cameroun. J'aimerais correspondre avec quelqu'un qui habitent en Inde parce que c'est un pays qui m'a toujours fasciné. J'adore la nature donc je cherche quelqu'un avec qui je peux partager ma passion. J'attends vos lettres !

Quelle personne ne vient pas d'un pays francophone ?

A) Marine
B) Isabelle
C) Claude
D) Vincent

Extra ! Traduis ces petites annonces.

34.14. Lis le texte. (A)

Certaines personnes considèrent qu'un des avantages de la télé est qu'on peut la regarder en groupe. Regarder la télé serait donc une activité collective qui inciterait les gens à se rassembler et à débattre. Mais un sondage récent révèle que ce n'est pas toujours le cas. En fait, soixante-quinze pourcent de personnes préfèrent regarder la télé sans personne parce qu'il trouvent que c'est plus relaxant.

Quel pourcentage de gens préfèrent regarder la télé tout seul ?

A) 65%
B) 75%
C) 80%
D) 95%

Extra ! Traduis le texte.

34.15. Quelle phrase ne correspond pas à la description **en gras** ? (A)

A) Je travaille cinquante heures par semaine mais je ne gagne pas assez. ⇒ **l'argent**
B) J'habite dans un quartier où je ne connais personne. ⇒ **la solitude**
C) Mon petit-ami ne veut plus sortir avec moi. ⇒ **l'amour**
D) Je suis au chômage et je suis démoralisé. ⇒ **la famille**

Extra ! Invente trois nouvelles phrases qui correspondent aux catégories suivantes : l'amitié, la santé, les portables.

Answers and Detailed Solutions

34.1. D
The country that does not share a border with France is Austria (*L'Autriche*). France shares a border with many countries, including: *l'Allemagne* (Germany), *la Belgique* (Belgium), *le Luxembourg* (Luxembourg), *l'Italie* (Italy), *l'Espagne* (Spain), *la Suisse* (Switzerland), *l'Andorre* (Andorra) and *le Monaco* (Monaco).

34.2. A
The first statement is not true as *un papillon* means 'butterfly' (including the swimming stroke) - not a type of ham (*une sorte de jambon*)! The other statements are true: *Un navet est un légume* (A turnip is a vegetable); « *L'Eurostar* » *est un train* (« the Eurostar » is a train); and, *Le pape est le chef de l'Église catholique* (The Pope is the head of the Catholic Church).

34.3. B
The first gap requires a plural noun, because it is preceded by *les*. There are two plural nouns, *assiettes* (plates) and *poivres* (peppers), but *assiettes* is more likely because *poivre* tends to be used in the singular, e.g. *sel et poivre* (salt and pepper). *Poivrons* are bell/sweet peppers, and so would be more likely to be used in the plural. The first sentence then reads, *les assiettes sont sur la table pour le dîner* (the plates are on the table for dinner). The second gap requires *déjà* (already) so that the phrase reads, 'I have already prepared the salad' (*j'ai déjà préparé la salade*). The third gap needs an infinitive that means 'to cook', so *faire cuire* or *cuisiner* would be the best options. *Brûler* translates as 'to burn' while *laver* means 'to wash'.

34.4. A
The most appropriate word to complete the sentence is *droits*, which means 'rights'. Accordingly, the sentence reads, *Les citoyens ont des droits et des responsabilités* (citizens have rights and responsibilities). The words *droit* (right), and *gauche/gauches* (left) are not suitable.

34.5. C
The unsuitable advice is found in option C. Person 1 says 'I like mountain biking a lot' (*le VTT me plaît beaucoup*), while person 2 responds 'the boat hire is on the corner of the street' (*La location de bateaux est au coin de la rue*). The other advice is helpful in light of the statements made by the first speaker: *P1 : J'aime les montagnes russes. P2 : Tu devrais aller au parc d'attractions !* (**P1**: I like rollercoasters. **P2**: You should go to the theme park!); *P1 : J'adore danser. P2 : Viens à la discothèque avec moi !* (**P1**: I love dancing. **P2**: Come to the disco with me!); and, *P1 : Je voudrais ouvrir un compte bancaire. P2 : Il y a une bonne banque près d'ici* (**P1**: I would like to open a bank account. **P2**: There is a good bank near here).

34.6. D
The activity that is much less likely to take place at an airport is D, *laver la voiture* (to wash the car). The other activities would typically take place at an airport: *passer la douane* (to go through customs); *s'enregistrer* (to check in); and, *passer la sécurité* (to go through security).

34.7. A
The two words that need to be changed are *ennuyeux* (boring), which is an adjective, and *ennui* (boredom), which is a noun. As such, the table should look as follows:

Nom (noun)	*Adjectif* (adjective)
maladie (illness)	*malade* (ill)
sagesse (wisdom)	*sage* (wise)
paix (peace)	*paisible* (peaceful)
ennui (boredom)	***ennuyeux*** (boring)
anxiété (anxiety)	*anxieux* (anxious)
épuisement (exhaustion)	*épuisé* (exhausted)
richesse (wealth)	*riche* (rich)
joie (joy)	*joyeux* (joyful)
vérité (truth)	*vrai* (true)
grandeur (greatness)	*grand* (great)
patience (patience)	*patient* (patient)

34.8. B
The verbs that are not synonyms are *récupérer* (to recover) and *prier* (to pray). The other pairs of verbs have similar meanings: *souhaiter* ⇔ *désirer* (to wish for/desire); *affronter* ⇔ *faire face à* (to face); and, *introduire* ⇔ *présenter* (to introduce).

34.9. C
The pieces of advice that need to be swapped are: *allez à la poste* (go to the post office) and *allez au poste de police* (go to the police station). The table should look as follows:

Problème (problem)	Conseil (advice)
Je voudrais réserver une table. (I would like to reserve a table)	(1) Appelez le restaurant. (Call the restaurant)
Je dois changer mes billets de train. (I must change my train tickets)	(2) Contactez la gare. (Contact the station)
Il faut que je signale un vol. (I have to report a theft)	**(3) Allez au poste de police.** (Go to the police station)
Je dois envoyer un paquet. (I must send a package)	**(4) Allez à la poste.** (Go to the post office)
Je suis malade. (I am ill)	(5) Appelez le médecin. (Call the doctor)
Je dois traverser la ville. (I must cross the city)	(6) Prenez un taxi. (Take a taxi)

34.10. C

The town that is not located in France is Dakar, which is the capital of the French-speaking country of *Sénégal*. Rennes is in the North-West of France, Lyon is in the East and Toulouse is in the South-West.

34.11. A

The list that does not contain words with a similar meaning is A: *diminuer* (to decrease), *augmenter* (to increase), *évaluer* (to evaluate). The other lists contain synonyms: *régulièrement* (regularly), *souvent* (often), *fréquemment* (frequently); *beaucoup de* (a lot of), *plein de* (lots of), *de nombreux* (many); and, *gentil* (kind), *aimable* (kind), *sympa* (nice).

34.12. A

The order of the words needed to complete the text can be found in list A: 5 / 2 / 1 / 4 / 3. The first gap requires a masculine singular noun because the phrase starts *merci pour ton...*, and therefore *message* is the best option. The second gap needs a past participle to go with *j'ai*: there are two options, *passé* (spent) and *raté* (failed). *Prochaine* (next) fits with the third gap so that the sentence reads, 'I have to re-do them next year' (*je dois les repasser l'année **prochaine***). A feminine singular noun is needed in the fourth gap because

the word is preceded by *cette* (this). The sentence then reads, 'I am writing this letter to ask if you can advise me' (*Je t'écris cette **lettre** afin de te demander si tu peux me conseiller*). The fifth gap requires a masculine singular noun, given the presence of *le*. The presence of the perfect tense (*tu as déjà fait*) indicates that the word *passé* (past) might be most appropriate.

34.13. C

The person who does not come from a Francophone country is Claude, who says: *Même si j'ai un nom français, je viens de Papouasie-Nouvelle-Guinée donc j'ai envie de trouver un correspondant francophone qui est passionné de films, comme moi* (Even though I have a French name, I come from Papua New Guinea therefore I want to find a French-speaking penfriend who is passionate about film, like me). The other people in this question are from French-speaking countries: Marine is from the island of Martinique (*Je viens de l'île de Martinique*), Isabelle is from Belgium (*Je suis belge*), and Vincent is from Cameroon (*Je viens du Cameroun*).

34.14. B

The percentage of people who state that they prefer watching television alone is 75% (*soixante-quinze pourcent de personnes préfèrent regarder la télé sans personne*). 70 in French is *soixante-dix*, as in 'sixty-ten', this pattern continues all the way up to 79, e.g. *soixante-dix-neuf*. 80 in French in *quatre-vingts* (e.g. 'four twenties'). This pattern then continues up to 99, with 90 being *quatre-vingt-dix*.

34.15. D

The phrase that does not correspond to the word in bold is *je suis au chômage et je suis démoralisé* (I am unemployed and discouraged). This sentence does not relate to the family (*la famille*), but rather to work (*le travail*). The other sentences relate to their summary word. Firstly, the sentence *je travaille cinquante heures par semaine mais je ne gagne pas assez* (I work 50 hours per week but I do not earn enough) relates to money (*argent*). Secondly, the sentence *J'habite dans un quartier où je ne connais personne* (I live in a neighbourhood where I do not know anyone) relates to loneliness (*la solitude*). Finally, the sentence *mon petit-ami ne veut plus sortir avec moi* (my boyfriend no longer wants to go out with me) relates to love (*l'amour*).

ANSWER KEY

Chapter 1: Family

Question	Answer
1.1.	B
1.2.	A
1.3.	D
1.4.	B
1.5.	B
1.6.	C
1.7.	C
1.8.	D
1.9.	D
1.10.	A
1.11.	B
1.12.	B
1.13.	A
1.14.	C
1.15.	A

Chapter 2: School

Question	Answer
2.1.	B
2.2.	D
2.3.	B
2.4.	D
2.5.	B
2.6.	A
2.7.	D
2.8.	B
2.9.	A
2.10.	C
2.11.	C
2.12.	B
2.13.	D
2.14.	C
2.15.	C

Chapter 3: Daily Routines

Question	Answer
3.1.	A
3.2.	B
3.3.	A
3.4.	D
3.5.	C
3.6.	B
3.7.	D
3.8.	B
3.9.	D
3.10.	C
3.11.	B
3.12.	B
3.13.	C
3.14.	B
3.15.	A

Chapter 4: Weather and the Seasons

Question	Answer
4.1.	D
4.2.	D
4.3.	D
4.4.	C
4.5.	A
4.6.	B
4.7.	A
4.8.	D
4.9.	D
4.10.	C
4.11.	C
4.12.	D
4.13.	B
4.14.	D
4.15.	B

Chapter 5: Travel and Tourism

Question	Answer
5.1.	C
5.2.	D
5.3.	B
5.4.	C
5.5.	B
5.6.	B
5.7.	B
5.8.	C
5.9.	A
5.10.	D
5.11.	A
5.12.	B
5.13.	D
5.14.	B
5.15.	C

Chapter 6: Sport and Leisure

Question	Answer
6.1.	B
6.2.	C
6.3.	C
6.4.	A
6.5.	D
6.6.	A
6.7.	D
6.8.	D
6.9.	B
6.10.	D
6.11.	D
6.12.	A
6.13.	C
6.14.	D
6.15.	B

Chapter 7: Money and the Economy

Question	Answer
7.1.	B
7.2.	B
7.3.	D
7.4.	B
7.5.	C
7.6.	A
7.7.	D
7.8.	B
7.9.	D
7.10.	C
7.11.	A
7.12.	B
7.13.	C
7.14.	C
7.15.	A

Chapter 8: Shopping

Question	Answer
8.1.	D
8.2.	B
8.3.	C
8.4.	A
8.5.	A
8.6.	C
8.7.	D
8.8.	D
8.9.	A
8.10.	D
8.11.	D
8.12.	C
8.13.	B
8.14.	B
8.15.	D

Chapter 9: Food

Question	Answer
9.1.	B
9.2.	C
9.3.	D
9.4.	B
9.5.	C
9.6.	D
9.7.	C
9.8.	C
9.9.	B
9.10.	C
9.11.	C
9.12.	A
9.13.	B
9.14.	C
9.15.	D

Chapter 10: Fashion

Question	Answer
10.1.	D
10.2.	B
10.3.	D
10.4.	D
10.5.	A
10.6.	A
10.7.	C
10.8.	C
10.9.	A
10.10.	D
10.11.	B
10.12.	A
10.13.	B
10.14.	B
10.15.	D

Chapter 11: Festivals

Question	Answer
11.1.	D
11.2.	A
11.3.	D
11.4.	A
11.5.	A
11.6.	C
11.7.	D
11.8.	B
11.9.	C
11.10.	B
11.11.	B
11.12.	A
11.13.	B
11.14.	C
11.15.	B

Chapter 12: The Francophone World

Question	Answer
12.1.	D
12.2.	C
12.3.	B
12.4.	D
12.5.	B
12.6.	C
12.7.	A
12.8.	A
12.9.	C
12.10.	A
12.11.	C
12.12.	C
12.13.	B
12.14.	A
12.15.	C

Chapter 13: Friendships

Question	Answer
13.1.	B
13.2.	B
13.3.	A
13.4.	D
13.5.	B
13.6.	D
13.7.	A
13.8.	B
13.9.	B
13.10.	A
13.11.	D
13.12.	B
13.13.	C
13.14.	B
13.15.	A

Chapter 14: Education

Question	Answer
14.1.	B
14.2.	C
14.3.	C
14.4.	D
14.5.	D
14.6.	A
14.7.	C
14.8.	A
14.9.	D
14.10.	B
14.11.	D
14.12.	A
14.13.	C
14.14.	C
14.15.	A

Chapter 15: The World of Work

Question	Answer
15.1.	D
15.2.	D
15.3.	B
15.4.	C
15.5.	A
15.6.	D
15.7.	C
15.8.	D
15.9.	C
15.10.	C
15.11.	A
15.12.	A
15.13.	B
15.14.	A
15.15.	B

Chapter 16: Reading

Question	Answer
16.1.	C
16.2.	D
16.3.	B
16.4.	C
16.5.	C
16.6.	B
16.7.	B
16.8.	A
16.9.	B
16.10.	C
16.11.	B
16.12.	B
16.13.	A
16.14.	C
16.15.	C

Chapter 17: The Media

Question	Answer
17.1.	D
17.2.	B
17.3.	B
17.4.	A
17.5.	C
17.6.	A
17.7.	D
17.8.	B
17.9.	D
17.10.	C
17.11.	C
17.12.	A
17.13.	D
17.14.	C
17.15.	D

Chapter 18: Likes and Dislikes

Question	Answer
18.1.	B
18.2.	D
18.3.	B
18.4.	B
18.5.	A
18.6.	C
18.7.	C
18.8.	A
18.9.	D
18.10.	C
18.11.	D
18.12.	C
18.13.	D
18.14.	A
18.15.	B

Chapter 19: Healthy Living

Question	Answer
19.1.	A
19.2.	C
19.3.	D
19.4.	C
19.5.	D
19.6.	B
19.7.	A
19.8.	C
19.9.	B
19.10.	D
19.11.	B
19.12.	C
19.13.	A
19.14.	B
19.15.	D

Chapter 20: The Environment

Question	Answer
20.1.	B
20.2.	A
20.3.	B
20.4.	D
20.5.	A
20.6.	B
20.7.	A
20.8.	D
20.9.	B
20.10.	D
20.11.	C
20.12.	B
20.13.	C
20.14.	B
20.15.	D

Chapter 21: Work-Life Balance

Question	Answer
21.1.	B
21.2.	A
21.3.	C
21.4.	D
21.5.	A
21.6.	D
21.7.	D
21.8.	B
21.9.	C
21.10.	A
21.11.	B
21.12.	D
21.13.	C
21.14.	A
21.15.	C

Chapter 22: The French Republic

Question	Answer
22.1.	D
22.2.	A
22.3.	B
22.4.	C
22.5.	B
22.6.	A
22.7.	B
22.8.	A
22.9.	C
22.10.	D
22.11.	B
22.12.	C
22.13.	D
22.14.	B
22.15.	C

Chapter 23: Technology

Question	Answer
23.1.	C
23.2.	B
23.3.	C
23.4.	B
23.5.	A
23.6.	A
23.7.	B
23.8.	A
23.9.	D
23.10.	B
23.11.	B
23.12.	D
23.13.	C
23.14.	A
23.15.	B

Chapter 24: Cultural Diversity

Question	Answer
24.1.	D
24.2.	B
24.3.	C
24.4.	B
24.5.	D
24.6.	C
24.7.	A
24.8.	D
24.9.	C
24.10.	C
24.11.	B
24.12.	D
24.13.	D
24.14.	D
24.15.	B

Chapter 25: Adjectives and Adverbs

Question	Answer
25.1.	A
25.2.	A
25.3.	D
25.4.	D
25.5.	A
25.6.	B
25.7.	B
25.8.	A
25.9.	B
25.10.	A
25.11.	C
25.12.	C
25.13.	A
25.14.	D
25.15.	B

Chapter 26: Articles, Nouns and Pronouns 1

Question	Answer
26.1.	B
26.2.	A
26.3.	D
26.4.	B
26.5.	A
26.6.	D
26.7.	C
26.8.	A
26.9.	A
26.10.	B
26.11.	D
26.12.	C
26.13.	A
26.14.	C
26.15.	D

Chapter 27: Articles, Nouns and Pronouns 2

Question	Answer
27.1.	D
27.2.	B
27.3.	B
27.4.	A
27.5.	A
27.6.	C
27.7.	D
27.8.	B
27.9.	D
27.10.	A
27.11.	C
27.12.	D
27.13.	C
27.14.	C
27.15.	D

Chapter 28: Verbs and Tenses 1

Question	Answer
28.1.	C
28.2.	A
28.3.	D
28.4.	D
28.5.	B
28.6.	B
28.7.	A
28.8.	B
28.9.	C
28.10.	C
28.11.	B
28.12.	C
28.13.	B
28.14.	B
28.15.	D

Chapter 29: Verbs and Tenses 2

Question	Answer
29.1.	C
29.2.	A
29.3.	C
29.4.	B
29.5.	A
29.6.	C
29.7.	D
29.8.	B
29.9.	C
29.10.	A
29.11.	A
29.12.	A
29.13.	B
29.14.	D
29.15.	B

Chapter 30: Miscellaneous Grammar 1

Question	Answer
30.1.	B
30.2.	C
30.3.	C
30.4.	A
30.5.	D
30.6.	B
30.7.	C
30.8.	C
30.9.	A
30.10.	C
30.11.	D
30.12.	B
30.13.	D
30.14.	A
30.15.	D

Chapter 31: Miscellaneous Grammar 2

Question	Answer
31.1.	C
31.2.	C
31.3.	D
31.4.	D
31.5.	B
31.6.	D
31.7.	A
31.8.	B
31.9.	B
31.10.	D
31.11.	A
31.12.	C
31.13.	B
31.14.	A
31.15.	D

Chapter 32: Writing Practice

Question	Answer
32.1.	D
32.2.	C
32.3.	B
32.4.	A
32.5.	D
32.6.	B
32.7.	A
32.8.	C
32.9.	B
32.10.	B
32.11.	C
32.12.	A
32.13.	B
32.14.	A
32.15.	C

Chapter 33: Culture

Question	Answer
33.1.	B
33.2.	C
33.3.	B
33.4.	D
33.5.	A
33.6.	A
33.7.	D
33.8.	D
33.9.	C
33.10.	B
33.11.	A
33.12.	B
33.13.	C
33.14.	D
33.15.	D

Chapter 34: Civilisation

Question	Answer
34.1.	D
34.2.	A
34.3.	B
34.4.	A
34.5.	C
34.6.	D
34.7.	A
34.8.	B
34.9.	C
34.10.	C
34.11.	A
34.12.	A
34.13.	C
34.14.	B
34.15.	D

Confirmed Future Titles in the *With Honours* Series

GAMSAT Written Communication: A Practical Guide to Essay Composition

GAMSAT Chemistry: Practice Questions with Detailed Solutions

GAMSAT Physics: Practice Questions with Detailed Solutions

CBSE Chemistry Classes IX and X: Practice Questions with Detailed Solutions

GCSE (9-1) French: Practice Questions with Detailed Solutions

SAT Subject Test French: Practice Questions with Detailed Solutions

SAT Subject Test Chemistry: Practice Questions with Detailed Solutions

For further information about the *With Honours* series, and any other enquiries please visit us at www.withhonours.co.uk or send us an email at: contact@withhonours.co.uk

Facebook @WithHonours

Twitter @With_Honours

Pinterest with_honours

Instagram @with_honours

WITH HONOURS

www.ingramcontent.com/pod-product-compliance
Lightning Source LLC
Chambersburg PA
CBHW081540040426
42448CB00015B/3164